CHINESE FOUNDATION
500 DIRECTORY (2013)

中国基金会
500名录

(2013)

基金会中心网　主编

社会科学文献出版社
SOCIAL SCIENCES ACADEMIC PRESS (CHINA)

新湖公益创投基金资助

出版说明

　　《中国基金会500名录（2013）》是基金会中心网基于自主开发建立的中国基金会数据库而编写的基金会名录产品。本书共收录500家基金会，分为三个部分，分别按照不同条件选录：第一部分为2011年度净资产排名前200名的公募基金会；第二部分为2011年度净资产排名前200名的非公募基金会；第三部分为100家活跃基金会，选录年报比较齐全、机构信息化建设良好和运作公开透明的部分基金会（另有符合本条件并已编入前两部分的基金会不含在本部分名录中）。编辑出版本书的目的是增强基金会行业的社会影响力，进一步推动基金会信息透明，让公众和捐赠者更好地了解基金会、监督基金会、支持自己信赖的基金会。本书中的基金会信息更新至2012年12月31日。

　　● 基金会排序：500家基金会在三部分中主要按照两种方式进行排序：第一，200家公募基金会和非公募基金会，按照2011年度净资产数额排序；第二，100家活跃基金会按照注册地和成立时间早晚的双重顺序进行排列。

　　● 原始基金数额：《基金会管理条例》中规定为：全国性公募基金会——800万元以上，地方性公募基金会——400万元以上，非公募基金会——200万元以上。在《基金会管理条例》出台（2004）前成立的基金会经历了调整注册资金规模以达到规定的阶段。由于历史原因，目前仍有少部分基金会未达到条例要求。

　　● 登记部门：国务院民政部门，省（自治区、直辖市）人民政府民政部门，以及一些地级市民政部门。目前深圳、合肥、芜湖和蚌埠四市的民政部门也可以按照相关规定接受基金会的登记。深圳是全国首个市级基金会登记地区，合肥、芜湖和蚌埠是安徽省社会组织改革试点地区，市级民政部门可直接受理本行政区域非公募基金会的申请登记并履行登记管理职责，同时报省人民政府民政部门备案。

　　● 网址：基金会网站，没有网站的基金会标明"无"。

　　● 主要财务数据图表：这些数据都来自基金会中心网数据库。基金会中心网数据主要来源于基金会年度工作报告、审计报告。基金会自2005年开始年检，各地民政部门根据成立时间对参检基金会有不同的规定，分为当年12月31号前成立的基金会参检和当年6月30号前成立的基金会参检两种情况。在财务数据中，"－"表示没有这部分财务数据，这有下面两种情况：①基金会因成立较晚或特殊情况未参加本年度年检；②基金会未披露相关信息。主要财务数据均来源于基金会中心网和中基透明指数，且保留到个位数，小数部分四舍五入。

免责声明

　　基金会中心网在对相关信息进行披露时，均注明了信息来源。其中基金会年度工作报告是根据民政部门要求填报的年检文件，其财务数据均经过具有资质的会计师事务所的审计。公益基金会项目信息由基金会或公益服务机构自行提交给基金会中心网，这些机构声明对所提交信息的真实性负责。因此，基金会中心网在对上述信息进行披露时，并不对这些信息的真实性进行甄别。如果发生基金会中心网披露的信息失实，造成严重后果的，应依法追究相关主体的责任。假如失实信息来自信息源，即信息提供者，应由信息提供者负责；假如失实信息出自基金会中心网在数据整理录入中的失误，则应由基金会中心网负责。

版权声明

基金会中心网
（China Foundation Center）

基金会中心网（www. foundationcenter. org. cn）由全国 35 家知名基金会联合发起，于 2010 年 7 月 8 日正式上线。基金会中心网的使命是建立基金会行业信息披露平台，提供行业发展所需的能力建设服务，促进行业自律机制形成和公信力提升，培育良性、透明的公益文化。基金会中心网是北京恩玖非营利组织发展研究中心所运作的战略项目，该中心是在北京市民政局注册、国家认可的民办非企业单位。

基金会中心网通过互联网披露全国基金会的联系方式、管理团队、财务状况、公益项目、捐款方、机构动态等信息，提升基金会的透明度和公信力。信息已被政府、企业、媒体、公益组织、学术机构和公众广泛采用，作为制定政策，寻找合作伙伴、新闻线索、研究数据和捐赠对象的重要参考资料。

基金会中心网在为基金会和公益机构提供信息披露服务的同时，也在努力提供更多公益行业所需要的各项服务。中基透明指数（www. FTI. com）是基金会中心网在 2012 年推出的基金会透明度在线平台。目前基金会中心网提供的服务包括：

●免费基金会信息发布：中基透明指数运用信息化的手段，树立了行业可量化的透明度标准，为基金会提供信息公开的实用工具。

●专业数据服务：集中展示国内已注册基金会的信息，勾勒出行业发展路径；为基金会行业领导人、工作人员、媒体、学者、公众提供获得数据的便利途径；每日更新的行业新闻构成海洋般的信息全景。

●培训交流：基金会中心网启动了针对国内基金会的培训和交流项目，并可以协助各基金会赴 2400 多家国内基金会和近 10 万家国际基金会学习、考察。

目 录

非公募基金会（200家）

活跃基金会（100家）

公募基金会
（200家）

中国基金会 500 名录（2013）
CHINESE FOUNDATION 500
DIRECTORY（2013）

1. 河南省宋庆龄基金会（He'nan Soong Ching Ling Foundation）

组织机构代码：51455882 - 9

类别：公募

成立时间：1992 年 12 月 31 日

原始基金：400 万元

登记部门：河南省民政厅

业务主管单位：河南省委统战部

电话：0371 - 87771101

传真：0371 - 87771101

邮箱：henansclf@163.com

办公地址：河南省郑州市郑东新区九如东路与龙湖外环南路交叉口河南省宋庆龄基金会青少年儿童活动中心（450018）

网址：http://www.henansclf.org

现任理事长：刘玉洁

秘书长：张悍东

宗旨：继承和发扬宋庆龄毕生所致力的儿童文教、科技、福利事业，促进少年儿童身心健康发展；增进国际友好往来，维护世界和平；实现祖国统一。

主要活动领域：教育、安全救灾、青少年、儿童

主要财务数据图表

单位：元

财务指标＼年度	2008	2009	2010	2011
净资产	1539673320	2095472988	2972765914	3064916348
捐赠收入	863534946	620223950	1011132644	393949514
公益支出	49854957	77824418	139135005	299392639

2. 上海市慈善基金会（Shanghai Charity Foundation）

组织机构代码：50177548 - 8

类别：公募

成立时间：1994 年 5 月 6 日

原始基金：46000 万元

登记部门：上海市民政局

业务主管单位：上海市民政局

电话：021 - 61384343

传真：021 - 62534343

邮箱：admin@mail.scf.org.cn

办公地址：上海市静安区威海路 511 号 20 楼（200041）

网址：http://www.scf.org.cn

现任理事长：冯国勤

秘书长：方国平

宗旨：依靠社会办慈善，办好慈善为社会。筹集慈善基金，围绕党和政府关心特困群体的需要，实施安老、扶幼、助学、济困的慈善项目，发展慈善公益事业，促进社会文明进步。

主要活动领域：教育、医疗救助、安全救灾

主要财务数据图表

单位：元

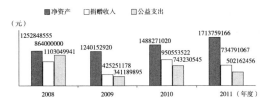

财务指标＼年度	2008	2009	2010	2011
净资产	1252848555	1240152920	1488271020	1713759166
捐赠收入	864000000	425251178	950553522	734791067
公益支出	1103049941	341189895	743230545	502162456

3. 中国教育发展基金会（China Education Development Foundation）

组织机构代码：50001999 - 8

类别：公募

成立时间：2003 年 12 月 16 日

原始基金：5000 万元

登记部门：民政部

业务主管单位：教育部

电话：010 - 66097788

传真：010 - 66097755

邮箱：cedf@ moe. edu. cn

办公地址：北京市西城区西单大木仓胡同

35 号（100816）

网址：http：//www. cedf. org. cn

现任理事长：张保庆

秘书长：张中原

宗旨：遵守中华人民共和国宪法、法律、法规和政策，遵守社会道德，开展经常性的全国助学、助教、改善办学条件及其他有关活动，促进教育及其他有关事业的发展。

主要活动领域：教育、安全救灾

主要财务数据图表

单位：元

财务指标 年度	2008	2009	2010	2011
净 资 产	818707538	741066878	738262274	986390882
捐赠收入	314463387	263646135	515742568	347675174
公益支出	767847861	973712241	1152212632	950802939

4. 中国残疾人福利基金会（China Foundation for Disabled Persons）

组织机构代码：50001358 - 8

类别：公募

成立时间：1984 年 3 月 15 日

原始基金：50621 万元

登记部门：民政部

业务主管单位：中国残疾人联合会

电话：010 - 65137722

传真：010 - 65238212

邮箱：zhb_ jjh@ cdpf. org. cn

办公地址：北京市东城区北池子大街 44 号（100006）

网址：http：//www. cfdp. org

现任理事长：汤小泉

秘书长：费薇

宗旨：弘扬人道，奉献爱心，全心全意为残疾人服务。

主要活动领域：文化、教育、医疗救助、残疾、心理健康

主要财务数据图表

单位：元

财务指标 年度	2008	2009	2010	2011
净 资 产	575113732	658619596	725683965	745700362
捐赠收入	151638666	214107801	236968776	334834446
公益支出	258657737	133248366	172738216	315216805

5. 中华全国体育基金会（China Sports Foundation）

组织机构代码：50001612 - 1

类别：公募

成立时间：1994 年 4 月 1 日

原始基金：800 万元

登记部门：民政部

业务主管单位：国家体育总局

电话：010 - 67159862

传真：010 - 67156711

邮箱：tyjjh@ tyjjh. org. cn

办公地址：北京市东城区体育馆路 9 号西门（100061）

网址：http：// www. tyjjh. org. cn

现任理事长：王宝良

秘书长：董鑫萍

宗旨：弘扬中华体育精神，致力于中国竞技体育水平和全民族身体素质的提高，促进中国体育事业和谐发展。

主要活动领域：教育、体育、残疾

主要财务数据图表
单位：元

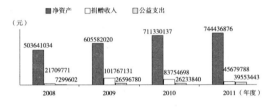

财务指标 \ 年度	2008	2009	2010	2011
净资产	503641034	605582020	711330137	744436876
捐赠收入	21709771	101767131	83754698	45679788
公益支出	7299602	26596780	26233840	39553443

6. 上海市大学生科技创业基金会（Shanghai Technology Entrepreneurship Foundation for Graduates）

组织机构代码：50178006 - 8

类别：公募

成立时间：2006 年 8 月 15 日

原始基金：2000 万元

登记部门：上海市民政局

业务主管单位：上海市科学技术委员会

电话：021 - 55238511

传真：021 - 55238533

邮箱：info@ stefg. org

办公地址：上海市杨浦区国定东路 200 号 5 号楼 3 层（200433）

网址：http：// www. stefg. org

现任理事长：张德旺

秘书长：张德旺

宗旨：鼓励创新创业，完善创新环境；推动成果转化，促进教育改革；激发创新潜能，造就创新人才。

主要活动领域：教育、就业、科学研究

主要财务数据图表
单位：元

财务指标 \ 年度	2008	2009	2010	2011
净资产	335811027	430461455	504521640	710639987
捐赠收入	600000	2948184	920681	1137674
公益支出	16196652	28106579	21231238	11263564

· 5 ·

7. 中国红十字基金会（Chinese Red Cross Foundation）

组织机构代码：50001600 - 9

类别：公募

成立时间：1994 年 3 月 15 日

原始基金：800 万元

登记部门：民政部

业务主管单位：中国红十字会总会

电话：010 - 65124154

传真：010 - 65124680

邮箱：crcfbgsh@ crcf. org. cn

办公地址：北京市东城区东单北大街干面

胡同 53 号（100010）

网址：http：//www. crcf. org. cn

现任理事长：郭长江

秘书长：孙硕鹏

宗旨：弘扬人道、博爱、奉献的红十字精神，致力于改善人的生存和发展境况，保护人的生命与健康，促进世界和平与社会进步。

主要活动领域：教育、卫生保健、医疗救助、安全救灾

主要财务数据图表

单位：元

财务指标 \ 年度	2008	2009	2010	2011
净 资 产	967893592	769325605	724884083	641364209
捐赠收入	1537969408	194635181	537971324	166676312
公益支出	732215379	444015819	647453574	309091878

8. 中国青少年发展基金会（China Youth Development Foundation）

组织机构代码：50000748 - 7

类别：公募

成立时间：1989 年 3 月 9 日

原始基金：800 万元

登记部门：民政部

业务主管单位：共青团中央委员会

电话：010 - 64790581

传真：010 - 64790600

邮箱：cydfnet@ sina. com

办公地址：北京市朝阳区望京西路 51 号 5

层（100102）

网址：http：//www. cydf. org. cn

现任理事长：贺军科

秘书长：涂猛

宗旨：通过资助服务、利益表达和社会倡导，帮助青少年提高能力，改善青少年成长环境。

主要活动领域：教育、环境、青少年、儿童、国际事务

主要财务数据图表

单位：元

财务指标 \ 年度	2008	2009	2010	2011
净 资 产	462742148	504128050	553710559	570917078
捐赠收入	401150068	251867933	268245185	258928235
公益支出	186360097	208582438	220586548	265926663

9. 上海市拥军优属基金会 （Shanghai Support Army and Their Families Foundation）

组织机构代码：50177604 - 2

类别：公募

成立时间：1995 年 4 月 7 日

原始基金：4000 万元

登记部门：上海市民政局

业务主管单位：上海市民政局

电话：021 - 64712956

传真：021 - 64717838

邮箱：*jijinhui64717838@126.com*

办公地址：上海市徐汇区华山路 831 号（200031）

网址：无

现任理事长：周太彤

秘书长：许俊文

宗旨：服务国防，维护稳定。

主要活动领域：公共安全

主要财务数据图表　　　　　　　　　　　单位：元

财务指标＼年度	2008	2009	2010	2011
净 资 产	364888128	544683346	571172743	568140415
捐赠收入	- 640000	37000	30000	2405500
公益支出	62462424	26329941	31824359	22534972

10. 上海宋庆龄基金会 （Shanghai Soong Ching Ling Foundation）

组织机构代码：50177508 - 2

类别：公募

成立时间：1993 年 12 月 8 日

原始基金：400 万元

登记部门：上海市民政局

业务主管单位：中国福利会

电话：021 - 64711073

传真：021 - 64333740

邮箱：guanjh22@163.com

办公地址：上海市徐汇区五原路 314 号（200031）

网址：http://www.ssclf.com

现任理事长：鲁平

秘书长：邹蔚

宗旨：纪念宋庆龄女士，继承和发扬宋庆龄毕生关心和从事妇幼保健、少年儿童文化教育福利事业的精神，广泛联络海内外友好人士和团体，募集资金，兴办妇幼保健、少儿文教福利事业。

主要活动领域：教育、卫生保健、医疗救助、青少年、妇女、儿童

主要财务数据图表　　　　　　　　　　　单位：元

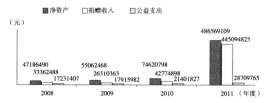

财务指标＼年度	2008	2009	2010	2011
净 资 产	47186490	55062468	74620798	486569109
捐赠收入	33362488	26310363	42774898	445094825
公益支出	17231407	17915982	21401827	28709765

11. 中国光华科技基金会 （China Guanghua Foundation）

组织机构代码：50001457 - 2
类别：公募
成立时间：1993 年 6 月 9 日
原始基金：800 万元
登记部门：民政部
业务主管单位：共青团中央委员会
电话：010 - 84050057
传真：010 - 82053837
邮箱：ghstf_ china@ 126. com
办公地址：北京市东城区旧鼓楼大街张旺胡同 17 号 （100009）
网址：http：//www. ghstf. org

现任理事长：任晋阳
秘书长：任晋阳
宗旨：奖励、资助在科技、教育领域和青少年发展事业中，具有突出贡献的机构、团体和个人；开展海内外科技合作、交流、教育、培训活动，推动科技成果的开发与转化；为青少年科技工作服务，为青少年成长成才服务，为光大弘扬中华民族科学文化服务。
主要活动领域：文化、教育、"三农"、扶贫助困、科学研究、公益事业发展

主要财务数据图表　　　　　单位：元

财务指标 \ 年度	2008	2009	2010	2011
净 资 产	264531718	358773312	467407652	483541877
捐赠收入	324388369	454509739	504483850	566659246
公益支出	237425296	354569587	390065019	545904366

12. 中国扶贫基金会 （China Foundation for Poverty Alleviation）

组织机构代码：50000784 - X
类别：公募
成立时间：1989 年 3 月 13 日
原始基金：1000 万元
登记部门：民政部
业务主管单位：国务院扶贫开发领导小组办公室
电话：010 - 82872688
传真：010 - 62526268
邮箱：fupin@ fupin. org. cn
办公地址：北京市海淀区双榆树西里 36

号南楼 4 层、5 层 （100086）
网址：http：//www. fupin. org. cn
现任理事长：段应碧
秘书长：刘文奎
宗旨：扶持贫困社区和人口改善生产条件、生活条件、健康条件，并提高其素质和能力，实现脱贫致富和持续发展。
主要活动领域：教育、医疗救助、"三农"、安全救灾、妇女、儿童、扶贫助困

主要财务数据图表　　　　　单位：元

财务指标 \ 年度	2008	2009	2010	2011
净 资 产	344802092	386699138	494716283	482164646
捐赠收入	434811840	323008345	541101740	239463622
公益支出	264603833	277400074	441488283	262425686

13. 上海市体育发展基金会（Shanghai Sports Development Foundation）

组织机构代码：50177301 - X

类别：公募

成立时间：1992 年 7 月 21 日

原始基金：420 万元

登记部门：上海市民政局

业务主管单位：上海市体育局

电话：021 - 63806860

传真：021 - 63810635

邮箱：ssdf@ ssdf. org. cn

办公地址：上海市闸北区新疆路 500 号绿

地海悦酒店公寓 1810 室（200070）

网址：http：//www. ssdf. org. cn

现任理事长：赵英华

秘书长：姜军

宗旨：动员社会力量，筹措体育发展资金，资助公益体育，扶植体育人才，促进体育交流，致力于上海体育事业的繁荣发展。

主要活动领域：教育、体育

主要财务数据图表　　　　　　　　单位：元

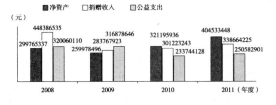

财务指标 年度	2008	2009	2010	2011
净 资 产	406123749	414392634	421898837	417537035
捐赠收入	26330330	28339358	21885479	13320466
公益支出	15101144	18097656	12761020	15846436

14. 中国儿童少年基金会（China Children and Teenagers' Fund）

组织机构代码：50000907 - 9

类别：公募

成立时间：1981 年 7 月 28 日

原始基金：800 万元

登记部门：民政部

业务主管单位：中华全国妇女联合会

电话：010 - 85115406

传真：010 - 65285128

邮箱：cctf@ cctf. org. cn

办公地址：北京市西城区平安里西大街 43

号中国儿童中心院内 519 工程 100 号（100035）

网址：http：//www. cctf. org. cn

现任理事长：陈至立

秘书长：陈晓霞

宗旨：抚育、培养、教育儿童少年，辅助国家发展儿童少年教育福利事业，特别是贫困地区的儿童少年教育福利事业。

主要活动领域：文化、教育、安全救灾、青少年、儿童

主要财务数据图表　　　　　　　　单位：元

财务指标 年度	2008	2009	2010	2011
净 资 产	299765337	259978496	321195936	404533448
捐赠收入	448386535	283767923	301223243	338664225
公益支出	320060110	316878646	233744128	250582901

15. 四川省青少年发展基金会 （Sichuan Youth Development Foundation）

组织机构代码：45072256 - 1

类别：公募

成立时间：1988 年 8 月 21 日

原始基金：800 万元

登记部门：四川省民政厅

业务主管单位：共青团四川省委员会

电话：028 - 86262682

传真：028 - 86634165

邮箱：449623704@ qq. com

办公地址：四川省成都市青羊区多子巷 2 号 （610015）

网址：http：//www. scydf. org. cn

现任理事长：刘玥

秘书长：蒋英

宗旨：争取海内外关心青少年事业的团体、人士的支持和赞助，促进青少年教育、科技、文化、体育、卫生、社会福利事业和环境保护事业的发展，推动现代化建设和祖国统一，促进国际青少年间的友好关系，维护世界和平。

主要活动领域：教育、青少年

主要财务数据图表
单位：元

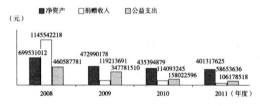

财务指标＼年度	2008	2009	2010	2011
净 资 产	699531012	472990178	435394879	401317625
捐赠收入	1145542218	119213691	114093245	58653636
公益支出	460587781	347781510	158022596	106178518

16. 广东省扶贫基金会 （Guangdong Foundation for Poverty Alleviation）

组织机构代码：51535635 - 6

类别：公募

成立时间：1994 年 2 月 4 日

原始基金：2211 万元

登记部门：广东省民政厅

业务主管单位：广东省农业厅

电话：020 - 83133738

传真：020 - 83133733

邮箱：gdsfpjjh@ 126. com

办公地址：广东省广州市越秀区东风中路

305 号省府大院 5 号楼 1118 室 （510031）

网址：http：//www. gdfp. gov. cn/jjh

现任理事长：周炳南

秘书长：何其勇

宗旨：扶贫济困，促进贫困地区的经济开发和扶持贫困农民改善生产、生活条件，实现脱贫致富和持续发展。

主要活动领域：卫生保健、医疗救助、安全救灾、扶贫助困

主要财务数据图表
单位：元

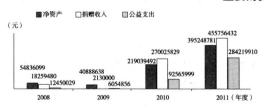

财务指标＼年度	2008	2009	2010	2011
净 资 产	54836099	40888638	219039492	395248781
捐赠收入	18259480	2130000	270025829	455756432
公益支出	12450029	6054856	92565999	284219910

17. 中国妇女发展基金会（China Women's Development Foundation）

组织机构代码：50001201-6

类别：公募

成立时间：1988年12月25日

原始基金：1000万元

登记部门：民政部

业务主管单位：中华全国妇女联合会

电话：010-65263572

传真：010-65263572

邮箱：cwdf923@163.com

办公地址：北京市东城区广渠门内大街36号幸福家园7号楼12层（100062）

网址：http://www.cwdf.org.cn

现任理事长：黄晴宜

秘书长：秦国英

宗旨：全面提高妇女素质，维护妇女合法权益，促进妇女和妇女事业发展。

主要活动领域：教育、卫生保健、创业、安全救灾、妇女、扶贫助困

主要财务数据图表

单位：元

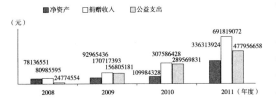

财务指标 \ 年度	2008	2009	2010	2011
净资产	230151584	228120332	264052116	371857233
捐赠收入	171523562	172803403	215622316	323609604
公益支出	121546853	173983880	174763933	216021428

18. 中国癌症基金会（Cancer Foundation of China）

组织机构代码：50000947-4

类别：公募

成立时间：1984年10月26日

原始基金：800万元

登记部门：民政部

业务主管单位：卫生部

电话：010-67783659

传真：010-67751676

邮箱：cfc2000@263.net

办公地址：北京市朝阳区潘家园南里17号中国医学科学院肿瘤医院内公寓楼206号（100021）

网址：http://www.cfchina.org.cn

现任理事长：彭玉

秘书长：赵平

宗旨：募集资金，开展公益活动，促进中国癌症防治事业的发展。

主要活动领域：医疗救助、科学研究

主要财务数据图表

单位：元

财务指标 \ 年度	2008	2009	2010	2011
净资产	78136551	92965436	109984328	336313924
捐赠收入	80985595	170717393	307586428	691819072
公益支出	24774554	156805181	289569831	477956658

19. 上海市老年基金会（Shanghai Senior Citizens Foundation）

组织机构代码： 50177344 – X
类别： 公募
成立时间： 1992 年 11 月 28 日
原始基金： 3000 万元
登记部门： 上海市民政局
业务主管单位： 上海市民政局
电话： 021 – 62255578
传真： 021 – 62255579
邮箱： sscf@ sscf. sh. cn

办公地址： 上海市长宁区长宁路 1158 号贝多芬广场 A 座 5 楼（200050）
网址： http：//www. sscf. sh. cn
现任理事长： 胡炜
秘书长： 无
宗旨： 向社会各界募集资金，资助老龄事业，帮助困难老人。
主要活动领域： 医疗救助、老年人、公共服务

主要财务数据图表

单位：元

财务指标＼年度	2008	2009	2010	2011
净 资 产	203189840	233619653	293814062	334651555
捐赠收入	90581362	67412426	72084509	74601337
公益支出	40312941	71116550	48545989	63073138

20. 中国宋庆龄基金会（China Soong Ching Ling Foundation）

组织机构代码： 50001021 – 3
类别： 公募
成立时间： 1982 年 5 月 29 日
原始基金： 800 万元
登记部门： 民政部
业务主管单位： 中共中央统战部
电话： 010 – 64451011
传真： 010 – 64450056
邮箱： sclf@ sclf. org

办公地址： 北京市西城区裕民东路 5 号瑞得（原中国和平）大厦（100029）
网址： http：//www. sclf. org
现任理事长： 胡启立
秘书长： 李宁
宗旨： 和平、统一、未来。
主要活动领域： 教育、卫生保健、医疗救助、青少年、妇女、儿童、国际事务

主要财务数据图表

单位：元

财务指标＼年度	2008	2009	2010	2011
净 资 产	203508052	263189311	275134819	281256542
捐赠收入	136646239	177945909	161084639	169828435
公益支出	110348636	114155717	153705588	167766411

21. 中国绿化基金会 （China Green Foundation）

组织机构代码：50000692 - 7

类别：公募

成立时间：1985 年 9 月 27 日

原始基金：800 万元

登记部门：民政部

业务主管单位：国家林业局

电话：010 - 84238200

传真：010 - 84239264

邮箱：cgf@ cgf. org. cn

办公地址：北京市东城区和平里东街 18 号

（100714）

网址：http://www. cgf. org. cn

现任理事长：王志宝

秘书长：卓榕生

宗旨：推进国土绿化，维护生态平衡，促进人与自然和谐发展；依法募集、管理、使用绿化基金；满足捐赠者的意愿和合理要求；广泛发动全社会参与林业生态保护和建设。

主要活动领域：教育、环境、扶贫助困

主要财务数据图表
单位：元

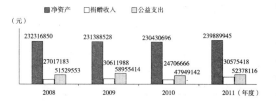

财务指标 \ 年度	2008	2009	2010	2011
净 资 产	127173294	121561462	171557912	246417366
捐赠收入	42094619	33271104	137273053	314610928
公益支出	110642355	45880050	93554764	245463147

22. 上海市教育发展基金会 （Shanghai Education Development Foundation）

组织机构代码：50177526 - 9

类别：公募

成立时间：1994 年 2 月 8 日

原始基金：14400 万元

登记部门：上海市民政局

业务主管单位：上海市教育委员会

电话：021 - 64225118

传真：021 - 64220012

邮箱：shedf@ yahoo. cn

办公地址：上海市徐汇区斜土路 2084 弄 7

号 3 楼 （200032）

网址：http://www. shedf. org. cn

现任理事长：王荣华

秘书长：王明复

宗旨：以党和国家的教育方针、政策和法规为依据，致力于教育与经济、社会发展相结合，推进全社会尊师重教风气形成和发展。

主要活动领域：教育

主要财务数据图表
单位：元

财务指标 \ 年度	2008	2009	2010	2011
净 资 产	232316850	231388528	230430696	239889945
捐赠收入	27017183	30611988	24706666	30575418
公益支出	51529553	58955414	47949142	52378116

23. 广州市番禺区教育基金会 （Guangzhou Panyu Education Foundation）

组织机构代码： 51741700 – 1

类别： 公募

成立时间： 1993 年 5 月 18 日

原始基金： 13040 万元

登记部门： 广东省民政厅

业务主管单位： 广州市番禺区人民政府

电话： 020 – 84641606

传真： 020 – 84641606

邮箱： jyjjh@ panyu. gd. cn

办公地址： 广东省广州市番禺区市桥街清河东路 319 号 （511400）

网址： 无

现任理事长： 莫灿章

秘书长： 杨宝祥

宗旨： 遵守国家法律、法规和政策，为振兴番禺教育动员社会各方面力量，多渠道筹集和管理资金。

主要活动领域： 教育

主要财务数据图表   单位：元

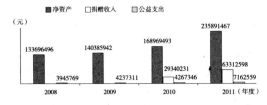

财务指标＼年度	2008	2009	2010	2011
净 资 产	133696496	140385942	168969493	235891467
捐赠收入	–	–	29340231	63312598
公益支出	3945769	4237311	4267346	7162559

24. 爱德基金会 （The Amity Foundation）

组织机构代码： 50917103 – X

类别： 公募

成立时间： 1985 年 4 月 18 日

原始基金： 2500 万元

登记部门： 江苏省民政厅

业务主管单位： 江苏省委统战部

电话： 025 – 83260818

传真： 025 – 83260909

邮箱： admin@ amity. org. cn

办公地址： 江苏省南京市鼓楼区汉口路 71 号 （210008）

网址： http：// www. amityfoundation. org. cn

现任理事长： 丁光训

秘书长： 丘仲辉

宗旨： 在互相尊重的原则下共同献策出力，开展同海内外的友好交往，发展我国的社会公益事业，促进社会发展，服务社会、造福人群，维护世界和平。

主要活动领域： 教育、环境、卫生保健、医疗救助、"三农"、儿童、国际事务、残疾、公益事业发展

主要财务数据图表   单位：元

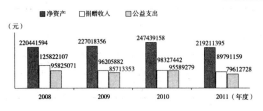

财务指标＼年度	2008	2009	2010	2011
净 资 产	220441594	227018356	247439158	219211395
捐赠收入	125822107	96205882	98327442	89791159
公益支出	95825071	85713353	95589279	79612728

25. 广州市教育基金会 （Guangzhou Education Foundation）

组织机构代码：51735507 - 4

类别：公募

成立时间：1989 年 1 月 12 日

原始基金：17378 万元

登记部门：广东省民政厅

业务主管单位：广州市教育局

电话：020 - 22083793

传真：020 - 22083796

邮箱：gzsjyjjh@ vip. 163. com

办公地址：广东省广州市越秀区西湖路 83 号市教育局大楼 705 室（510030）

网址：http：//www. jjh. org. cn

现任理事长：石安海

秘书长：陈传誉

宗旨：遵守国家宪法、法律、法规和政策，遵守社会道德风尚，为振兴广州教育动员社会各方面力量，多渠道筹集资金，配合广州市教育部门的中心任务，支持各级各类学校建设，奖励教书育人成绩显著的教育工作者、品学兼优的学生和对教育发展作出突出贡献的社会团体、人士，扶助经济困难学生学习和患危重病的特困师生治疗。

主要活动领域：教育

主要财务数据图表 单位：元

财务指标 \ 年度	2008	2009	2010	2011
净 资 产	224045087	183662418	181669131	214195243
捐赠收入	770	751140	1693650	2849473
公益支出	4670507	5131638	4481772	5606823

26. 中国光彩事业基金会 （China Glory Foundation）

组织机构代码：50001981 - 6

类别：公募

成立时间：2005 年 6 月 14 日

原始基金：3050 万元

登记部门：民政部

业务主管单位：中共中央统战部

电话：010 - 58335321

传真：010 - 66120741

邮箱：guangcaichina@ 163. com

办公地址：北京市西城区府右街 135 号（100800）

网址：http：//www. cspgp. org. cn

现任理事长：谢伯阳

秘书长：牛建国

宗旨：促进光彩事业发展，支持社会扶贫和西部开发。

主要活动领域：扶贫助困、少数民族

主要财务数据图表 单位：元

财务指标 \ 年度	2008	2009	2010	2011
净 资 产	139611843	232237749	228087510	212376234
捐赠收入	274421711	216285010	424952391	114347678
公益支出	273245421	127780883	431146188	131863006

27. 中国青年创业就业基金会 （China Foundation for Youth Entrepreneurship and Employment）

组织机构代码：50002029 - 4
类别：公募
成立时间：2006 年 10 月 8 日
原始基金：24000 万元
登记部门：民政部
业务主管单位：共青团中央委员会
电话：010 - 85212082
传真：010 - 85212733
邮箱：cfyee@ gqt. org. cn
办公地址：北京市东城区前门东大街 10

号中央机关南楼 414 室、415 室、416 室 （100051）
网址：http：// www. ccyl. org. cn/ zhuanti/ cyjyjjh
现任理事长：王晓
秘书长：王庆
宗旨：通过资金扶持、技能培训、信息服务、政策协调和社会倡导，帮助青年创业就业，促进青年发展。
主要活动领域：就业、创业

主要财务数据图表 　　单位：元

财务指标 年度	2008	2009	2010	2011
净 资 产	83540858	295963648	336721229	212299530
捐赠收入	54296419	226927279	97271219	61070000
公益支出	3869976	13813576	56705052	98994586

28. 中国科学技术大学教育基金会 （USTC Education Foundation）

组织机构代码：74676594 - X
类别：公募
成立时间：1996 年 7 月 8 日
原始基金：580 万元
登记部门：安徽省民政厅
业务主管单位：安徽省教育厅
电话：0551 - 63602949
传真：0551 - 63602949
邮箱：guosl@ ustc. edu. cn

办公地址：安徽省合肥市包河区金寨路 96 号 （230026）
网址：无
现任理事长：陈小剑
秘书长：郭胜利
宗旨：加强联系，募集基金，奖励优异，开拓创新。
主要活动领域：教育、科学研究

主要财务数据图表 　　单位：元

财务指标 年度	2008	2009	2010	2011
净 资 产	119990376	129791571	148674155	201042408
捐赠收入	13119675	13944522	24257824	62236066
公益支出	4094131	4521205	5704402	13018399

29. 瑞安市人民教育基金会 （Rui'an People's Education Foundation）

组织机构代码：78290510－2
类别：公募
成立时间：2005 年 11 月 28 日
原始基金：400 万元
登记部门：浙江省民政厅
业务主管单位：浙江省教育厅
电话：0577－65838221
传真：0577－65838221
邮箱：rajyjjh@163.com
办公地址：浙江省瑞安市安阳镇安阳南路

市教育局 2 楼（325200）
网址：无
现任理事长：苏尚乐
秘书长：潘士昌
宗旨：遵守中华人民共和国法律、法规和政策，推动全社会关心、支持教育事业，促进教育改革和发展，为推进瑞安市教育跨越发展贡献力量。
主要活动领域：教育

主要财务数据图表　　　　单位：元

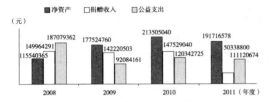

财务指标＼年度	2008	2009	2010	2011
净资产	115540365	177524760	213505040	191716578
捐赠收入	149964291	142220503	147529040	50338800
公益支出	187079362	92084161	120342725	111120674

30. 中国公安民警英烈基金会 （China Police Martyrs and Heroes Foundation）

组织机构代码：50001927－7
类别：公募
成立时间：2003 年 1 月 7 日
原始基金：800 万元
登记部门：民政部
业务主管单位：公安部
电话：010－66262893
传真：010－66262893
邮箱：cpmhf@163.com

办公地址：北京市东城区东长安街 14 号公安部院内（100741）
网址：http://www.mps.gov.cn/n16/n983040/n1530184/index.html
现任理事长：孙明山
秘书长：张存斗
宗旨：抚恤民警，凝聚警心，弘扬正气，激励斗志。
主要活动领域：国际事务、公共安全

主要财务数据图表　　　　单位：元

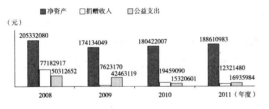

财务指标＼年度	2008	2009	2010	2011
净资产	205332080	174134049	180422007	188610983
捐赠收入	77182917	7623170	19459090	12321480
公益支出	50312652	42463119	15320601	16935984

31. 深圳市警察基金会 （Shenzhen Police Foundation）

组织机构代码：50267671 - 3

类别：公募

成立时间：1995 年 2 月 12 日

原始基金：2640 万元

登记部门：广东省民政厅

业务主管单位：深圳市公安局

电话：0755 - 84450998

传真：0755 - 82238638

邮箱：jcjjh@126.com

办公地址：广东省深圳市罗湖区沿河南路 2017 号 6 楼、7 楼 （518000）

网址：http://www.jcjjh.com

现任理事长：谢志清

秘书长：罗觉强

宗旨：凝聚民众爱心，构建卫士后盾，激励警队斗志，促进社会稳定。

主要活动领域：公共安全

主要财务数据图表　　　　单位：元

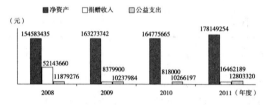

财务指标 年度	2008	2009	2010	2011
净资产	154583435	163273742	164775665	178149254
捐赠收入	52143660	8379900	818000	16462189
公益支出	11879276	10237984	10266197	12803320

32. 广东省公安民警医疗救助基金会 （Guangdong Police's Medical Aid Foundation）

组织机构代码：77782626 - 6

类别：公募

成立时间：2005 年 6 月 26 日

原始基金：500 万元

登记部门：广东省民政厅

业务主管单位：广东省公安厅

电话：020 - 83110460

传真：020 - 83609062

邮箱：无

办公地址：广东省广州市越秀区黄华路 97 号 1 栋 204 房 （510050）

网址：无

现任理事长：杨忠发

秘书长：何维和

宗旨：为广东省公安民警服务。

主要活动领域：医疗救助、公共安全

主要财务数据图表　　　　单位：元

财务指标 年度	2008	2009	2010	2011
净资产	176055260	166272872	174558060	175524677
捐赠收入	9983250	505000	10020000	3000000
公益支出	13802000	14800000	5771800	5291000

33. 中国发展研究基金会 （China Development Research Foundation）

组织机构代码：50001859 - X

类别：公募

成立时间：1997 年 11 月 27 日

原始基金：4000 万元

登记部门：民政部

业务主管单位：国务院发展研究中心

电话：010 - 64255855

传真：010 - 64255855

邮箱：cdrf@ cdrf. org. cn

办公地址：北京市东城区安定门外大街 136 号皇城国际中心 A 座 15 层 （100011）

网址：http：//www. cdrf. org. cn

现任理事长：王梦奎

秘书长：卢迈

宗旨：支持政策研究，促进科学决策，服务中国发展。

主要活动领域：教育、国际事务、科学研究

主要财务数据图表　　　　　　　　单位：元

财务指标 \ 年度	2008	2009	2010	2011
净 资 产	153469325	155350489	160786876	171004437
捐赠收入	42889364	26267351	33317630	44323635
公益支出	26706723	26099967	31686071	33069726

34. 广州市交通建设管理基金会 （Guangzhou Traffic Construction and Management Foundation）

组织机构代码：51736220 - 7

类别：公募

成立时间：1993 年 7 月 8 日

原始基金：6200 万元

登记部门：广东省民政厅

业务主管单位：广州市建设委员会

电话：020 - 83189272

传真：020 - 83300607

邮箱：jiaotongjijin@21cn. com

办公地址：广东省广州市越秀区府前路 29 号 3 梯 9 楼 （510032）

网址：无

现任理事长：戴治国

秘书长：云永宁

宗旨：为广州市交通设施建设和强化交通管理筹集资金。

主要活动领域：公共服务、社区发展

主要财务数据图表　　　　　　　　单位：元

财务指标 \ 年度	2008	2009	2010	2011
净 资 产	188485477	185314115	179202257	170861279
捐赠收入	0	0	0	0
公益支出	3930000	3400000	7940000	10008000

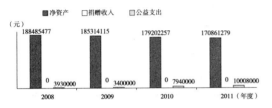

35. 上海文化发展基金会 （Shanghai Cultural Development Foundation）

组织机构代码：50177311 – 6

类别：公募

成立时间：1992 年 8 月 10 日

原始基金：5500 万元

登记部门：上海市民政局

业务主管单位：上海市委宣传部

电话：021 – 62815037

传真：021 – 62834878

邮箱：shcdf@ shcdf. org

办公地址：上海市长宁区番禺路 396 号 2 楼

（200052）

网址：http：//www. shcdf. org

现任理事长：郦国义

秘书长：郦国义

宗旨：筹措文化发展资金，资助公益文化，推动文化创新，扶植文化人才，促进文化交流，致力于上海文化事业的繁荣发展。

主要活动领域：文化

主要财务数据图表

单位：元

财务指标 \ 年度	2008	2009	2010	2011
净 资 产	130512012	93180592	94559114	152570428
捐赠收入	23348000	8617834	7045000	39202661
公益支出	64978232	42689506	35700670	84602822

36. 中国法律援助基金会 （China Legal Aid Foundation）

组织机构代码：50001854 – 9

类别：公募

成立时间：1997 年 5 月 26 日

原始基金：1000 万元

登记部门：民政部

业务主管单位：司法部

电话：010 – 83111079

传真：010 – 83139027

邮箱：falvyuanzhu@ vip. sina. com

办公地址：北京市西城区西便门西里甲 16 号 （100053）

网址：http：//www. claf. com. cn

现任理事长：岳宣义

秘书长：郑霞泽

宗旨：保障全体公民享受平等的司法保护，维护法律赋予公民的基本权利。

主要活动领域：法律实施

主要财务数据图表

单位：元

财务指标 \ 年度	2008	2009	2010	2011
净 资 产	47499869	96019283	106082432	151897936
捐赠收入	17400674	12938436	27147771	13909297
公益支出	22135032	14456738	65870391	66980255

37. 佛山市顺德区教育基金会 （Foshan Shunde Education Foundation）

组织机构代码：76291153 - X

类别：公募

成立时间：1994 年 3 月 3 日

原始基金：10653 万元

登记部门：广东省民政厅

业务主管单位：佛山市顺德区教育局

电话：0757 - 22830219

传真：0757 - 22830216

邮箱：无

办公地址：广东省佛山市顺德区大良德民路区政府大院教育局内（528333）

网址：无

现任理事长：陈达权

秘书长：梅可良

宗旨：奖教奖学，助教助学。

主要活动领域：教育

主要财务数据图表
单位：元

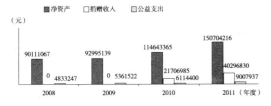

财务指标 \ 年度	2008	2009	2010	2011
净资产	90111067	92995139	114643365	150704216
捐赠收入	0	0	21706985	40296830
公益支出	4833247	5361522	6114400	9007937

38. 厦门市教育基金会 （Foundation for Xiamen Education）

组织机构代码：51265609 - 9

类别：公募

成立时间：1988 年 9 月 20 日

原始基金：400 万元

登记部门：福建省民政厅

业务主管单位：厦门市教育局

电话：0592 - 2288483

传真：0592 - 2289483

邮箱：xmsjjh@21cn.com

办公地址：福建省厦门市思明区湖滨南路 20 号基金大厦 803 室（361004）

网址：http：//www.xmedu.gov.cn/jyjjh

现任理事长：王榕

秘书长：张亚梅

宗旨：弘扬中华民族尊师重教优良传统，发动社会各方面力量和海内外人士筹集资金，开展资助教育事业的活动，以提高教师社会地位，激励学生奋发学习，推动全社会关心和支持教育，促进厦门市教育事业的发展。

主要活动领域：教育

主要财务数据图表
单位：元

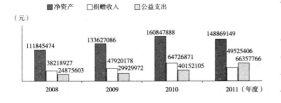

财务指标 \ 年度	2008	2009	2010	2011
净资产	111845474	133627086	160847888	148869149
捐赠收入	38218927	47920178	64726871	49525406
公益支出	24875603	29929972	40152105	66357766

39. 伊金霍洛旗人民教育基金会 （Ejin Horo People's Education Foundation）

组织机构代码：69594100 - 9

类别：公募

成立时间：2009 年 12 月 14 日

原始基金：400 万元

登记部门：内蒙古自治区民政厅

业务主管单位：伊金霍洛旗教育局

电话：0477 - 8691597

传真：0477 - 8691582

邮箱：763226425@ qq. com

办公地址：内蒙古自治区伊金霍洛旗阿拉

腾席热镇通格朗街 6 号教育局 207 室
（017200）

网址：无

现任理事长：张子珍

秘书长：高歧云

宗旨：汇关爱，助杏坛，奖优助困，为伊金霍洛旗教育事业均衡和谐发展而募集资金。

主要活动领域：教育

主要财务数据图表
单位：元

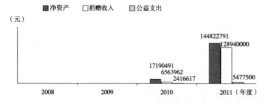

财务指标 \ 年度	2008	2009	2010	2011
净 资 产	–	–	17190491	144822791
捐赠收入	–	–	6563962	128940000
公益支出	–	–	2416617	5477500

40. 常州市见义勇为基金会 （Changzhou Foundation for Justice and Courage）

组织机构代码：50917124 - 0

类别：公募

成立时间：1995 年 4 月 10 日

原始基金：400 万元

登记部门：江苏省民政厅

业务主管单位：江苏省公安厅

电话：0519 - 86630090

传真：0519 - 86630090

邮箱：无

办公地址：江苏省常州市钟楼区青果巷 188 号 （213003）

网址：http：//www. czjyyw. org. cn

现任理事长：朱明

秘书长：姚亚军

宗旨：弘扬见义勇为精神，倡导见义勇为行为，奖励见义勇为先进个人和群体，促进社会风气的根本好转。

主要活动领域：见义勇为

主要财务数据图表
单位：元

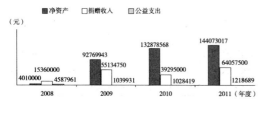

财务指标 \ 年度	2008	2009	2010	2011
净 资 产	4010000	92769943	132878568	144073017
捐赠收入	15360000	55134750	39295000	64057500
公益支出	4587961	1039931	1028419	1218689

41. 上海公安金盾基金会 （Shanghai Police Golden Shield Foundation）

组织机构代码：50178137 - 8

类别：公募

成立时间：2010 年 7 月 30 日

原始基金：11000 万元

登记部门：上海市民政局

业务主管单位：上海市公安局

电话：021 - 22020943

传真：021 - 22020943

邮箱：jdjjh@ shanghai. gov. cn

办公地址：上海市静安区武宁南路 128 号 B 区 806 室、807 室（200042）

网址：无

现任理事长：王培生

秘书长：赵杰英

宗旨：抚慰英烈、弘扬正气、凝聚警心、激励警志。

主要活动领域：公共安全

主要财务数据图表   单位：元

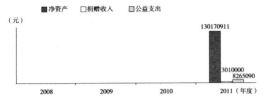

财务指标 \ 年度	2008	2009	2010	2011
净 资 产	–	–	–	130170911
捐赠收入	–	–	–	3010000
公益支出	–	–	–	8265090

42. 中华环境保护基金会 （China Environmental Protection Foundation）

组织机构代码：50001363 - 3

类别：公募

成立时间：1993 年 3 月 3 日

原始基金：800 万元

登记部门：民政部

业务主管单位：环境保护部

电话：010 - 67113272

传真：010 - 67118190

邮箱：info@ cepf. org. cn

办公地址：北京市东城区广渠门内大街 16 号环境新闻出版大楼 704 室（100062）

网址：http：//www. cepf. org. cn

现任理事长：傅雯娟

秘书长：李伟

宗旨：广泛募集，取之于民，用之于民，保护环境，造福人类。

主要活动领域：环境、国际事务

主要财务数据图表   单位：元

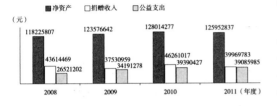

财务指标 \ 年度	2008	2009	2010	2011
净 资 产	118225807	123576642	128014277	125952837
捐赠收入	43614469	37530959	46261017	39969783
公益支出	26521202	34191278	39390427	39085985

43. 广州市职工济难基金会 （Guangzhou Foundation for Poverty Workers）

组织机构代码：71630679 - 3

类别：公募

成立时间：1995 年 1 月 22 日

原始基金：1451 万元

登记部门：广东省民政厅

业务主管单位：广东省总工会

电话：020 - 83188072

传真：020 - 83183927

邮箱：zhouy@ gzgh. org. cn

办公地址：广东省广州市越秀区东风西路 230 号市总工会 407 房 （510180）

网址：无

现任理事长：卫宝铭

秘书长：吴杏容

宗旨：发动社会团体、机关企事业单位和职工、社会各界热心人士捐款，发扬互助友爱精神，筹集资金，对生活特别困难的职工（含离退休人员）进行济难扶助，发挥补充保障作用，维护社会稳定，促进广州市社会主义物质文明和精神文明建设。

主要活动领域：教育、扶贫助困

主要财务数据图表
单位：元

财务指标 \ 年度	2008	2009	2010	2011
净资产	22273856	21227572	26399399	125807394
捐赠收入	1000	101000	9705654	623532
公益支出	1531600	1213700	4649876	23747708

44. 中山市教育基金会 （Zhongshan Education Foundation）

组织机构代码：76291072 - 1

类别：公募

成立时间：2009 年 6 月 25 日

原始基金：2841 万元

登记部门：广东省民政厅

业务主管单位：中山市教育局

电话：0760 - 88325949

传真：0760 - 88325949

邮箱：qfypanny@21cn. com

办公地址：广东省中山市东区柏苑路 214 号 （528400）

网址：无

现任理事长：罗鸿钧

秘书长：杨伟生

宗旨：捐资助学、奖励优秀，促进中山市教育事业蓬勃发展。

主要活动领域：教育

主要财务数据图表
单位：元

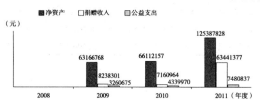

财务指标 \ 年度	2008	2009	2010	2011
净资产	-	63166768	66112157	125387828
捐赠收入	-	8238301	7160964	63441377
公益支出	-	3260675	4339970	7480837

45. 中国友好和平发展基金会 （China Friendship Foundation for Peace and Development）

组织机构代码：50001802 - 0

类别：公募

成立时间：1996 年 5 月 15 日

原始基金：800 万元

登记部门：民政部

业务主管单位：中国人民对外友好协会

电话：010 - 85112911

传真：010 - 65262564

邮箱：cffpd@163.com

办公地址：中国北京东城区台基厂大街 1 号 （100740）

网址：http://www.cffpd.org

现任理事长：李建平

秘书长：沈昕

宗旨：发展中国人民与世界各国人民之间的友好事业，推动国际合作，维护世界和平，促进共同发展。

主要活动领域：文化、教育、国际事务

主要财务数据图表　　　　单位：元

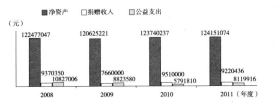

财务指标\年度	2008	2009	2010	2011
净资产	66107973	67110977	106482159	124224982
捐赠收入	23049084	18767653	64316295	74559449
公益支出	18000818	18695987	24458293	27464873

46. 东莞市医疗救济基金会 （Dongguan Medical Aid Foundation）

组织机构代码：72506571 - 7

类别：公募

成立时间：1996 年 10 月 25 日

原始基金：400 万元

登记部门：广东省民政厅

业务主管单位：东莞市民政局

电话：0769 - 22222628

传真：0769 - 22218769

邮箱：dg9203688@21cn.com

办公地址：广东省东莞市莞城万寿路 76 号 （523003）

网址：无

现任理事长：张顺彩

秘书长：杜度

宗旨：开展医疗救济，建设和谐社会。

主要活动领域：医疗救助

主要财务数据图表　　　　单位：元

财务指标\年度	2008	2009	2010	2011
净资产	122477047	120625221	123740237	124151074
捐赠收入	9370350	7660000	9510000	9220436
公益支出	10827006	8823580	5791810	8119916

47. 中国绿色碳汇基金会（China Green Carbon Foundation）

组织机构代码：50002187－9

类别：公募

成立时间：2010 年 7 月 19 日

原始基金：5000 万元

登记部门：民政部

业务主管单位：国家林业局

电话：010－84238100

传真：010－84238100

邮箱：thjj@thjj.org

办公地址：北京市东城区和平里东街 12 号

（100714）

网址：http://www.thjj.org

现任理事长：刘于鹤

秘书长：李怒云

宗旨：致力于推进以应对气候变化为目的的植树造林、森林经营、减少毁林和其他相关的增汇减排活动，普及有关知识，提高公众应对气候变化意识和能力，支持和完善中国森林生态补偿机制。

主要活动领域：环境

主要财务数据图表

单位：元

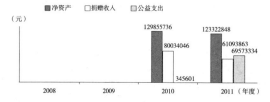

财务指标＼年度	2008	2009	2010	2011
净资产	－	－	129855736	123322848
捐赠收入	－	－	80034046	61093863
公益支出	－	－	345601	69573334

48. 广东省见义勇为基金会（Guangdong Foundation for Justice and Courage）

组织机构代码：51535570－8

类别：公募

成立时间：1993 年 1 月 28 日

原始基金：12527 万元

登记部门：广东省民政厅

业务主管单位：中共广东省委政法委员会

电话：020－83119122

传真：020－83852270

邮箱：gdjijinhui@163.com

办公地址：广东省广州市越秀区黄华路 97 号（510050）

网址：无

现任理事长：朱明健

秘书长：梁渭尧

宗旨：弘扬中华民族见义勇为传统美德，匡扶社会正义；大力宣传表彰见义勇为人员的先进事迹，在全省营造见义勇为的良好氛围；积极向社会筹集见义勇为基金，抚恤、慰问和奖励为维护我省社会治安、社会稳定作出突出贡献的见义勇为牺牲人员亲属、负伤人员和有功集体、个人，促进广东省社会稳定和社会主义精神文明建设。

主要活动领域：见义勇为

主要财务数据图表

单位：元

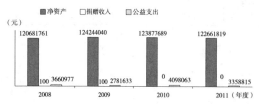

财务指标＼年度	2008	2009	2010	2011
净资产	120681761	124244040	123877689	122661819
捐赠收入	100	100	0	0
公益支出	3660977	2781633	4098063	3358815

49. 广东省繁荣粤剧基金会 （Guangdong Booming Cantonese Opera Foundation）

组织机构代码：78791328－3

类别：公募

成立时间：2006 年 4 月 11 日

原始基金：500 万元

登记部门：广东省民政厅

业务主管单位：政协广东省委办公厅

电话：020－38013653

传真：020－38013703

邮箱：fryjjjh@126.com

办公地址：广东省广州市越秀区五羊新城

明月二路 66 号（510600）

网址：无

现任理事长：戴德丰

秘书长：邵忠

宗旨：严格遵守国家的宪法、法律、法规和方针、政策，遵循社会道德风尚，以繁荣粤剧，培植粤剧人才，促进粤剧、粤曲以及广东音乐的发展，为建设广东文化大省服务。

主要活动领域：文化、艺术、教育

主要财务数据图表　　　　　　　　　　单位：元

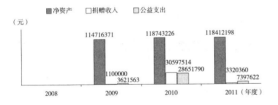

财务指标＼年度	2008	2009	2010	2011
净 资 产	148732183	129717189	125143094	120696611
捐赠收入	49637339	4708000	0	0
公益支出	4359934	24372288	3799264	4081547

50. 广西民族教育发展基金会 （Guangxi Education Development Foundation for Nationalities）

组织机构代码：68776709－8

类别：公募

成立时间：2009 年 4 月 22 日

原始基金：800 万元

登记部门：广西壮族自治区民政厅

业务主管单位：广西壮族自治区教育厅

电话：0771－5351733

传真：0771－5324533

邮箱：gxmzjyfzjjh@163.com

办公地址：广西壮族自治区南宁市青秀区

教育路 3－1 号办公大楼 6 楼（530002）

网址：http：//202.103.252.83/Category_301/Index.aspx

现任理事长：甘幼玶

秘书长：赖开雄

宗旨：弘扬尊师重教的良好社会风尚，广泛动员社会力量集资办学，捐资助学，推动全社会关心和支持教育事业，促进广西教育事业的发展。

主要活动领域：教育、安全救灾、少数民族

主要财务数据图表　　　　　　　　　　单位：元

财务指标＼年度	2008	2009	2010	2011
净 资 产	－	114716371	118743226	118412198
捐赠收入	－	1100000	30597514	3320360
公益支出	－	3621563	28651790	7397622

51. 中国博士后科学基金会 （China Postdoctoral Science Foundation）

组织机构代码：50001231 - 5

类别：公募

成立时间：1990 年 1 月 6 日

原始基金：2000 万元

登记部门：民政部

业务主管单位：人力资源和社会保障部

电话：010 - 62335023

传真：010 - 82387704

邮箱：jijinchu2003@ yahoo. com. cn

办公地址：北京市海淀区学院路 30 号博

士后公寓（100083）

网址：http：//www. chinapostdoctor. org. cn

现任理事长：陈宜瑜

秘书长：夏文峰

宗旨：鼓励和支持具有创新思维和创新能力的年轻优秀博士后研究人员开展科研工作，培养他们迅速成长为适应社会主义现代化建设需要的跨学科、复合型、战略型高层次人才。

主要活动领域：教育、科学研究

主要财务数据图表

单位：元

财务指标 \ 年度	2008	2009	2010	2011
净 资 产	110777585	112861480	116561539	118180413
捐赠收入	–	–	130	1346
公益支出	338360000	384493535	424029100	460560000

52. 湖南省公安民警基金会 （Hu'nan Police Foundation）

组织机构代码：50142724 - 8

类别：公募

成立时间：1996 年 11 月 11 日

原始基金：5560 万元

登记部门：湖南省民政厅

业务主管单位：湖南省公安厅

电话：0731 - 84597718

传真：0731 - 84597718

邮箱：shijiang1209@ tom. com

办公地址：湖南省长沙市芙蓉区八一路 110 号（410001）

网址：无

现任理事长：罗静忠

秘书长：施洋

宗旨：面向民警，优质服务，凝聚警心，稳定队伍。

主要活动领域：公共安全

主要财务数据图表

单位：元

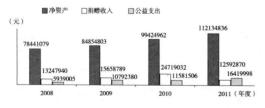

财务指标 \ 年度	2008	2009	2010	2011
净 资 产	78441079	84854803	99424962	112134836
捐赠收入	13247940	15658789	24719032	12592870
公益支出	5939005	10792380	11581506	16419998

53. 湖南省教育基金会 （Hu'nan Education Foundation）

组织机构代码：50142249 - 8

类别：公募

成立时间：1990 年 12 月 25 日

原始基金：6580 万元

登记部门：湖南省民政厅

业务主管单位：湖南省教育厅

电话：0731 - 82567855

传真：0731 - 82567855

邮箱：jjhmsc@163.com

办公地址：湖南省长沙市开福区蔡锷北路

教育街 11 号教育厅西院 306 室 （410005）

网址：http://jjh.hnedu.cn

现任理事长：刘玉娥

秘书长：安鉴洁

宗旨：募集教育基金，奖励优秀教师和先进教育工作者，救助特困教师和品学兼优的特困学生，宏扬尊师重教的社会风尚，动员全社会关心和支持教育，促进教育事业的发展。

主要活动领域：教育

主要财务数据图表　　　　　单位：元

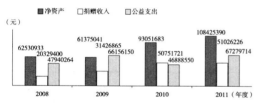

财务指标 \ 年度	2008	2009	2010	2011
净资产	77422214	92835422	105373974	110962912
捐赠收入	6960000	9040870	7630000	6766000
公益支出	2354630	3498074	8050901	12853160

54. 杭州市送温暖工程基金会 （Hangzhou Warmth Project Foundation）

组织机构代码：50187493 - 7

类别：公募

成立时间：1998 年 7 月 28 日

原始基金：400 万元

登记部门：浙江省民政厅

业务主管单位：浙江省总工会

电话：0571 - 87161102

传真：0571 - 87161046

邮箱：hzscfb@sina.com

办公地址：浙江省杭州市上城区平海路 27 号 （310006）

网址：无

现任理事长：阮保潮

秘书长：孙增法

宗旨：扶贫帮困，济难救急。

主要活动领域：教育、医疗救助、扶贫助困

主要财务数据图表　　　　　单位：元

财务指标 \ 年度	2008	2009	2010	2011
净资产	62530933	61375041	93051683	108425390
捐赠收入	20329400	31426865	50751721	51026226
公益支出	47940264	66156150	46888550	67279714

55. 广州市科技进步基金会（Guangzhou Foundation for Advance of Science and Technology）

组织机构代码：51735645 – 6

类别：公募

成立时间：1992 年 6 月 28 日

原始基金：1740 万元

登记部门：广东省民政厅

业务主管单位：广州市科技局

电话：020 – 83556054

传真：020 – 83378865

邮箱：jjh@ gzmstpf. org. cn

办公地址：广东省广州市越秀区小北路 65

号华宇大厦 15 楼 F 座（510045）

网址：http://www. gzmstpf. org. cn

现任理事长：周兆炎

秘书长：薛峰

宗旨：以科学技术是第一生产力为指针，动员海内外社会各界力量，多渠道筹集资金，推动科技进步，树立尊重知识、尊重人才的社会风尚，为广州市科技发展和经济建设服务。

主要活动领域：科学研究

主要财务数据图表　　　　单位：元

财务指标 \ 年度	2008	2009	2010	2011
净资产	129471654	128767724	129123927	106264464
捐赠收入	100000	–	100000	–
公益支出	2871467	2650877	2174400	2843413

56. 上海市民帮困互助基金会（Shanghai Civil Foundation for Mutual Aiding Needy Assistance）

组织机构代码：50177886 – 5

类别：公募

成立时间：2003 年 12 月 25 日

原始基金：3000 万元

登记部门：上海市民政局

业务主管单位：上海市民政局

电话：021 – 63214210

传真：021 – 63214210

邮箱：shsmbkhzjjh@163. com

办公地址：上海市黄浦区江西中路 215 号

中楼（200002）

网址：http://www. sbkf. org

现任理事长：沈振新

秘书长：徐全娟

宗旨：通过弘扬社会互助共济精神，开展社会资金募集，协助政府做好帮困互助工作，为社会特殊群体提供应急性、临时性救助，对政府日常救助帮困工作发挥补充作用。

主要活动领域：扶贫助困

主要财务数据图表　　　　单位：元

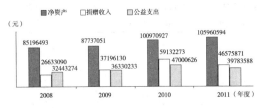

财务指标 \ 年度	2008	2009	2010	2011
净资产	85196493	87737051	100970927	105960594
捐赠收入	26633090	37196130	59132273	46575871
公益支出	32443274	36330233	47000626	39783588

57. 中国检察官教育基金会（The Chinese Foundation for the Education of Public Prosecutors）

组织机构代码：50001399 - 1

类别：公募

成立时间：1993 年 6 月 1 日

原始基金：800 万元

登记部门：民政部

业务主管单位：最高人民检察院

电话：010 - 68657240

传真：010 - 68657241

邮箱：gjjjh@ 126. com

办公地址：北京市石景山区香山南路 111

号（100144）

网址：http：//www. cefp. org. cn

现任理事长：王振川

秘书长：付志安

宗旨：依法向社会各界募集基金，资助以西部和"老、少、边、穷"地区基层检察机关为重点的检察官教育事业，使检察官的整体素质适应不断发展的检察事业的需要。

主要活动领域：教育、法律实施

主要财务数据图表　　　　　　　　　　　单位：元

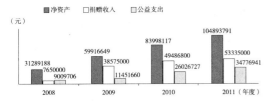

财务指标 \ 年度	2008	2009	2010	2011
净 资 产	31289188	59916649	83998117	104893791
捐赠收入	7650000	38575000	49486800	53335000
公益支出	9009706	11451660	26026727	34776941

58. 中国志愿服务基金会（China Volunteer Service Foundation）

组织机构代码：50002131 - 8

类别：公募

成立时间：2009 年 2 月 16 日

原始基金：5000 万元

登记部门：民政部

业务主管单位：中共中央宣传部

电话：010 - 63097574

传真：010 - 63097574

邮箱：zyfwgz@ sina. com

办公地址：北京市西城区西长安街 5 号（100806）

网址：http：//www. zhiyuanfuwu. com

现任理事长：甘英烈

秘书长：陈瑞峰

宗旨：大力普及志愿理念，弘扬志愿精神，支持和推动志愿服务事业，为人们关爱他人、奉献社会搭建平台，引导人们多做好事，奉献爱心，争当好人，不断提高公民文明素质和社会文明程度，大力推进社会主义核心价值体系建设。

主要活动领域：志愿服务

主要财务数据图表　　　　　　　　　　　单位：元

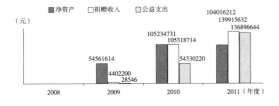

财务指标 \ 年度	2008	2009	2010	2011
净 资 产	–	54561614	105234731	104016212
捐赠收入	–	4402200	105318714	139915632
公益支出	–	28546	54330220	136896644

59. 浙江省农业技术推广基金会 （Zhejiang Agricultural Technology Popularization Foundation）

组织机构代码：50187408 - 0

类别：公募

成立时间：1995 年 8 月 8 日

原始基金：400 万元

登记部门：浙江省民政厅

业务主管单位：浙江省农业厅

电话：0571 - 85813020

传真：0571 - 85813011

邮箱：zn. tj@ 163. com

办公地址：浙江省杭州市下城区武林路 437 号农发大厦 11 楼 （310006）

网址：无

现任理事长：章猛进

秘书长：陈奇良

宗旨：依靠科技，服务"三农"。

主要活动领域："三农"、科学研究

主要财务数据图表
单位：元

财务指标 年度	2008	2009	2010	2011
净 资 产	54711651	67500340	99951568	103915760
捐赠收入	0	10000000	20300000	1000000
公益支出	4421570	4440278	6373998	7788553

60. 温岭市人民教育基金会 （Wenling People's Education Foundation）

组织机构代码：78644923 - 9

类别：公募

成立时间：2006 年 4 月 7 日

原始基金：400 万元

登记部门：浙江省民政厅

业务主管单位：浙江省教育厅

电话：0576 - 86218773

传真：0576 - 86218772

邮箱：L8900@ 163. com

办公地址：浙江省温岭市太平街道学前头

路 8 号 （317500）

网址：http：//yg. wl. gov. cn/plus/list. php? tid =440

现任理事长：陈仙顺

秘书长：黄心正

宗旨：资助公益教育，推动教育创新，扶植教育人才，促进教育交流，促进温岭教育更快更好发展。

主要活动领域：教育

主要财务数据图表
单位：元

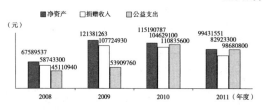

财务指标 年度	2008	2009	2010	2011
净 资 产	67589537	121381263	115190787	99431551
捐赠收入	58743300	107724930	104629100	82923300
公益支出	45110940	53909760	110835600	98680800

61. 中国航天基金会（China Space Foundation）

组织机构代码：50001754 - 6

类别：公募

成立时间：1995 年 3 月 1 日

原始基金：800 万元

登记部门：民政部

业务主管单位：国防科学技术工业委员会

电话：010 - 82842861

传真：010 - 82845291

邮箱：info@ spacechina. org

办公地址：北京市朝阳区北四环中路 6 号华亭嘉园 A 座 5D（100029）

网址：http://www. spacechina. org

现任理事长：张建启

秘书长：张玉江

宗旨：为中国航天事业服务，奖励为中国航天事业作出突出贡献的有功人员；资助航天学术交流和人才培养；支持航天学术研究和技术开发，支持与国外航天界有关组织友好往来与合作；开展航天科普教育，提高全民航天意识，促进航天事业的发展。

主要活动领域：科学研究

主要财务数据图表　　　　单位：元

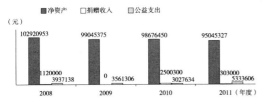

财务指标 ＼ 年度	2008	2009	2010	2011
净资产	81647492	82880096	93478129	99047647
捐赠收入	25800000	18410437	2700000	2108000
公益支出	17768879	32507159	20622448	22670559

62. 广州市见义勇为基金会（Guangzhou Foundation for Justice and Courage）

组织机构代码：C1490688 - X

类别：公募

成立时间：1990 年 10 月 10 日

原始基金：6000 万元

登记部门：广东省民政厅

业务主管单位：中共广州市委政法委员会

电话：020 - 81197415

传真：020 - 81197165

邮箱：gzsjyywjjh06@ unit. gzemai. cn

办公地址：广东省广州市越秀区广九大马路 19 号 3 楼（510110）

网址：http://www. dayoo. com/jyyw

现任理事长：刘继生

秘书长：李作春

宗旨：弘扬见义勇为精神，匡扶社会正义，激发广大市民与违法犯罪分子作斗争的勇气和积极性。

主要活动领域：见义勇为

主要财务数据图表　　　　单位：元

财务指标 ＼ 年度	2008	2009	2010	2011
净资产	102920953	99045375	98676450	95045327
捐赠收入	1120000	0	2500300	303000
公益支出	3937138	3561306	3027634	5333606

63. 中华见义勇为基金会（China Foundation for Justice and Courage）

组织机构代码：50001412 - 6

类别：公募

成立时间：1993 年 6 月 1 日

原始基金：4000 万元

登记部门：民政部

业务主管单位：公安部

电话：010 - 66266324

传真：010 - 66266322

邮箱：tougao@ cjyyw. com

办公地址：北京市东城区东长安街 14 号
公安部院内（100741）

网址：http：//www. cjyyw. com

现任理事长：贾春旺

秘书长：郭玉英

宗旨：发扬中华民族传统美德，弘扬社会正气，倡导见义勇为，促进社会主义精神文明建设，加强社会治安综合治理。

主要活动领域：见义勇为、安全救灾

主要财务数据图表

单位：元

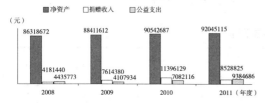

财务指标 \ 年度	2008	2009	2010	2011
净 资 产	86318672	88411612	90542687	92045115
捐赠收入	4181440	7614380	11396129	8528825
公益支出	4435773	4107934	7082116	9384686

64. 山东省教育基金会（Shandong Education Foundation）

组织机构代码：79734564 - 6

类别：公募

成立时间：2007 年 1 月 19 日

原始基金：1000 万元

登记部门：山东省民政厅

业务主管单位：山东省教育厅

电话：0531 - 67897199

传真：0531 - 67897199

邮箱：jyjjh@ sdpec. edu. cn

办公地址：山东省济南市历下区文化西路
29 号（250011）

网址：http：//www. sdpef. cn

现任理事长：邵桂芳

秘书长：马庆水

宗旨：汇关爱，助杏坛，济贫困，树重教风尚，建和谐教育，努力为山东省教育事业的均衡发展作出应有的贡献。

主要活动领域：教育

主要财务数据图表

单位：元

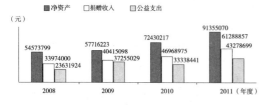

财务指标 \ 年度	2008	2009	2010	2011
净 资 产	54573799	57716223	72430217	91355070
捐赠收入	33974000	40415098	46968975	61288857
公益支出	23631924	37255029	33338441	43278699

65. 盐城市见义勇为基金会（Yancheng Foundation for Justice and Courage）

组织机构代码：50917141－9

类别：公募

成立时间：1995 年 10 月 1 日

原始基金：1670 万元

登记部门：江苏省民政厅

业务主管单位：江苏省公安厅

电话：0515－83220182

传真：0515－83220106

邮箱：xiaoxiao. hx@163.com

办公地址：江苏省盐城市盐都区平安路 9 号（224002）

网址：无

现任理事长：彭正柱

秘书长：陈乃顺

宗旨：倡导见义勇为，弘扬社会正气。

主要活动领域：见义勇为

主要财务数据图表　　　　　　　　　单位：元

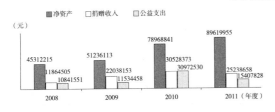

财务指标＼年度	2008	2009	2010	2011
净 资 产	70485574	72385844	89421662	89738699
捐赠收入	18786500	351800	0	624000
公益支出	800351	347611	231466	2690026

66. 湖北省教育基金会（Hubei Education Foundation）

组织机构代码：50358459－7

类别：公募

成立时间：2004 年 3 月 1 日

原始基金：4400 万元

登记部门：湖北省民政厅

业务主管单位：湖北省教育厅

电话：027－87328090

传真：027－87328090

邮箱：duo111duo@sina.com

办公地址：湖北省武汉市武昌区洪山路 8 号（430071）

网址：无

现任理事长：王庆生

秘书长：张汉铭

宗旨：奖教奖学，扶贫济困，友好合作，促进教育。

主要活动领域：教育

主要财务数据图表　　　　　　　　　单位：元

财务指标＼年度	2008	2009	2010	2011
净 资 产	45312215	51236113	78968841	89619955
捐赠收入	11864505	22038153	30528373	25238658
公益支出	10841551	11534458	30972530	15407828

67. 湖北省扶贫基金会 （Hubei Foundation for Poverty Alleviation）

组织机构代码： 50358020 - 3

类别： 公募

成立时间： 1994 年 6 月 15 日

原始基金： 410 万元

登记部门： 湖北省民政厅

业务主管单位： 湖北省扶贫办

电话： 027 - 87234597

传真： 027 - 87890563

邮箱： hubeijjh@163.com

办公地址： 湖北省武汉市武昌区水果湖青年路 5 号省委大院内 （430071）

网址： 无

现任理事长： 吴华品

秘书长： 王根法

宗旨： 坚持四项基本原则和"三个代表"重要思想，遵守国家宪法、法律、法规和方针、政策，广泛募集扶贫资金，扶助老区、贫困地区人民发展生产、改善生活、脱贫致富，为促进老区、贫困地区加快建设社会主义新农村步伐作出新的贡献。

主要活动领域： 教育、"三农"、扶贫助困

主要财务数据图表

单位：元

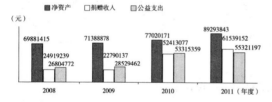

财务指标＼年度	2008	2009	2010	2011
净 资 产	69881415	71388878	77020171	89293843
捐赠收入	24919239	22790137	52413077	61539152
公益支出	26804772	28529462	53315359	55321197

68. 上海市中小学幼儿教师奖励基金会 （Shanghai Award Foundation for Teachers of Pre - school Primary and Secondary Education）

组织机构代码： 50177219 - 9

类别： 公募

成立时间： 2003 年 4 月 7 日

原始基金： 3600 万元

登记部门： 上海市民政局

业务主管单位： 上海市教育委员会

电话： 021 - 62562717

传真： 021 - 62562717

邮箱： jjh1987@126.com

办公地址： 上海市静安区陕西北路 500 号 （200041）

网址： http://jsjl.edu.sh.cn

现任理事长： 胡正昌

秘书长： 黄良汉

宗旨： 表彰中小学幼儿教师的成绩，提高教师的社会地位和待遇，鼓励他们教书育人，为人师表，忠诚于人民的教育事业，以全面提高教育质量，促进上海市基础教育事业的发展，推动全社会关心和支持教育，弘扬尊师重教的社会风尚。

主要活动领域： 教育

主要财务数据图表

单位：元

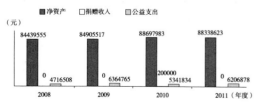

财务指标＼年度	2008	2009	2010	2011
净 资 产	84439555	84905517	88697983	88338623
捐赠收入	0	0	200000	0
公益支出	4716508	6364765	5341834	6206878

69. 中国华侨公益基金会（Overseas Chinese Charity Foundation of China）

组织机构代码：50001129 - 1

类别：公募

成立时间：1998 年 12 月 27 日

原始基金：1860 万元

登记部门：民政部

业务主管单位：中华全国归国华侨联合会

电话：010 - 64053637

传真：010 - 64063954

邮箱：chinaqiaolian@126.com

办公地址：北京市东城区北新桥三条甲 1 号（100007）

网址：http://www.qlgy.org

现任理事长：乔卫

秘书长：刘奇

宗旨：发扬侨胞热心公益事业的优良传统，支持华侨事业和侨界关心的经济、文化、科技、教育、卫生福利等各项公益事业的发展，竭诚为社会服务，为海内外广大侨胞服务。

主要活动领域：教育、医疗救助、安全救灾、儿童、侨务

主要财务数据图表   单位：元

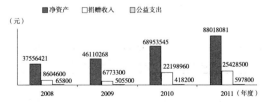

财务指标\年度	2008	2009	2010	2011
净 资 产	99336979	117031240	85482888	88323466
捐赠收入	67161797	112613242	139253888	73747489
公益支出	19515031	68446535	172338010	72688123

70. 泰州市见义勇为基金会（Taizhou Foundation for Justice and Courage）

组织机构代码：50917260 - 6

类别：公募

成立时间：2002 年 7 月 20 日

原始基金：400 万元

登记部门：江苏省民政厅

业务主管单位：江苏省公安厅

电话：0523 - 86320378

传真：0523 - 86320366

邮箱：jstzjdl378@163.com

办公地址：江苏省泰州市海陵区凤凰东路69

号市公安局内（225300）

网址：无

现任理事长：张正方

秘书长：张卫东

宗旨：发扬中华民族传统美德，倡导见义勇为，弘扬社会正气，鼓励人民群众同各类违法犯罪和治安灾害事故作斗争，为促进社会主义和谐社会营造良好的社会道德环境。

主要活动领域：见义勇为

主要财务数据图表   单位：元

财务指标\年度	2008	2009	2010	2011
净 资 产	37556421	46110268	68953545	88018081
捐赠收入	8604600	6773300	22198960	25428500
公益支出	65800	505500	418200	597800

71. 南昌市教育基金会 （Nanchang Education Foundation）

组织机构代码：69096763 - X

类别：公募

成立时间：2009 年 7 月 1 日

原始基金：1200 万元

登记部门：江西省民政厅

业务主管单位：江西省教育厅

电话：0791 - 6217801

传真：0791 - 6217801

邮箱：747486795@ qq. com

办公地址：江西省南昌市东湖区民德路

215 号 （330008）

网址：无

现任理事长：张留真

秘书长：韦小工

宗旨：推动全社会关心和支持教育，弘扬尊师重教社会风尚，筹集资金，开展奖励先、扶贫济困活动，促进南昌市教育改革和教育事业发展。

主要活动领域：教育

主要财务数据图表
单位：元

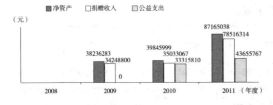

财务指标＼年度	2008	2009	2010	2011
净 资 产	–	38236283	39845999	87165038
捐赠收入	–	34248800	35033067	78516314
公益支出	–	0	33315810	43655767

72. 中华思源工程扶贫基金会 （China Siyuan Foundation for Poverty Alleviation）

组织机构代码：50002046 - 2

类别：公募

成立时间：2007 年 3 月 22 日

原始基金：800 万元

登记部门：民政部

业务主管单位：中共中央统战部

电话：010 - 85698220

传真：010 - 85698221

邮箱：office@ sygoc. org. cn

办公地址：北京市朝阳区朝外大街吉祥里

208 号民建中央 （100020）

网址：http：// www. sygoc. org. cn

现任理事长：陈昌智

秘书长：李晓林

宗旨：资助以扶贫和社会公益事业为主的"思源工程"活动，帮助弱势群体解决生产生活困难，促进中国贫困地区经济和社会事业发展。

主要活动领域：教育、环境、卫生保健、安全救灾、扶贫助困

主要财务数据图表
单位：元

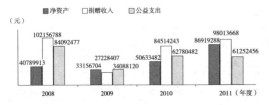

财务指标＼年度	2008	2009	2010	2011
净 资 产	40789913	33156704	50633482	86919288
捐赠收入	102156788	27228407	84514243	98013668
公益支出	84092477	34088120	62780482	61252456

73. 中国禁毒基金会（China Narcotics Control Foundation）

组织机构代码：50001868－8

类别：公募

成立时间：1999 年 4 月 28 日

原始基金：5000 万元

登记部门：民政部

业务主管单位：公安部

电话：010－66263641

传真：010－66263641

邮箱：cncf1999@163.com

办公地址：北京市东城区东长安街 14 号
公安部院内（100741）

网址：http：//www. cncf－jdqianrenguanai.
org. cn

现任理事长：陶驷驹

秘书长：陈兴友

宗旨：坚持以人为本，贯彻国家禁毒工作
方针，动员全社会各界和广大人民群众参
与禁毒斗争，募集和接受捐赠，支持中国
禁毒事业的发展，为创建社会主义和谐社
会作出贡献。

主要活动领域：医疗救助、公共安全

主要财务数据图表　　　　　　　　　　单位：元

财务指标＼年度	2008	2009	2010	2011
净资产	78590941	79145158	82000935	86795531
捐赠收入	4682464	10382456	9605523	12297700
公益支出	7089833	9824628	7670226	7596089

74. 深圳壹基金公益基金会（Shenzhen One Foundation）

组织机构代码：56705751－8

类别：公募

成立时间：2010 年 12 月 3 日

原始基金：5000 万元

登记部门：深圳市民政局

业务主管单位：深圳市民政局

电话：400－690－2700

传真：0755－25332611

邮箱：info@one－foundation.com

办公地址：深圳市福田区竹子林紫竹六道

49 号敦煌大厦 7 楼 D（518048）

网址：http：//www. onefoundation. cn

现任理事长：周其仁

秘书长：杨鹏

宗旨：传播创新的、人人参与的公益文化，
搭建公信透明的、可持续发展的公益平台，
以推动公益事业的发展；同时，尽可能为
各种自然灾难受害人提供人道主义援助。

主要活动领域：安全救灾、儿童、志愿服
务、心理健康、公益事业发展

主要财务数据图表　　　　　　　　　　单位：元

财务指标＼年度	2008	2009	2010	2011
净资产	－	－	50009500	86494830
捐赠收入	－	－	50000000	108132561
公益支出	－	－	0	68470822

75. 东莞市见义勇为基金会（Dongguan Foundation for Justice and Courage）

组织机构代码：79290870－2

类别：公募

成立时间：2006 年 12 月 27 日

原始基金：400 万元

登记部门：广东省民政厅

业务主管单位：中共广东省委政法委员会

电话：0769－23055497

传真：0769－23055491

邮箱：无

办公地址：广东省东莞市莞城东城南路 3

号市公安局主楼 7 楼（523129）

网址：无

现任理事长：黄发

秘书长：李灿林

宗旨：弘扬中华民族见义勇为传统美德，匡扶社会正义，大力宣传表彰见义勇为人员的先进事迹，营造见义勇为的良好氛围，促进东莞市社会稳定，加强社会主义精神文明建设。

主要活动领域：见义勇为

主要财务数据图表

单位：元

财务指标 \ 年度	2008	2009	2010	2011
净 资 产	88580009	86959733	86125974	86177107
捐赠收入	355100	500	0	0
公益支出	5043937	7079698	6548768	6790982

76. 上海科普教育发展基金会（Shanghai Science Education Development Foundation）

组织机构代码：50177809－9

类别：公募

成立时间：2001 年 10 月 23 日

原始基金：5000 万元

登记部门：上海市民政局

业务主管单位：上海市科学技术委员会

电话：021－68622000

传真：021－68542051

邮箱：jjgl@ sstm. org. cn

办公地址：上海市浦东新区世纪大道 2000

号上海科技馆 2 号楼（200127）

网址：http://www. ssedf. org. cn/portal/index/index. htm

现任理事长：左焕琛

秘书长：姚宗强

宗旨：动员社会力量，集聚各方资源，广泛开展和支持各类科普教育活动，为提高公众科学文化素养，促进科普能力建设和创新型城市建设服务。

主要活动领域：教育、科学研究

主要财务数据图表

单位：元

财务指标 \ 年度	2008	2009	2010	2011
净 资 产	65590972	78491832	88607064	85357783
捐赠收入	12711034	10897952	13552540	15396935
公益支出	12780493	9225095	16020950	18827429

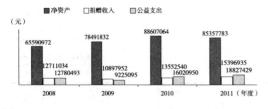

77. 云南省见义勇为基金会 （Yunnan Foundation for Justice and Courage）

组织机构代码：78166898 - 5

类别：公募

成立时间：2002 年 10 月 22 日

原始基金：3430 万元

登记部门：云南省民政厅

业务主管单位：中共云南省委政法委员会

电话：0871 - 3992870

传真：0871 - 3992870

邮箱：jyyw@ yn. gov. cn

办公地址：云南省昆明市西山区广福路省委斜对面博欣商务楼 223 室 （650031）

网址：http：// jyyw. yn. gov. cn

现任理事长：曹建方

秘书长：胡吉安

宗旨：遵守宪法、法律、法规和国家政策，发扬中华民族传统美德，弘扬社会正气，倡导见义勇为，保护见义勇为公民的合法权益，动员全社会关心、爱护、支持见义勇为活动，为建设富裕民主、文明和谐云南，营造良好的社会环境。

主要活动领域：见义勇为

主要财务数据图表　　　　单位：元

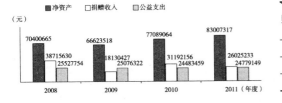

财务指标＼年度	2008	2009	2010	2011
净 资 产	39067548	41830325	43467146	83183255
捐赠收入	3173110	308200	148733	29812059
公益支出	886290	1003604	1838298	2810070

78. 浙江省青少年发展基金会 （Zhejiang Youth Development Foundation）

组织机构代码：50187243 - X

类别：公募

成立时间：1991 年 3 月 4 日

原始基金：1000 万元

登记部门：浙江省民政厅

业务主管单位：共青团浙江省委员会

电话：0571 - 87028006

传真：0571 - 87028006

邮箱：zjqjhbgs@163. com

办公地址：浙江省杭州市西湖区文二路 188 号浙江省团校西楼 （310012）

网址：http：// www. hope. zj. com

现任理事长：李迪

秘书长：李迪

宗旨：通过个人和机构提供资助服务，帮助青少年提高学习和生活能力，通过利益表达和社会倡导，改善青少年成长的环境。

主要活动领域：教育、青少年、儿童

主要财务数据图表　　　　单位：元

财务指标＼年度	2008	2009	2010	2011
净 资 产	70400665	66623518	77089064	83007317
捐赠收入	38715630	18130427	31192156	26025233
公益支出	25527754	25076322	24483459	24779149

79. 江苏省文化艺术发展基金会（Jiangsu Culture and Art Development Foundation）

组织机构代码：50917155 - 8

类别：公募

成立时间：1996 年 12 月 1 日

原始基金：2500 万元

登记部门：江苏省民政厅

业务主管单位：江苏省委宣传部

电话：025 - 88802618

传真：025 - 8802676

邮箱：1953kj@ sina. com

办公地址：江苏省南京市鼓楼区管家桥 85

号华荣大厦 14 楼（210005）

网址：无

现任理事长：言恭达

秘书长：柯强兴

宗旨：筹措文化发展基金，资助公益文化，推动文化创新，培养造就文化人才，促进文化交流与发展，致力于江苏文化强省建设。

主要活动领域：文化、艺术、教育

主要财务数据图表

单位：元

财务指标＼年度	2008	2009	2010	2011
净 资 产	75656263	76648119	77467451	81503185
捐赠收入	1000000	1000000	2000000	1000000
公益支出	1017226	857123	1883304	3326315

80. 中国人口福利基金会（China Population Welfare Foundation）

组织机构代码：50000761 - 2

类别：公募

成立时间：1987 年 6 月 10 日

原始基金：1200 万元

登记部门：民政部

业务主管单位：国家人口和计划生育委员会

电话：010 - 62174989

传真：010 - 62173494

邮箱：mdjzbz@ 126. com

办公地址：北京市海淀区大慧寺 12 号

（100081）

网址：http://www.cpwf.org.cn

现任理事长：赵炳礼

秘书长：杨文庄

宗旨：坚持以人为本，关注弱势群体，增进人口福利与家庭幸福，促进社会和谐与生态文明。

主要活动领域：教育、医疗救助、法律实施、妇女、儿童、扶贫助困、少数民族、科学研究

主要财务数据图表

单位：元

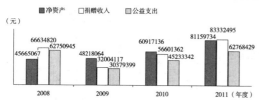

财务指标＼年度	2008	2009	2010	2011
净 资 产	45665067	48218064	60917136	81159734
捐赠收入	66634820	32004117	56601362	83332495
公益支出	62750945	30379399	45233342	62768429

81. 中华少年儿童慈善救助基金会（China Charities Aid Foundation for Children）

组织机构代码：50002153 - 7

类别：公募

成立时间：2009 年 9 月 10 日

原始基金：2000 万元

登记部门：民政部

业务主管单位：民政部

电话：010 - 58938787

传真：010 - 58938784

邮箱：ccafc@ ccafc. org. cn

办公地址：北京市海淀区万寿路乙 15 号 A

座 7 层（100036）

网址：http://www. ccafc. org. cn

现任理事长：魏久明

秘书长：袁正光

宗旨：救助孤儿、流浪儿童、辍学学生、失足少年以及因贫困、灾害、疾病等原因导致的有特殊困难的少年儿童。

主要活动领域：教育、医疗救助、青少年、儿童、扶贫助困、心理健康、公益事业发展

主要财务数据图表　　　　　　　　　单位：元

财务指标＼年度	2008	2009	2010	2011
净资产	–	21279572	52979946	80577312
捐赠收入	–	912245	50019089	85996566
公益支出	–	0	15830048	56303158

82. 中国社会福利基金会（China Social Welfare Foundation）

组织机构代码：50001979 - 5

类别：公募

成立时间：2005 年 6 月 14 日

原始基金：800 万元

登记部门：民政部

业务主管单位：民政部

电话：010 - 85114150

传真：010 - 85114150

邮箱：info@ cswef. org

办公地址：北京市东城区建国门大街 26 号新闻大厦 6 层 625 室（100005）

网址：http://www. cswef. org

现任理事长：刘光和

秘书长：缪力

宗旨：以民为本，关注民生，扶危济困，共享和谐，服务社会福利。

主要活动领域：教育、医疗救助、就业、安全救灾、青少年、儿童

主要财务数据图表　　　　　　　　　单位：元

财务指标＼年度	2008	2009	2010	2011
净资产	8723294	15348844	32257415	79603023
捐赠收入	2003000	11642821	31593931	85773455
公益支出	1402250	4706496	14110150	36925625

83. 青岛市教育发展基金会（Qingdao Educational Development Foundation）

组织机构代码：50284642 - 8

类别：公募

成立时间：1995 年 9 月 10 日

原始基金：400 万元

登记部门：山东省民政厅

业务主管单位：青岛市教育局

电话：0532 - 82732132

传真：0532 - 82751002

邮箱：jyjjh@ qdedu. net

办公地址：山东省青岛市市北区延安一路 29 号乙（266023）

网址：http：//www. qdedu. gov. cn/fzjj

现任理事长：程友新

秘书长：耿仕仁

宗旨：遵守我国宪法、法律、法规和国家政策，遵守社会道德风尚，弘扬中华民族尊师重教优良传统，动员海内外各界人士，募集教育资金和实物，促进各级各类学校建设，表彰教书育人成绩显著的教育工作者、品学兼优的学生和对教育发展作出突出贡献的海内外各界人士、团体和单位，帮助困难家庭学生完成义务教育。

主要活动领域：教育

主要财务数据图表

单位：元

财务指标 \ 年度	2008	2009	2010	2011
净资产	50766568	52897669	57767913	79430457
捐赠收入	12636565	10791746	21527715	43891218
公益支出	7886264	9317413	17018342	21169791

84. 广州市花都区教育基金会（Guangzhou Huadu Education Foundation）

组织机构代码：73144719 - 9

类别：公募

成立时间：1995 年 4 月 3 日

原始基金：440 万元

登记部门：广东省民政厅

业务主管单位：广州市花都区人民政府

电话：020 - 36898762

传真：020 - 36898762

邮箱：无

办公地址：广东省广州市花都区新华街公益路政府综合楼 6 楼（510800）

网址：无

现任理事长：梁秀环

秘书长：邱绍荣

宗旨：推进花都区教育事业发展。

主要活动领域：教育

主要财务数据图表

单位：元

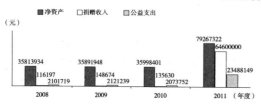

财务指标 \ 年度	2008	2009	2010	2011
净资产	35813934	35891948	35998401	79267322
捐赠收入	116197	148674	135630	64600000
公益支出	2101719	2121239	2073752	23488149

85. 上海市职工帮困基金会（Shanghai Support Foundation for Workers）

组织机构代码：50177299 – X

类别：公募

成立时间：1992 年 7 月 16 日

原始基金：1000 万元

登记部门：上海市民政局

业务主管单位：上海市总工会

电话：021 – 63211939

传真：021 – 63218014

邮箱：bzb315@163.com

办公地址：上海市黄浦区中山东一路 14 号 315 室（200002）

网址：无

现任理事长：宋震

秘书长：顾佳

宗旨：依靠各级工会以及社会力量，为上海市困难职工及其他特困人员提供帮助，以促进和谐社会建设和发展。

主要活动领域：扶贫助困

主要财务数据图表
单位：元

财务指标＼年度	2008	2009	2010	2011
净资产	18554497	19486414	71332557	78723298
捐赠收入	400000	450000	3280587	1489077
公益支出	2407639	3656600	10194537	23217564

86. 富阳市人民教育基金会（Fuyang People's Education Foundation）

组织机构代码：50187436 – 3

类别：公募

成立时间：1988 年 8 月 8 日

原始基金：400 万元

登记部门：浙江省民政厅

业务主管单位：浙江省教育厅

电话：0571 – 63322005

传真：0571 – 63323196

邮箱：fylgx@sina.com

办公地址：浙江省富阳市富春街道鹳山路 21 号（311400）

网址：无

现任理事长：邵良

秘书长：包国灿

宗旨：济困助学，奖教奖学，改善办学条件。

主要活动领域：教育

主要财务数据图表
单位：元

财务指标＼年度	2008	2009	2010	2011
净资产	31795076	32543711	48037179	76495438
捐赠收入	13524220	9207727	15429732	15511200
公益支出	11955810	10171750	7665349	12513000

87. 江苏省见义勇为基金会 （Jiangsu Foundation for Justice and Courage）

组织机构代码：50917108 - 0

类别：公募

成立时间：1993 年 12 月 1 日

原始基金：1766 万元

登记部门：江苏省民政厅

业务主管单位：江苏省公安厅

电话：025 - 83526197

传真：025 - 83526198

邮箱：jsjyyw@126.com

办公地址：江苏省南京市鼓楼区扬州路 10

号（210024）

网址：无

现任理事长：王寿亭

秘书长：郭建新

宗旨：遵守国家宪法、法律、法规和政策，遵守社会道德风尚，发扬中华民族传统美德，倡导见义勇为，匡扶社会正义，维护社会稳定，促进社会和谐和社会主义精神文明建设。

主要活动领域：见义勇为

主要财务数据图表
单位：元

财务指标 \ 年度	2008	2009	2010	2011
净资产	54445994	71234730	71267577	74633352
捐赠收入	50000	16410000	500000	3800000
公益支出	919316	2530888	4071370	3873114

88. 徐州市见义勇为基金会 （Xuzhou Foundation for Justice and Courage）

组织机构代码：50917240 - 3

类别：公募

成立时间：1990 年 5 月 23 日

原始基金：550 万元

登记部门：江苏省民政厅

业务主管单位：江苏省公安厅

电话：0516 - 83751318

传真：0516 - 85839983

邮箱：XZJS111@163.com

办公地址：江苏省徐州市鼓楼区少华公寓

5 - 2 - 101（221000）

网址：无

现任理事长：郑广银

秘书长：石丽丽

宗旨：宣传、表彰、奖励见义勇为的好人好事，弘扬正气；为人民群众同犯罪分子和治安灾害事故作斗争提供物质支持，激励全社会发扬见义勇为精神；建议各级人民政府和有关部门对表现突出的见义勇为人员给予表彰、奖励、保护和优抚；指导、协调县（市）、区开展见义勇为的表彰奖励工作。

主要活动领域：见义勇为

主要财务数据图表
单位：元

财务指标 \ 年度	2008	2009	2010	2011
净资产	80109731	77268127	75518567	73857656
捐赠收入	23284800	100000	0	150000
公益支出	3553605	4450745	1909450	2450250

89. 上海市黄浦区教育基金会（Shanghai Huangpu Education Foundation）

组织机构代码：50177263 - 1

类别：公募

成立时间：1992 年 5 月 28 日

原始基金：4000 万元

登记部门：上海市民政局

业务主管单位：上海市教育委员会

电话：021 - 63225064

传真：021 - 63225064

邮箱：无

办公地址：上海市黄浦区福州路 384 弄 4 号 3 楼（200001）

网址：无

现任理事长：顾家宁

秘书长：谷勇仁

宗旨：奖励优秀教师，提高教师地位，增添教学设备，改善办学条件。

主要活动领域：教育

主要财务数据图表
单位：元

财务指标\年度	2008	2009	2010	2011
净资产	78864822	76796713	75514681	73087451
捐赠收入	0	0	0	0
公益支出	4199962	5419564	4516407	5283605

90. 广东省禁毒基金会（Guangdong Narcotics Control Foundation）

组织机构代码：76294240 - 8

类别：公募

成立时间：2004 年 5 月 31 日

原始基金：6215 万元

登记部门：广东省民政厅

业务主管单位：中共广东省委政法委员会

电话：020 - 87185466

传真：020 - 37658493

邮箱：xppwyx@ 163. com

办公地址：广东省广州市东山区合群三马路 29 号省委大院内（510082）

网址：无

现任理事长：吴泽耀

秘书长：曾添贵

宗旨：严格遵守国家宪法、法律、法规和国家政策，遵守社会公德，贯彻"提高认识、教育为先、全员收戒、严厉打击、综合治理"的禁毒工作方针，积极推动广东省禁毒事业的发展。

主要活动领域：公共安全

主要财务数据图表
单位：元

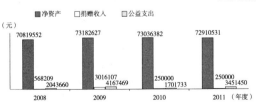

财务指标\年度	2008	2009	2010	2011
净资产	70819552	73182627	73036382	72910531
捐赠收入	568209	3016107	250000	250000
公益支出	2043660	4167469	1701733	3451450

91. 广东省青少年发展基金会 （Guangdong Youth Development Foundation）

组织机构代码：51535649 – 5

类别：公募

成立时间：1994 年 7 月 6 日

原始基金：3500 万元

登记部门：广东省民政厅

业务主管单位：共青团广东省委员会

电话：020 – 87661023

传真：020 – 87656672

邮箱：xwgc87185820@ gdcyl. org

办公地址：广东省广州市越秀区寺贝通津

1 号大院 13 号楼后座 3 楼 （510080）

网址：http：//www. gdydf. org. cn

现任理事长：林乔林

秘书长：邓剑平

宗旨：推动青少年教育、科技、文化、体育、卫生、社会福利和环境保护事业的发展；加强与各省区市和港澳台地区及海外青少年组织的联系，发展海内外青少年的友好关系。

主要活动领域：教育、青少年

主要财务数据图表   单位：元

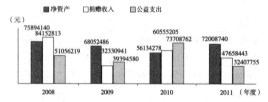

财务指标\年度	2008	2009	2010	2011
净 资 产	75894140	68052486	56134278	72008740
捐赠收入	84152813	32330941	60555205	47658443
公益支出	51056219	39394580	73708762	32407755

92. 广州市公安民警基金会 （Guangzhou Police Foundation）

组织机构代码：51735860 – 3

类别：公募

成立时间：1993 年 9 月 13 日

原始基金：2070 万元

登记部门：广东省民政厅

业务主管单位：广州市公安局

电话：020 – 83118807

传真：020 – 83118807

邮箱：无

办公地址：广东省广州市越秀区起义路200 号指挥中心大楼 1807 房 （510036）

网址：无

现任理事长：谢富星

秘书长：苏季慧

宗旨：鼓励公安民警为公安事业多作贡献，进一步加强队伍的凝聚力，促进公安队伍建设。

主要活动领域：公共安全

主要财务数据图表   单位：元

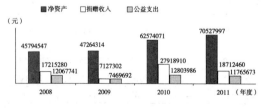

财务指标\年度	2008	2009	2010	2011
净 资 产	45794547	47264314	62574071	70527997
捐赠收入	17215280	7127302	27918910	18712460
公益支出	12067741	7469692	12803986	11765673

93. 淮安市慈善基金会 （Huai'an Charity Foundation）

组织机构代码：50915901－4

类别：公募

成立时间：2007 年 12 月 26 日

原始基金：1000 万元

登记部门：江苏省民政厅

业务主管单位：江苏省民政厅

电话：0517－83764591

传真：0517－83764591

邮箱：hacs2008@126.com

办公地址：江苏省淮安市经济技术开发区

厦门东路 2 号（223005）

网址：http：//hacszh.iphpc.org

现任理事长：刘金山

秘书长：高建霞

宗旨：以人为本，关爱民生，扶贫济困，努力构建和谐社会，重点资助城乡特困户就医、就学和基本生活。

主要活动领域：教育、医疗救助、儿童、老年人、扶贫助困

主要财务数据图表　　　　　　　　　单位：元

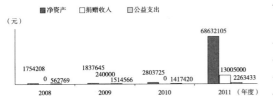

财务指标 \ 年度	2008	2009	2010	2011
净资产	9471490	25430669	57253719	69542008
捐赠收入	49128140	23895148	44121652	22005262
公益支出	57787551	6934230	12327376	14536718

94. 镇江市见义勇为基金会 （Zhenjiang Foundation for Justice and Courage）

组织机构代码：50917124－7

类别：公募

成立时间：2005 年 6 月 5 日

原始基金：1000 万元

登记部门：江苏省民政厅

业务主管单位：江苏省公安厅

电话：0511－88956385

传真：0511－88956388

邮箱：无

办公地址：江苏省镇江市润州区九华山路9 号（212000）

网址：无

现任理事长：卞大庆

秘书长：曲乃仁

宗旨：奖励和表彰见义勇为人员。

主要活动领域：见义勇为

主要财务数据图表　　　　　　　　　单位：元

财务指标 \ 年度	2008	2009	2010	2011
净资产	1754208	1837645	2803725	68632105
捐赠收入	0	240000	0	13005000
公益支出	562769	1514566	1417420	2263433

95. 深圳市教育发展基金会 （Shenzhen Education Development Foundation）

组织机构代码：50267754 - 8

类别：公募

成立时间：1994 年 7 月 28 日

原始基金：400 万元

登记部门：广东省民政厅

业务主管单位：深圳市教育局

电话：0755 - 82681604

传真：0755 - 82229419

邮箱：luoxl@ sz. edu. cn

办公地址：广东省深圳市罗湖区人民北路书院街 6 号深圳中学西校区 4 号楼 1 楼
（518001）

网址：http://szjyjj. sz. edu. cn

现任理事长：陈观光

秘书长：罗小玲

宗旨：旨在进一步落实教育优先发展的战略，加快深圳市教育现代化建设步伐，进一步树立尊师重教的社会风尚。

主要活动领域：教育

主要财务数据图表
单位：元

财务指标 \ 年度	2008	2009	2010	2011
净 资 产	102580631	103998705	101747003	68250152
捐赠收入	162596	3633453	1221164	1805571
公益支出	638430	2289528	4295000	5340485

96. 湖南省青少年发展基金会 （Hu'nan Youth Development Foundation）

组织机构代码：50142386 - 1

类别：公募

成立时间：1992 年 4 月 16 日

原始基金：400 万元

登记部门：湖南省民政厅

业务主管单位：共青团湖南省委员会

电话：0731 - 88776901

传真：0731 - 88776901

邮箱：84417629@ 163. com

办公地址：湖南省长沙市天心区湘府西路 1 号湖南省青少年活动中心文娱中心 3 楼
（410004）

网址：http://www. hnydf. net

现任理事长：彭韬

秘书长：黄单华

宗旨：遵守宪法、法律、法规和国家政策，遵守社会道德风尚，争取海内外关心湖南青少年发展的社会团体和人士的支持和赞助，促进湖南青少年工作和青少年社会教育、科技、文化、福利事业的发展，进一步动员和组织全省青少年为建设湖南，振兴中华作出贡献。

主要活动领域：教育、青少年

主要财务数据图表
单位：元

财务指标 \ 年度	2008	2009	2010	2011
净 资 产	60303103	88642397	54203325	67187022
捐赠收入	95796132	82101722	55923808	46947685
公益支出	85634330	52426030	60777065	33118378

97. 大连慈善基金会 （Dalian Charity Foundation）

组织机构代码：79159526 - 5

类别：公募

成立时间：2006 年 3 月 2 日

原始基金：1600 万元

登记部门：辽宁省民政厅

业务主管单位：辽宁省民政厅

电话：0411 - 39855666

传真：0411 - 39855689

邮箱：dlcf_ 2004@ 163. com

办公地址：辽宁省大连市中山区鲁迅路 2 号 （116001）

网址：http：// www. dlcf. org. cn

现任理事长：林庆民

秘书长：刁成宝

宗旨：弘扬中华民族的传统美德，发扬人道主义精神，推动社会慈善公益事业。

主要活动领域：教育、医疗救助、扶贫助困

主要财务数据图表
单位：元

财务指标 / 年度	2008	2009	2010	2011
净资产	60543121	55171724	53208944	67039318
捐赠收入	259704966	138162051	114896812	87754994
公益支出	214690107	136727072	117803163	74351854

98. 广州市振兴粤剧基金会 （Guangzhou Booming Cantonese Opera Foundation）

组织机构代码：51735512 - X

类别：公募

成立时间：1992 年 11 月 7 日

原始基金：1171 万元

登记部门：广东省民政厅

业务主管单位：广州市文化局

电话：020 - 86232109

传真：020 - 86232109

邮箱：ji. jin. hui123@ hotmail. com

办公地址：广东省广州市越秀区解放北路桂花岗一街 12 号 （510405）

网址：无

现任理事长：刘长安

秘书长：李坚

宗旨：振兴粤剧艺术，弘扬民族文化，动员社会各界支持和关心粤剧事业，推动粤剧事业发展。

主要活动领域：文化、艺术、教育

主要财务数据图表
单位：元

财务指标 / 年度	2008	2009	2010	2011
净资产	66318840	73021701	68311884	66933240
捐赠收入	16105314	1662992	200000	760000
公益支出	3772389	3415499	2547430	2407983

99. 广东省体育基金会 （Guangdong Sports Foundation）

组织机构代码：51535594 - 3

类别：公募

成立时间：1987 年 9 月 1 日

原始基金：850 万元

登记部门：广东省民政厅

业务主管单位：广东省体育局

电话：020 - 37591066

传真：020 - 37591067

邮箱：ly311106@126.com

办公地址：广东省广州市越秀区较场西路 16 号 （510056）

网址：无

现任理事长：黄义旅

秘书长：严秉珂

宗旨：筹集资金，支持体育事业。

主要活动领域：体育

主要财务数据图表

单位：元

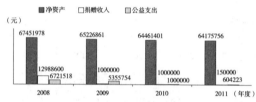

财务指标 \ 年度	2008	2009	2010	2011
净 资 产	67451978	65226861	64461401	64175756
捐赠收入	12988600	1000000	1000000	150000
公益支出	6721518	5355754	1000000	604223

100. 浙江省义乌市教育基金会 （Zhejiang Yiwu Education Foundation）

组织机构代码：76392694 - 4

类别：公募

成立时间：2004 年 6 月 28 日

原始基金：400 万元

登记部门：浙江省民政厅

业务主管单位：浙江省教育厅

电话：0579 - 85277706

传真：0579 - 85277706

邮箱：无

办公地址：浙江省义乌市稠城镇城中中路

29 号 （322000）

网址：无

现任理事长：骆正德

秘书长：吴斌

宗旨：遵守国家法律、法规和政策，筹集和接受国内外企业、事业单位、社会团体和其他组织以及个人自愿捐赠的教育资金，并对其进行有效的管理和使用，以促进义乌市教育事业的发展。

主要活动领域：教育

主要财务数据图表

单位：元

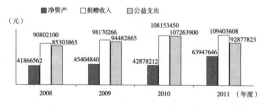

财务指标 \ 年度	2008	2009	2010	2011
净 资 产	41866562	45404840	42878212	63947646
捐赠收入	90802100	98170266	108153450	109403608
公益支出	85303865	94482865	107263900	92877823

101. 上海浦东新区社会发展基金会（Shanghai Pudong New Area Social Development Foundation）

组织机构代码：50177539 – X

类别：公募

成立时间：1994 年 4 月 1 日

原始基金：900 万元

登记部门：上海市民政局

业务主管单位：上海市民政局

电话：021 – 58393228

传真：021 – 58393228

邮箱：pfjjh21d@ 163. com

办公地址：上海市浦东新区茂兴路 90 号 21D（200127）

网址：http://pfjjh – sh. com

现任理事长：杨森

秘书长：王开银

宗旨：遵照国家宪法、法律、法规、规章和政策，依靠社会力量，从事公益活动，促进本地区经济和社会事业发展。

主要活动领域：社区发展

主要财务数据图表　　　　　　　　　　单位：元

财务指标＼年度	2008	2009	2010	2011
净 资 产	40140853	63554821	59734264	63164391
捐赠收入	48131200	30786650	25090830	16246881
公益支出	48131200	10481656	24360498	16183996

102. 江苏省发展体育基金会（Jiangsu Sports Development Foundation）

组织机构代码：50917109 – 9

类别：公募

成立时间：1989 年 5 月 17 日

原始基金：1100 万元

登记部门：江苏省民政厅

业务主管单位：江苏省体育局

电话：025 – 51889555

传真：025 – 51889554

邮箱：jssf@ jssf. org. cn

办公地址：江苏省南京市鼓楼区广州路

191 号五环大厦 13 楼 1309 室（210029）

网址：http://www. jssf. org. cn

现任理事长：俞敬忠

秘书长：陈小君

宗旨：在国家宪法、法律、法规和有关政策的指导下，面向社会募集资金，辅助政府发展体育事业，促进群众体育事业开展，资助与开展全民健身运动。

主要活动领域：体育

主要财务数据图表　　　　　　　　　　单位：元

财务指标＼年度	2008	2009	2010	2011
净 资 产	16342470	25922204	46633236	62451255
捐赠收入	13426433	23942250	34097888	27575451
公益支出	6753544	13189447	16064193	17392967

103. 厦门市红十字基金会 （Xiamen Red Cross Foundation）

组织机构代码：51365608 - 0

类别：公募

成立时间：1994 年 4 月 8 日

原始基金：400 万元

登记部门：福建省民政厅

业务主管单位：厦门市民政局

电话：0592 - 2028506

传真：0592 - 2102282

邮箱：xmhsz@ sohu. com

办公地址：福建省厦门市思明区湖滨四里64 号之一湖光大厦 2 层、3 层（361004）

网址：http：//www. XMredcross. org

现任理事长：林明鑫

秘书长：陈金镇

宗旨：贯彻执行《中华人民共和国红十字会法》，弘扬人道、博爱、奉献的红十字精神，保护人的生命和健康，为红十字事业筹集资金和物资，构建红十字社会公益服务体系，开展人道主义救助工作。

主要活动领域：教育、医疗救助、安全救灾

主要财务数据图表

单位：元

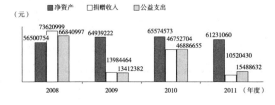

财务指标 年度	2008	2009	2010	2011
净资产	56500754	64939222	65574573	61231060
捐赠收入	73620999	13984464	46752704	10520430
公益支出	66840997	13412382	46886655	15488632

104. 昆山市慈善基金会 （Kunshan Charity Foundation）

组织机构代码：50915938 - 0

类别：公募

成立时间：2008 年 7 月 5 日

原始基金：400 万元

登记部门：江苏省民政厅

业务主管单位：江苏省民政厅

电话：0512 - 57514343

传真：0512 - 57514343

邮箱：zibingling316@ 126. com

办公地址：江苏省昆山市玉山镇环城北路148 号（215300）

网址：无

现任理事长：沈晓明

秘书长：严雪林

宗旨：以人为本，关爱民生，扶贫济困，努力构建和谐社会，重点资助城乡特困户就医、就学和基本生活。

主要活动领域：教育、医疗救助

主要财务数据图表

单位：元

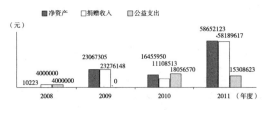

财务指标 年度	2008	2009	2010	2011
净资产	10223	23067305	16455950	58652123
捐赠收入	4000000	23276148	11108513	58189617
公益支出	4000000	0	18056570	15308623

105. 中国老龄事业发展基金会 （China Ageing Development Foundation）

组织机构代码：50000816 - 4

类别：公募

成立时间：1986 年 5 月 1 日

原始基金：800 万元

登记部门：民政部

业务主管单位：民政部

电话：010 - 85323809

传真：010 - 85325286

邮箱：lljjh2006@ sina. com

办公地址：北京市朝阳区秀水街 1 号建国门外外交公寓 4 号楼 2 单元 031 室、032 室（100600）

网址：http：//www. capsc. com. cn

现任理事长：李宝库

秘书长：张垒

宗旨：遵守宪法和国家有关法律、法规，弘扬中华民族敬老、爱老、助老的传统美德，争取海内外关心中国老龄事业的团体和人士的支持和帮助，协助政府积极推进中国老年社会福利、医疗卫生、文化体育、老年教育等各项事业的发展，加强同国际老龄组织、友好机构及人士的联系，促进相互间的合作与交流。

主要活动领域：文化、教育、卫生保健、老年人、公共服务

主要财务数据图表

单位：元

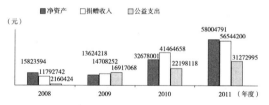

财务指标 \ 年度	2008	2009	2010	2011
净 资 产	34319508	32581807	49169765	58224155
捐赠收入	37354133	40072503	45025784	36124608
公益支出	26042557	40954711	28987804	26206199

106. 西安交通大学教育基金会 （The Education Foundation of Xi'an Jiaotong University）

组织机构代码：52079217 - 9

类别：公募

成立时间：2006 年 3 月 31 日

原始基金：1580 万元

登记部门：陕西省民政厅

业务主管单位：陕西省教育厅

电话：029 - 82668199

传真：029 - 82668199

邮箱：liufang@ mail. xjtu. edu. cn

办公地址：陕西省西安市碑林区咸宁西路

28 号西安交通大学工程训练中心 6 楼（710049）

网址：http：//202. 117. 3. 65

现任理事长：王建华

秘书长：马宽强

宗旨：动员和依靠社会各界力量，广泛争取国内外关心中国西部高等教育事业发展的组织和个人的捐助，支持科技创新和人才培养，支持创建世界知名大学。

主要活动领域：教育、科学研究

主要财务数据图表

单位：元

财务指标 \ 年度	2008	2009	2010	2011
净 资 产	15823594	13624218	32678001	58004791
捐赠收入	11792742	14708252	41464658	56544200
公益支出	2160424	16917068	22198118	31272995

107. 江苏省法律援助基金会 （Jiangsu Legal Aid Foundation）

组织机构代码：50915862 - 8

类别：公募

成立时间：2007 年 4 月 28 日

原始基金：4000 万元

登记部门：江苏省民政厅

业务主管单位：江苏省司法厅

电话：025 - 83591352

传真：025 - 83591352

邮箱：jssflyzjjh@ sina. com

办公地址：江苏省南京市鼓楼区北京西路 28 号（210024）

网址：http：//www. jsflyz. gov. cn/fyjjh

现任理事长：王霞林

秘书长：吴晶

宗旨：保障经济困难的公民获得必要的法律服务，促进司法公正和社会正义，维护人权，推动江苏法律援助事业持续发展。

主要活动领域：法律实施

主要财务数据图表
单位：元

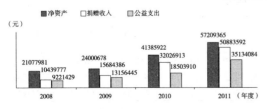

财务指标＼年度	2008	2009	2010	2011
净资产	24829410	33092465	46025681	57615670
捐赠收入	6126441	5700000	3845000	4080000
公益支出	2014158	1325774	2451915	1872168

108. 湖北省青少年发展基金会 （Hubei Youth Development Foundation）

组织机构代码：50357898 - X

类别：公募

成立时间：1992 年 6 月 20 日

原始基金：1600 万元

登记部门：湖北省民政厅

业务主管单位：共青团湖北省委员会

电话：027 - 87825503

传真：027 - 87367273

邮箱：hbxwgc@126. com

办公地址：湖北省武汉市武昌区水果湖东三路 7 号（430071）

网址：http：//www. hbydf. org. cn

现任理事长：江浩

秘书长：彭长春

宗旨：遵守宪法、法律、法规和国家政策，遵守社会道德风尚，争取海内外关心湖北青少年事业的团体、人士的支持和赞助，促进湖北省青少年教育、科技、文化、体育、卫生、社会福利事业和环境保护等公益事业的发展，促进国际青少年间的友好关系。

主要活动领域：教育、环境、卫生保健、青少年

主要财务数据图表
单位：元

财务指标＼年度	2008	2009	2010	2011
净资产	21077981	24000678	41385922	57209365
捐赠收入	10439777	15684386	32026913	50883592
公益支出	9221429	13156445	18503910	35134084

109. 中国民航科普基金会 （China Civil Aviation Science Popularization Foundation）

组织机构代码：50002003 - 2

类别：公募

成立时间：2006 年 3 月 6 日

原始基金：1000 万元

登记部门：民政部

业务主管单位：中国民用航空总局

电话：010 - 67300135

传真：010 - 67300135

邮箱：ccaspf@ 163. com

办公地址：北京市朝阳区东三环南路 17

号京瑞大厦 B 座 7A （100021）

网址：http：// www. ccaspf. com

现任理事长：严智泽

秘书长：李石文

宗旨：动员国内外社会团体和有关组织及个人，自愿捐赠资金，积极支持民航科技教育、民航行业文化建设、空域资源合理开发利用、民航节能减排、通用航空事业发展以及其他与民航相关的公益事业。

主要活动领域：文化

主要财务数据图表　　　　　　　　　　单位：元

财务指标 年度	2008	2009	2010	2011
净 资 产	63583396	59884638	73625176	57089835
捐赠收入	3000000	300000	0	7302500
公益支出	4663708	5530148	6300791	23000592

110. 中国职工发展基金会 （China Foundation for Stuff and Workers Development）

组织机构代码：50001692 - 2

类别：公募

成立时间：1994 年 4 月 5 日

原始基金：800 万元

登记部门：民政部

业务主管单位：中华全国总工会

电话：010 - 68591255

传真：010 - 68591252

邮箱：yangze@ acftu. org. cn

办公地址：北京市西城区复兴门外大街 10

号中国职工之家 817 室 （100865）

网址：无

现任理事长：孙春兰

秘书长：张泽鹏

宗旨：为改革开放和发展社会生产力服务，为职工群众服务，为工运事业服务；推动职工精神文明建设和职工劳动福利事业的发展，维护和发展职工在政治、经济、文化等方面的利益；开展同世界各国工会及与之有联系的经济合作组织的交流、合作，促进祖国统一，维护世界和平。

主要活动领域：就业、安全救灾、社区发展、扶贫助困

主要财务数据图表　　　　　　　　　　单位：元

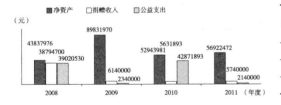

财务指标 年度	2008	2009	2010	2011
净 资 产	43837976	89831970	52943981	56922472
捐赠收入	38794700	6140000	5631893	5740000
公益支出	39020530	2340000	42871893	2140000

111. 北京志愿服务基金会 （Beijing Volunteer Service Foundation）

组织机构代码：69320306 – 1

类别：公募

成立时间：2009 年 12 月 3 日

原始基金：400 万元

登记部门：北京市民政局

业务主管单位：共青团北京市委员会

电话：010 – 51601208

传真：010 – 51601367

邮箱：gqi588@163.com

办公地址：北京市海淀区中关村大街 28 – 1 号海淀文化艺术大厦 A 座 15 层 （100086）

网址：无

现任理事长：于庆丰

秘书长：郭新保

宗旨：促进北京市志愿服务事业发展。

主要活动领域：志愿服务、科学研究

主要财务数据图表
单位：元

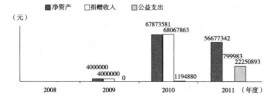

财务指标 \ 年度	2008	2009	2010	2011
净资产	–	4000000	67873581	56677342
捐赠收入	–	4000000	68067863	799983
公益支出	–	0	1194880	22250893

112. 淮安市见义勇为基金会 （Huai'an Foundation for Justice and Courage）

组织机构代码：50917125 – 9

类别：公募

成立时间：1994 年 7 月 25 日

原始基金：590 万元

登记部门：江苏省民政厅

业务主管单位：江苏省公安厅

电话：0517 – 3120248

传真：0517 – 3120248

邮箱：hajyyw@163.com

办公地址：江苏省淮安市经济技术开发区深

圳路 22 号 （223005）

网址：无

现任理事长：李继尧

秘书长：徐国庆

宗旨：发扬中华民族传统美德，倡导见义勇为，弘扬社会正气，鼓励人民群众同违法犯罪和治安灾害事故作斗争，为促进社会主义现代化建设创造良好的社会环境。

主要活动领域：见义勇为

主要财务数据图表
单位：元

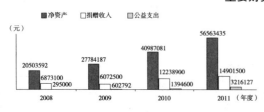

财务指标 \ 年度	2008	2009	2010	2011
净资产	20503592	27784187	40987081	56563435
捐赠收入	6873100	6072500	12238900	14901500
公益支出	295000	602792	1394600	3216127

113. 北京市体育基金会 （Beijing Sports Foundation）

组织机构代码：50030420 – 3

类别：公募

成立时间：1992 年 8 月 31 日

原始基金：400 万元

登记部门：北京市民政局

业务主管单位：北京市体育局

电话：010 – 65116850

传真：010 – 65116850

邮箱：glorylike@ sohu. com

办公地址：北京市东城区天安门东侧市劳动人民文化宫内（100060）

网址：无

现任理事长：李炳华

秘书长：张焕芝

宗旨：通过多方募集资金，促进北京市体育事业的全面发展。

主要活动领域：体育

主要财务数据图表　　　　　单位：元

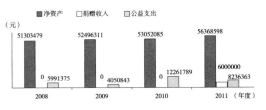

财务指标 \ 年度	2008	2009	2010	2011
净 资 产	69327098	53701992	56271513	56483243
捐赠收入	6017500	5200000	7827380	14159290
公益支出	4889330	20647447	6877086	16065980

114. 福建富闽基金会 （Fujian Fumin Foundation）

组织机构代码：51215837 – 0

类别：公募

成立时间：1993 年 11 月 8 日

原始基金：3000 万元

登记部门：福建省民政厅

业务主管单位：福建省委组织部

电话：0591 – 87679460

传真：0591 – 87679460

邮箱：fjfumin@ 163. com

办公地址：福建省福州市鼓楼区东大路82号八方大厦5层（350001）

网址：无

现任理事长：刘贤儒

秘书长：季欣华

宗旨：遵守宪法、法律、法规和国家政策，遵守社会道德风尚，运用基金资助福建省选送具有大学毕业水平的人员到国外、境外深造，同时资助福建省优秀贫困学生完成小学、中学和大学学业，培养经济建设和社会发展的人才，促进福建"两个文明"建设的发展。

主要活动领域：教育

主要财务数据图表　　　　　单位：元

财务指标 \ 年度	2008	2009	2010	2011
净 资 产	51303479	52496311	53052085	56368598
捐赠收入	0	0	0	6000000
公益支出	5991375	4050843	12261789	8236363

115. 缙云县人民教育基金会（Jinyun People's Education Foundation）

组织机构代码：50187733 - 7

类别：公募

成立时间：2003 年 6 月 30 日

原始基金：400 万元

登记部门：浙江省民政厅

业务主管单位：浙江省教育厅

电话：0578 - 3122540

传真：0578 - 3122540

邮箱：jjh@ zjjyedu. net

办公地址：浙江省丽水市缙云县五云镇槐花街 52 号（321400）

网址：无

现任理事长：杨铭焜

秘书长：钭智勇

宗旨：贯彻落实《中华人民共和国教育法》、《中共中央关于教育体制改革的决定》以及浙江省人民政府《关于加快基础教育改革与发展的决定》，推动全社会关心和支持教育事业，多方面筹措教育资金，促进缙云县教育改革和发展，全面推进缙云县教育现代化。

主要活动领域：教育

主要财务数据图表 单位：元

财务指标 \ 年度	2008	2009	2010	2011
净 资 产	33671626	28967006	36037970	56002956
捐赠收入	38131447	35529916	32638892	42916040
公益支出	19130143	40221296	25332652	23166200

116. 云南省青少年发展基金会（Yunnan Youth Development Foundation）

组织机构代码：51835996 - 6

类别：公募

成立时间：1994 年 7 月 6 日

原始基金：420 万元

登记部门：云南省民政厅

业务主管单位：共青团云南省委员会

电话：0871 - 4177378

传真：0871 - 4155091

邮箱：ynydf@ yahoo. com. cn

办公地址：云南省昆明市五华区西坝路 29 号青年大厦 6 楼（650032）

网址：http：//www. ynxwgc. org

现任理事长：沈光鑫

秘书长：杜华杰

宗旨：争取海内外关心云南省青少年事业的团体、人士的支持和赞助，促进云南青少年教育、科技、文化、体育、卫生、社会福利和环境保护事业的发展，推动国际青少年间的友好交流，服务青少年，提高能力，改善青少年成长环境，倡导公益慈善文化，引领社会文明进步。

主要活动领域：教育、环境、青少年、国际事务

主要财务数据图表 单位：元

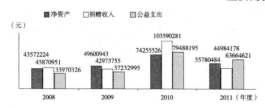

财务指标 \ 年度	2008	2009	2010	2011
净 资 产	43572224	49600943	74255526	55780484
捐赠收入	45870951	42973755	103590281	44984178
公益支出	33970326	37232995	79488195	63664621

117. 汕头市公益基金会 （Shantou Welfare Foundation）

组织机构代码：72479590 - 2

类别：公募

成立时间：1995 年 5 月 31 日

原始基金：400 万元

登记部门：广东省民政厅

业务主管单位：汕头市民政局

电话：0754 - 88996873

传真：0754 - 88991611

邮箱：sgycyz@ zlcn. com

办公地址：广东省汕头市金平区长平路
126 号国新花园 C 座 9D 单元（515041）

网址：无

现任理事长：李练深

秘书长：陈楚镇

宗旨：遵守国家宪法、法律、法规和有关
政策，遵守社会道德风尚，加强与海内外
一切关心公益事业的人士和团体的合作，
筹集资金，将筹集的资金先用于公益项目
汕头天坛花园的建设，项目建成后的收益
由基金会统一管理、使用，全部用于赈灾
救济、扶贫济困，以及对孤儿院、敬老
院、残疾人机构等公益事业进行捐助，为
稳定和构建和谐社会作贡献。

主要活动领域：教育、扶贫助困

主要财务数据图表
单位：元

财务指标 \ 年度	2008	2009	2010	2011
净 资 产	45376416	47394981	51717907	54821227
捐赠收入	2531920	3569910	4721211	5385143
公益支出	2283235	9021766	5797586	4359356

118. 北京青少年发展基金会 （Beijing Youth Development Foundation）

组织机构代码：50030780 - X

类别：公募

成立时间：1994 年 5 月 1 日

原始基金：400 万元

登记部门：北京市民政局

业务主管单位：共青团北京市委员会

电话：010 - 66110001

传真：010 - 66110003

邮箱：sandy259. liu@ gmail. com

办公地址：北京市西城区西直门南小街68
号北京市青年宫 225 室（100035）

网址：http：//www. bjydf. cn

现任理事长：常宇

秘书长：陈淑惠

宗旨：服务青少年健康成长，促进青少年
全面发展。

主要活动领域：教育、环境、创业、青少
年、公共安全

主要财务数据图表
单位：元

财务指标 \ 年度	2008	2009	2010	2011
净 资 产	110043935	55649402	62602364	53735662
捐赠收入	146883677	69492965	67138122	32915538
公益支出	86798998	123619096	60731674	42974508

119. 深圳市见义勇为基金会 （Shenzhen Foundation for Justice and Courage）

组织机构代码：50267663 - 3

类别：公募

成立时间：1991 年 12 月 23 日

原始基金：3380 万元

登记部门：广东省民政厅

业务主管单位：中共深圳市委政法委员会

电话：0755 - 83755876

传真：0755 - 83755871

邮箱：szjyyw@ 163. com

办公地址：广东省深圳市福田区上步中路
1043 号深勘大厦 608 室（518028）

网址：无

现任理事长：张振方

秘书长：沈元秀

宗旨：慰问、奖励、抚恤见义勇为人员。

主要活动领域：见义勇为

主要财务数据图表
单位：元

财务指标 \ 年度	2008	2009	2010	2011
净 资 产	51476857	50419612	52449429	53342689
捐赠收入	300	500300	52300	300
公益支出	2094868	2764550	2957268	2998586

120. 湖北省见义勇为基金会 （Hubei Foundation for Justice and Courage）

组织机构代码：50358042 - 2

类别：公募

成立时间：1995 年 11 月 14 日

原始基金：733 万元

登记部门：湖北省民政厅

业务主管单位：湖北省综合治理办公室

电话：027 - 67122517

传真：027 - 87323655

邮箱：无

办公地址：湖北省武汉市武昌区付家坡一
路 33 号（430064）

网址：无

现任理事长：蒙美路

秘书长：李佳国

宗旨：匡扶社会正气，维护公共安全，表
彰奖励见义勇为人员，推动社会主义精神
文明建设。

主要活动领域：见义勇为

主要财务数据图表
单位：元

财务指标 \ 年度	2008	2009	2010	2011
净 资 产	19830512	50023579	51650714	52752799
捐赠收入	121150	200	100500	1500
公益支出	2002000	1643801	2432797	2128262

121. 吉林大学教育基金会 （Education Foundation of Jilin University）

组织机构代码：50832658 - 9

类别：公募

成立时间：1997 年 4 月 18 日

原始基金：400 万元

登记部门：吉林省民政厅

业务主管单位：吉林省教育厅

电话：0431 - 85166998

传真：0431 - 85166998

邮箱：anz@ jlu. edu. cn

办公地址：吉林省长春市高新区前进大街 2699 号吉林大学翠文楼（130012）

网址：http：//ef. jlu. edu. cn

现任理事长：陈德文

秘书长：张向东

宗旨：支持教育，培养人才，建设学校，服务社会。

主要活动领域：教育、科学研究

主要财务数据图表 　　　　　　　单位：元

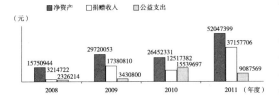

财务指标＼年度	2008	2009	2010	2011
净资产	15750944	29720053	26452331	52047399
捐赠收入	3214722	17380810	12517382	37157706
公益支出	2326214	3430800	15539697	9087569

122. 平阳县人民教育基金会 （Pingyang People's Education Foundation）

组织机构代码：78644924 - 7

类别：公募

成立时间：2006 年 6 月 15 日

原始基金：400 万元

登记部门：浙江省民政厅

业务主管单位：浙江省教育厅

电话：0577 - 63721382

传真：0577 - 63733001

邮箱：Xujingchong1@ 163. com

办公地址：浙江省温州市平阳县昆阳镇西坑路 37 号（325400）

网址：无

现任理事长：夏江雷

秘书长：王友进

宗旨：贯彻落实《中华人民共和国教育法》、《中共中央国务院关于深化教育改革，全面推进素质教育的决定》、《温州教育现代化建设纲要》，动员、鼓励国家机关、企事业单位、社会团体、个人和海外侨胞、港澳台同胞捐资助学，推动全社会关心和支持教育，为加快平阳教育事业发展、培养人才和提高人口素质贡献力量。

主要活动领域：教育

主要财务数据图表 　　　　　　　单位：元

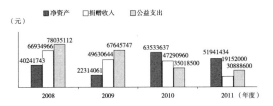

财务指标＼年度	2008	2009	2010	2011
净资产	40241743	22314061	63533637	51941434
捐赠收入	66934966	49630644	47290960	19152000
公益支出	78035112	67645747	35018500	30888600

123. 中华健康快车基金会 （China Lifeline Express Foundation）

组织机构代码：50001917 – 0
类别：公募
成立时间：2002 年 8 月 2 日
原始基金：800 万元
登记部门：民政部
业务主管单位：卫生部
电话：010 – 51690999
传真：010 – 51690009
邮箱：office@ lifeline – express. com
办公地址：北京市东城区东四十条甲 22 号南新仓国际大厦 6 层 A609 （100007）
网址：http：//www. lifeline – express. com/CN

现任理事长：董建华
秘书长：殷大奎
宗旨：在遵守国家宪法、法律、法规和政策的基础上，争取国内外社会团体和其他组织以及个人的捐赠，配合政府的防盲工作和扶贫规划，免费为贫困地区的白内障患者手术复明，普及白内障防治知识，开展白内障防治人员培训，支持和促进白内障防治科研，保护人民健康，提高民族素质。
主要活动领域：卫生保健、医疗救助、国际事务、科学研究

主要财务数据图表
单位：元

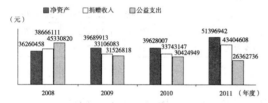

财务指标 \ 年度	2008	2009	2010	2011
净 资 产	36260458	39689913	39628007	51396942
捐赠收入	38666111	33106083	33743147	43404608
公益支出	45330820	31526818	30424949	26362736

124. 中国下一代教育基金会 （China Next Generation Education Foundation）

组织机构代码：50002184 – 4
类别：公募
成立时间：2010 年 7 月 9 日
原始基金：800 万元
登记部门：民政部
业务主管单位：教育部
电话：010 – 65162819
传真：010 – 65163183
邮箱：xydjyjjh@ 163. com
办公地址：北京市东城区灯市口大街同福夹道 6 号 （100006）

网址：http：//www. cngef. org. cn
现任理事长：田淑兰
秘书长：王萍
宗旨：通过社会倡导、募集资金、教育培训、救助资助、开发服务等方式，支持我国的学前教育、校外教育和家庭教育，配合政府推动中国下一代教育事业的科学发展，为构建终身教育体系，构建学习型社会作出应有的贡献。
主要活动领域：教育

主要财务数据图表
单位：元

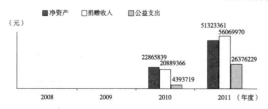

财务指标 \ 年度	2008	2009	2010	2011
净 资 产	–	–	22865839	51323361
捐赠收入	–	–	20889366	56069970
公益支出	–	–	4393719	26376229

125. 台州市路桥区教育发展基金会 （Taizhou Luqiao Education Development Foundation）

组织机构代码：76799064－4

类别：公募

成立时间：2004 年 10 月 21 日

原始基金：400 万元

登记部门：浙江省民政厅

业务主管单位：浙江省教育厅

电话：0576－82410787

传真：0576－82446045

邮箱：cjy2410787@163.com

办公地址：浙江省台州市路桥区银座北路 587 号（318050）

网址：无

现任理事长：张文荣

秘书长：王小大

宗旨：资助贫困学生、教职工和教育机构，奖励优秀学生、教育工作者和学校，发展教育事业。

主要活动领域：教育

主要财务数据图表　　　　单位：元

财务指标＼年度	2008	2009	2010	2011
净资产	38101165	32600890	48909069	51165824
捐赠收入	44015435	48668672	52890655	57691450
公益支出	37825300	54163500	3721000	55386761

126. 成都市教育基金会 （Chengdu Education Foundation）

组织机构代码：52280790－1

类别：公募

成立时间：1989 年 3 月 14 日

原始基金：1500 万元

登记部门：四川省民政厅

业务主管单位：成都市教育局

电话：028－86130000

传真：028－86130000

邮箱：jyj_jjh@163.com

办公地址：四川省成都市青羊区文庙后街石室巷 6 号（610041）

网址：http://jyjjh.cdedu.com

现任理事长：赵天钦

秘书长：陈乐玲

宗旨：奖教助学。

主要活动领域：教育

主要财务数据图表　　　　单位：元

财务指标＼年度	2008	2009	2010	2011
净资产	49329228	25831960	47671072	51082915
捐赠收入	73504385	19341909	62429341	19090508
公益支出	48146743	43536849	40939122	16155956

127. 中国马克思主义研究基金会 （China Marxism Research Foundation）

组织机构代码：50071424－5

类别：公募

成立时间：1992 年 3 月 31 日

原始基金：800 万元

登记部门：民政部

业务主管单位：中共中央党校

电话：010－62805974

传真：010－62805974

邮箱：无

办公地址：北京市海淀区大有庄 100 号中共

中央党校主楼（100091）

网址：无

现任理事长：王伟光

秘书长：周炳成

宗旨：坚持和发展马克思主义理论，推动对马克思列宁主义、毛泽东思想、邓小平理论、"三个代表"重要思想的研究和宣传，促进社会主义事业和世界社会主义运动的发展。

主要活动领域：科学研究

主要财务数据图表

单位：元

财务指标 \ 年度	2008	2009	2010	2011
净资产	53885630	53399358	52694526	50738645
捐赠收入	1300000	300000	800000	1200000
公益支出	2389856	3133308	3587980	3717002

128. 中国文学艺术基金会 （China Literature and Art Foundation）

组织机构代码：50001580－7

类别：公募

成立时间：1994 年 2 月 18 日

原始基金：897 万元

登记部门：民政部

业务主管单位：中国文学艺术界联合会

电话：010－65671579

传真：010－65855021

邮箱：leitong65@163.com

办公地址：北京市朝阳区农展馆南里 10 号 201 室（100125）

网址：http：//www.claf.cn

现任理事长：胡振民

秘书长：姜昆

宗旨：遵守国家宪法和《基金会管理条例》，广泛争取海内外热爱和关心中华民族文化艺术的团体和个人的支持与赞助，组织和资助国内外文化艺术活动，扶持优秀文艺作品和优秀文艺人才，促进中国文学艺术事业的繁荣与发展。

主要活动领域：文化

主要财务数据图表

单位：元

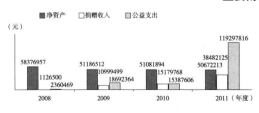

财务指标 \ 年度	2008	2009	2010	2011
净资产	58376957	51186512	51081894	50672213
捐赠收入	1126500	10999499	15179768	38482125
公益支出	2360469	18692364	15387606	119297816

129. 连云港市见义勇为基金会 （Lianyungang Foundation for Justice and Courage）

组织机构代码：51019017 – 4

类别：公募

成立时间：1995 年 2 月 1 日

原始基金：4020 万元

登记部门：江苏省民政厅

业务主管单位：江苏省民政厅

电话：0518 – 85298069

传真：0518 – 85298069

邮箱：920478229@ qq. com

办公地址：江苏省连云港市新浦区朝阳东路 9 号 （222006）

网址：无

现任理事长：董恕娟

秘书长：宋雅波

宗旨：发扬中华民族传统美德，弘扬社会正气，倡导见义勇为，促进社会主义精神文明建设，加强社会治安综合治理。

主要活动领域：见义勇为

主要财务数据图表　　　　　　　　　　单位：元

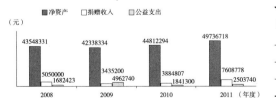

财务指标 \ 年度	2008	2009	2010	2011
净 资 产	25143000	35517072	40177905	50621030
捐赠收入	7170000	13509500	22905550	15339200
公益支出	3450850	2956180	18571100	6003205

130. 中国国际文化交流基金会 （China International Culture Exchange Foundation）

组织机构代码：50000789 – 0

类别：公募

成立时间：1984 年 7 月 5 日

原始基金：800 万元

登记部门：民政部

业务主管单位：文化部

电话：010 – 64489603

传真：010 – 64201641

邮箱：lcp650128@ 126. com

办公地址：北京市朝阳区东土城路乙 9 号

（100013）

网址：http：// www. cicef. org. cn

现任理事长：田克学

秘书长：田克学

宗旨：促进民间国际文化交流与合作事业，弘扬和发展民族优秀文化，提高民族素质，增进与世界各国各界的相互了解和友谊，为世界和平、发展与合作服务。

主要活动领域：文化、教育、国际事务

主要财务数据图表　　　　　　　　　　单位：元

财务指标 \ 年度	2008	2009	2010	2011
净 资 产	43548331	42338334	44812294	49736718
捐赠收入	5050000	3435200	3884807	7608778
公益支出	1682423	4962740	1841300	2503740

131. 宁波市人民教育基金会（Ningbo People's Education Foundation）

组织机构代码：50187500 – 8

类别：公募

成立时间：1998 年 10 月 16 日

原始基金：800 万元

登记部门：浙江省民政厅

业务主管单位：浙江省教育厅

电话：0574 – 87183409

传真：0574 – 87183410

邮箱：cxy@ nbedu. net. cn

办公地址：浙江省宁波市和义路 129 号

（315010）

网址：无

现任理事长：陈守义

秘书长：王春潮

宗旨：遵守宪法、法律、法规和政策，通过资金筹集、开展经常性的助学助教，改善办学条件及其他有关活动，促进教育事业的发展。

主要活动领域：教育

主要财务数据图表　　　　单位：元

财务指标 \ 年度	2008	2009	2010	2011
净 资 产	49342652	42224317	34053915	49627850
捐赠收入	18509689	5438382	2639930	16368600
公益支出	93998168	14282974	11400979	1953007

132. 成都大熊猫繁育研究基金会（Chengdu Gaint Panda Breeding Research Foundation）

组织机构代码：50406148 – 0

类别：公募

成立时间：1993 年 12 月 17 日

原始基金：1523 万元

登记部门：四川省民政厅

业务主管单位：四川省住建厅

电话：028 – 83355900

传真：028 – 83353030

邮箱：pandabase@ panda. org. cn

办公地址：四川省成都市成华区外北熊猫

大道 1375 号成都大熊猫繁育研究基地内（610081）

网址：http：//www. pandahome. org

现任理事长：刘建雄

秘书长：张志和

宗旨：为大熊猫等濒危珍稀动物保护繁育研究提供资助，促进大熊猫及珍稀濒危动物迁地与就地保护，推动野生动物保护可持续发展。

主要活动领域：动物保护、科学研究

主要财务数据图表　　　　单位：元

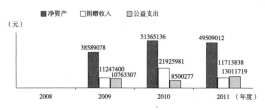

财务指标 \ 年度	2008	2009	2010	2011
净 资 产	–	38589078	51365136	49509012
捐赠收入	–	11247400	21925981	11713838
公益支出	–	10763307	8500277	13011719

133. 广东省振兴科技基金会 （Guangdong Foundation of Promoting Science and Technology）

组织机构代码：51535531 – 0

类别：公募

成立时间：1989 年 4 月 10 日

原始基金：3300 万元

登记部门：广东省民政厅

业务主管单位：广东省科学技术协会

电话：020 – 83551764

传真：020 – 83551764

邮箱：asue123@ sina. com

办公地址：广东省广州市越秀区连新路 171 号省科协办公楼 4 楼（510040）

网址：http：//www1. sta. gd. cn/c144. aspx

现任理事长：刘焕彬

秘书长：张晓

宗旨：促进学术的繁荣和发展，加快科技的普及推广，为科技人才的成长服务，为广东省经济建设和社会发展服务。

主要活动领域：科学研究

主要财务数据图表　　　　　　　　单位：元

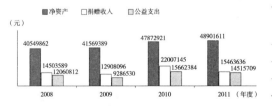

财务指标＼年度	2008	2009	2010	2011
净资产	33073138	33139913	54463543	49428998
捐赠收入	0	0	0	0
公益支出	510000	420000	2088483	1580000

134. 广东省教育基金会 （Educational Foundation of Province Guangdong）

组织机构代码：51535501 – 1

类别：公募

成立时间：1990 年 11 月 9 日

原始基金：1952 万元

登记部门：广东省民政厅

业务主管单位：广东省教育厅

电话：020 – 83368011

传真：020 – 83308385

邮箱：man004@ 21cn. com

办公地址：广东省广州市越秀区广卫路 14 号后座 3 楼（510080）

网址：http：//foundation. edugd. cn

现任理事长：黄丽满

秘书长：许学强

宗旨：奖优扶贫。

主要活动领域：教育

主要财务数据图表　　　　　　　　单位：元

财务指标＼年度	2008	2009	2010	2011
净资产	40549862	41569389	47872921	48901611
捐赠收入	14503589	12908096	22007145	15463636
公益支出	12060812	9286530	15662384	14515709

135. 中国初级卫生保健基金会 （China Primary Health Care Foundation）

组织机构代码：50001853 - 0

类别：公募

成立时间：1996 年 12 月 30 日

原始基金：800 万元

登记部门：民政部

业务主管单位：卫生部

电话：010 - 84111654

传真：010 - 84111654

邮箱：84121003@163. com

办公地址：北京市东城区鼓楼辛安里 66

号（100009）

网址：http://www. cphcf. org. cn

现任理事长：汪纪戎

秘书长：周庆年

宗旨：支持中国农村和城镇贫困社区医疗、卫生、保健事业发展，促进改善医疗条件，帮助中国农村和城镇贫困社区人口提高健康水平，增强健康素质和发展能力，实现脱贫致富。

主要活动领域：卫生保健、医疗救助

主要财务数据图表

单位：元

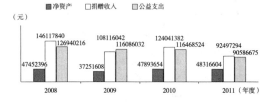

财务指标\年度	2008	2009	2010	2011
净资产	47452396	37251608	47893654	48316604
捐赠收入	146117840	108116042	124041382	92497294
公益支出	126940216	116086032	116468524	90586675

136. 重庆市红十字基金会 （Chongqing Red Cross Foundation）

组织机构代码：67337936 - 9

类别：公募

成立时间：2008 年 4 月 21 日

原始基金：400 万元

登记部门：重庆市民政局

业务主管单位：重庆红十字会

电话：023 - 67508525

传真：023 - 67508907

邮箱：995809997@ qq. com

办公地址：重庆市渝北区龙溪加州花园 B3 栋裙楼 1 楼 102 室（401145）

网址：http://opera. cqnews. net

现任理事长：罗庆忠

秘书长：胡泽生

宗旨：发扬人道、博爱、奉献的红十字精神，保护人的生命和健康。

主要活动领域：卫生保健、医疗救助、安全救灾

主要财务数据图表

单位：元

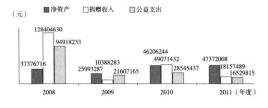

财务指标\年度	2008	2009	2010	2011
净资产	37376716	25993287	46206244	47372008
捐赠收入	128404630	10388283	49071432	18157489
公益支出	94918233	21607165	28545437	16529815

137. 厦门市老年基金会（Xiamen Senior Citizens Foundation）

组织机构代码：51365604 - 8

类别：公募

成立时间：1992 年 8 月 8 日

原始基金：400 万元

登记部门：福建省民政厅

业务主管单位：福建省老龄办

电话：0592 - 2044866

传真：0592 - 2044866

邮箱：xmlnjjh@126.com

办公地址：福建省厦门市思明区虎园路 17 号老年活动中心 A 楼 301 室（361003）

网址：http://lnjj.xm.gov.cn

现任理事长：林源

秘书长：黄宗洪

宗旨：遵守宪法和国家有关法律、法规，遵守社会道德风尚，弘扬中华民族敬老、爱老、助老的传统美德，动员社会各界和海内外人士募集资金，资助兴办老年福利事业，协助政府促进厦门老龄事业的发展。

主要活动领域：医疗救助、老年人、科学研究

主要财务数据图表

单位：元

财务指标 \ 年度	2008	2009	2010	2011
净资产	50968900	40979404	40625984	47254340
捐赠收入	23435200	1125122	1451646	7748170
公益支出	11932621	13952220	4785531	3959664

138. 云南省公安民警英烈基金会（Yunnan Police Martyrs and Heroes Foundation）

组织机构代码：77857096 - 0

类别：公募

成立时间：2005 年 9 月 27 日

原始基金：400 万元

登记部门：云南省民政厅

业务主管单位：云南省公安厅

电话：0871 - 3052364

传真：0871 - 3052364

邮箱：y - cathy@sohu.com

办公地址：云南省昆明市西山区广福路云南省公安厅科技楼 1707 号（650228）

网址：无

现任理事长：朱建义

秘书长：李刚

宗旨：抚慰民警，凝聚警心，弘扬正气，激励斗志。

主要活动领域：公共安全

主要财务数据图表

单位：元

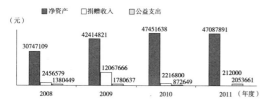

财务指标 \ 年度	2008	2009	2010	2011
净资产	30747109	42414821	47451638	47087891
捐赠收入	2456579	12067666	2216800	212000
公益支出	1380449	1780637	872649	2053661

139. 北京市公安民警抚助基金会 （Beijing Supporting Foundation for Police）

组织机构代码：66750067 - 9

类别：公募

成立时间：2007 年 10 月 30 日

原始基金：400 万元

登记部门：北京市民政局

业务主管单位：北京市公安局

电话：010 - 65286153

传真：010 - 65262505

邮箱：mjfzjjh@ 163. com

办公地址：北京市东城区北河沿大街 103 号 101 室 （100006）

网址：无

现任理事长：陈曦

秘书长：李雪明

宗旨：承转关爱，抚慰警心，弘扬正气，激励斗志。

主要活动领域：公共安全

主要财务数据图表　　　　　　　　单位：元

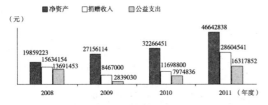

财务指标 \ 年度	2008	2009	2010	2011
净 资 产	19859223	27156114	32266451	46642838
捐赠收入	15634154	8467000	11698800	28604541
公益支出	13691453	2839030	7974836	16317852

140. 中国华文教育基金会 （Chinese Language and Culture Education Foundation of China）

组织机构代码：50001960 - 5

类别：公募

成立时间：2004 年 9 月 30 日

原始基金：1000 万元

登记部门：民政部

业务主管单位：国务院侨务办公室

电话：010 - 88387921

传真：010 - 88387449

邮箱：clef@ gqb. gov. cn

办公地址：北京市西城区阜成门外大街 35 号国务院侨办中国华文教育基金会秘书处 （100037）

网址：http://www. clef. org. cn

现任理事长：林文肯

秘书长：左志强

宗旨：弘扬中华文化，发展华文教育事业，促进中外文化交流。

主要活动领域：文化、教育

主要财务数据图表　　　　　　　　单位：元

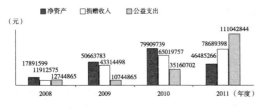

财务指标 \ 年度	2008	2009	2010	2011
净 资 产	17891599	50663783	79909739	46485266
捐赠收入	11912575	43314498	65019757	78689398
公益支出	12744865	10744865	35160702	111042844

141. 北京文化艺术基金会 （Beijing Culture and Art Foundation）

组织机构代码：78395190 - 1

类别：公募

成立时间：2005 年 12 月 29 日

原始基金：400 万元

登记部门：北京市民政局

业务主管单位：北京市文化局

电话：010 - 64062438

传真：010 - 64062438

邮箱：ronga@ sina. com

办公地址：北京市朝阳区建外大街建华南路 17 号北京佰联大厦 306 室 （100020）

网址：无

现任理事长：董栋华

秘书长：李玮

宗旨：打造北京城市文化名片，树立国际文化品牌形象。

主要活动领域：文化、艺术、教育

主要财务数据图表　　　　　　　单位：元

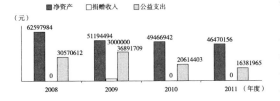

财务指标 年度	2008	2009	2010	2011
净资产	62597984	51194494	49466942	46470156
捐赠收入	0	3000000	0	0
公益支出	30570612	36891709	20614403	16381965

142. 无锡市滨湖区慈善基金会 （Wuxi Binhu Charity Foundation）

组织机构代码：50915899 - 4

类别：公募

成立时间：2007 年 12 月 10 日

原始基金：500 万元

登记部门：江苏省民政厅

业务主管单位：江苏省民政厅

电话：0510 - 85105959

传真：0510 - 85105959

邮箱：bhcs2008@ yahoo. com. cn

办公地址：江苏省无锡市滨湖区青祁路溪南新村 300 号 （214071）

网址：http：// taihucharity. com

现任理事长：周茂健

秘书长：虞焕良

宗旨：以人为本，关爱民生，扶贫济困，努力构建和谐社会，资助各类慈善公益性项目，重点资助城乡特困户就医、就学和基本生活。

主要活动领域：医疗救助、扶贫助困

主要财务数据图表　　　　　　　单位：元

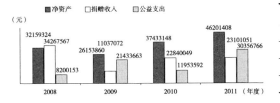

财务指标 年度	2008	2009	2010	2011
净资产	32159324	26153860	37433148	46201408
捐赠收入	34267567	11037072	22840049	23101051
公益支出	8200153	21433663	11953592	30356766

143. 中国煤矿尘肺病防治基金会（China Coal Miner Pneumoconiosis Prevention and Treatment Foundation）

组织机构代码：50001933 - 0

类别：公募

成立时间：2003 年 10 月 31 日

原始基金：800 万元

登记部门：民政部

业务主管单位：国家安监总局

电话：0335 - 4041365

传真：0335 - 4041365

邮箱：cfbjjh@163.com

办公地址：河北省秦皇岛市北戴河区海滨

保二路 13 号（66100）

网址：http://www.cfbjjh.org.cn

现任理事长：王显政

秘书长：张振国

宗旨：广泛募集资金，用大容量肺灌洗技术和综合康复疗法救治煤矿尘肺病矿工，开展尘肺病科研和新技术推广工作。

主要活动领域：卫生保健、医疗救助、科学研究

主要财务数据图表

单位：元

财务指标＼年度	2008	2009	2010	2011
净资产	44567714	39600223	42875097	46114814
捐赠收入	12395100	6502700	12055300	12747084
公益支出	18284200	12076920	8807950	9909824

144. 河南省公安民警英烈基金会（He'nan Police Martyrs and Heroes Foundation）

组织机构代码：78507272 - 4

类别：公募

成立时间：2006 年 2 月 21 日

原始基金：600 万元

登记部门：河南省民政厅

业务主管单位：河南省公安厅

电话：0371 - 65882200

传真：0371 - 65882773

邮箱：无

办公地址：河南省郑州市金水区金水路 9 号（450003）

网址：无

现任理事长：熊文修

秘书长：郑献春

宗旨：抚慰民警，凝聚警心，弘扬正气，激励斗志。

主要活动领域：公共安全

主要财务数据图表

单位：元

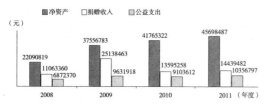

财务指标＼年度	2008	2009	2010	2011
净资产	22090819	37556783	41765322	45698487
捐赠收入	11063360	25138463	13595258	14439482
公益支出	6872370	9631918	9103612	10356797

145. 山西省残疾人福利基金会 （Shanxi Foundation for Disabled Persons）

组织机构代码：79220332 - 3

类别：公募

成立时间：2007 年 8 月 1 日

原始基金：400 万元

登记部门：山西省民政厅

业务主管单位：山西省残疾人联合会

电话：0351 - 7233354

传真：0351 - 7230586

邮箱：shanxiwfh@163.com

办公地址：山西省太原市小店区寇庄西路 42 号（030012）

网址：http://www.sxwfh.org

现任理事长：董先

秘书长：董先

宗旨：弘扬爱国主义和人道主义精神，宣传残疾人事业，团结动员国内外各界热心残疾人事业的友好团体及人士，募集残疾人福利基金，发展残疾人事业，改善残疾人的生存生活状况，促进残疾人平等参与社会生活，共享社会文明成果，为构建和谐山西作出贡献。

主要活动领域：教育、医疗救助、残疾

主要财务数据图表　　　单位：元

财务指标＼年度	2008	2009	2010	2011
净资产	22021228	21929521	14078525	44153806
捐赠收入	17732916	9647205	2200310	37991958
公益支出	9330268	8683285	9807224	7970244

146. 绍兴县人民教育基金会 （Shaoxing People's Education Foundation）

组织机构代码：50187604 - 3

类别：公募

成立时间：1989 年 2 月 21 日

原始基金：420 万元

登记部门：浙江省民政厅

业务主管单位：浙江省教育厅

电话：0575 - 84126634

传真：0575 - 84126624

邮箱：无

办公地址：浙江省绍兴市绍兴县越城区柯桥鉴湖路 129 号（312030）

网址：无

现任理事长：汪传昌

秘书长：许吉安

宗旨：人民教育人民办，办好教育为人民。

主要活动领域：教育

主要财务数据图表　　　单位：元

财务指标＼年度	2008	2009	2010	2011
净资产	24637748	33049746	33310376	43723004
捐赠收入	15205122	20185401	21338927	29277192
公益支出	8020050	11721365	21102940	18885940

147. 南通市通州区慈善基金会 （Nantong Tongzhou Charity Foundation）

组织机构代码：50915882 - 0

类别：公募

成立时间：2007 年 8 月 27 日

原始基金：400 万元

登记部门：江苏省民政厅

业务主管单位：江苏省民政厅

电话：0513 - 86515143

传真：0513 - 86515143

邮箱：tzfyjjf@ 163. com

办公地址：江苏省南通市通州区银河路祥和大厦 4 楼 （226300）

网址：无

现任理事长：张秀兰

秘书长：金建峰

宗旨：以人为本，关爱民生，扶贫济困，努力构建和谐社会，重点资助城乡特困户就医、就学和基本生活。

主要活动领域：教育、医疗救助、残疾

主要财务数据图表 单位：元

财务指标 年度	2008	2009	2010	2011
净 资 产	36312767	39262285	36776848	43664038
捐赠收入	43073346	9714699	11401107	11422423
公益支出	4256100	7132664	14473815	4704466

148. 苍南县人民教育基金会 （Cangnan People's Education Foundation）

组织机构代码：50187661 - 7

类别：公募

成立时间：2001 年 4 月 26 日

原始基金：400 万元

登记部门：浙江省民政厅

业务主管单位：浙江省教育厅

电话：0577 - 68701792

传真：0577 - 68701791

邮箱：无

办公地址：浙江省温州市苍南县灵溪镇公园路 4 - 6 号 （325800）

网址：无

现任理事长：邓伦修

秘书长：黄绍才

宗旨：遵守国家法律、法规和政策，推动全社会关心、支持教育事业，促进教育改革和发展，为推进苍南教育跨越式发展贡献力量。

主要活动领域：教育

主要财务数据图表 单位：元

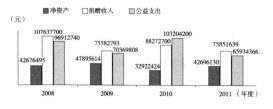

财务指标 年度	2008	2009	2010	2011
净 资 产	42676495	47895614	32922424	42696130
捐赠收入	107637700	75582793	88272700	75851639
公益支出	96912740	70369808	103204200	65934366

149. 中国留学人才发展基金会（China Overseas-Educated Scholars Development Foundation）

组织机构代码：50002037 - 4

类别：公募

成立时间：2007 年 1 月 25 日

原始基金：800 万元

登记部门：民政部

业务主管单位：中共中央统战部

电话：010 - 65260908

传真：010 - 65236561

邮箱：无

办公地址：北京市东城区东安门大街 55 号世纪大厦 603 室（100006）

网址：http://www.cosdf.org.cn

现任理事长：马文普

秘书长：庄亮

宗旨：争取海内外企业、团体和人士的支持，组织募捐，接受捐赠，促进留学人员事业健康发展；协助政府有关部门开发和利用海内外人才资源与人才市场，积极吸引我国留学人员回国服务，支持留学人员自主创业，发挥桥梁纽带作用，为实施人才强国战略和留学人员工作服务。

主要活动领域：就业、创业

主要财务数据图表　　　　单位：元

财务指标＼年度	2008	2009	2010	2011
净资产	13096119	5466844	11739828	42190264
捐赠收入	5888489	300000	15435830	49670094
公益支出	2646146	5963295	5314444	17426486

150. 常州市武进区见义勇为基金会（Changzhou Wujin Foundation for Justice and Courage）

组织机构代码：50917276 - 1

类别：公募

成立时间：2005 年 2 月 1 日

原始基金：660 万元

登记部门：江苏省民政厅

业务主管单位：江苏省公安厅

电话：0519 - 88310287

传真：0519 - 86305000

邮箱：907216962@qq.com

办公地址：江苏省常州市武进区湖塘镇长安路 18 号（213161）

网址：无

现任理事长：王安山

秘书长：徐新翔

宗旨：弘扬正气，倡导见义勇为。

主要活动领域：见义勇为

主要财务数据图表　　　　单位：元

财务指标＼年度	2008	2009	2010	2011
净资产	10545547	10901629	10858836	42181630
捐赠收入	0	0	0	31100000
公益支出	197764	231568	577101	364736

151. 上海市发展交响乐事业基金会（Shanghai Symphonic Music Development Foundation）

组织机构代码：50177277 – 0

类别：公募

成立时间：1992 年 6 月 19 日

原始基金：400 万元

登记部门：上海市民政局

业务主管单位：上海市文化广播影视管理局

电话：021 – 64730381

传真：021 – 64730381

邮箱：vidawei@163.com

办公地址：上海市徐汇区湖南路 105 号 （200031）

网址：无

现任理事长：陈光宪

秘书长：陈光宪

宗旨：筹集社会各界捐赠，资助促进优秀交响乐创作、演出、人才成长及理论研究的项目与活动。

主要活动领域：艺术

主要财务数据图表

单位：元

财务指标 \ 年度	2008	2009	2010	2011
净资产	4093512	5189268	26677125	42167978
捐赠收入	10000	3270000	16500000	14754904
公益支出	159027	2415600	187846	728599

152. 中国金融教育发展基金会（China Foundation for Development of Financial Education）

组织机构代码：50001027 – 2

类别：公募

成立时间：1992 年 6 月 27 日

原始基金：1000 万元

登记部门：民政部

业务主管单位：中国人民银行

电话：010 – 63577238

传真：010 – 63530593

邮箱：mail@cfdfe.cn

办公地址：北京市西城区南菜园 53 号中

华家园 2 号楼 1 单元 201 室（100054）

网址：http://www.cfdfe.cn

现任理事长：初本德

秘书长：贺增强

宗旨：争取社会各界特别是金融系统的支持捐助，发挥非营利公益组织优势，整合各方资源按需提供服务，推动中国金融教育事业的创新和发展。

主要活动领域：教育、科学研究

主要财务数据图表

单位：元

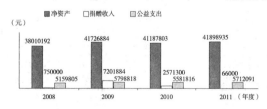

财务指标 \ 年度	2008	2009	2010	2011
净资产	38010192	41726884	41187803	41898935
捐赠收入	750000	7201884	2571300	66000
公益支出	5159805	5798818	5581816	5712091

153. 宁波市鄞州区人民教育基金会 （Ningbo Yinzhou People's Education Foundation）

组织机构代码：50187657 – X

类别：公募

成立时间：2001 年 2 月 14 日

原始基金：546 万元

登记部门：浙江省民政厅

业务主管单位：浙江省教育厅

电话：0574 – 87525738

传真：0574 – 87525735

邮箱：zhsx22@ 163. com

办公地址：浙江省宁波市鄞州区新城区惠风东路 568 号 A 楼 3119 室 （315100）

网址：无

现任理事长：林正道

秘书长：林生坤

宗旨：动员各方力量，筹集教育资金，推动教育发展。

主要活动领域：教育

主要财务数据图表　　　　　　　　　　　单位：元

财务指标＼年度	2008	2009	2010	2011
净 资 产	18620897	37829740	37455792	41686288
捐赠收入	16014240	29751250	32377600	37036978
公益支出	9735260	10493870	32735630	32890020

154. 河北省青少年发展基金会 （Hebei Youth Development Foundation）

组织机构代码：50640575 – 0

类别：公募

成立时间：1993 年 6 月 7 日

原始基金：500 万元

登记部门：河北省民政厅

业务主管单位：共青团河北省委员会

电话：0311 – 87908235

传真：0311 – 87908235

邮箱：hbqjh@ 126. com

办公地址：河北省石家庄市桥西区师范街 75 号省直办公楼 10 楼 （50051）

网址：http：// hbqjh. jjtang. com

现任理事长：侯树林

秘书长：侯树林

宗旨：根据青少年成长需要，创办教育、科技、文化、卫生和环保事业。

主要活动领域：教育、环境、青少年

主要财务数据图表　　　　　　　　　　　单位：元

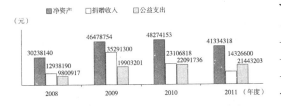

财务指标＼年度	2008	2009	2010	2011
净 资 产	30238140	46478754	48274153	41334318
捐赠收入	12938190	35291300	23106818	14326600
公益支出	9800917	19903201	22091736	21443203

155. 嘉兴市教育基金会（Jiaxing Education Foundation）

组织机构代码：50187674 - 8

类别：公募

成立时间：1989 年 3 月 28 日

原始基金：405 万元

登记部门：浙江省民政厅

业务主管单位：浙江省教育厅

电话：0573 - 82083527

传真：0573 - 82083627

邮箱：chenliang608@yahoo.com.cn

办公地址：浙江省嘉兴市南湖区广益路 526 号（314001）

网址：无

现任理事长：范巴陵

秘书长：曹怀云

宗旨：以党和国家的教育方针、政策为指导，根据《中华人民共和国宪法》、《中华人民共和国教育法》、《中华人民共和国教师法》和国家法规、规章的规定，发动社会各方面的力量和海外各界人士筹集资金，发展教育事业，开展资教、资学等活动，以提高教师的社会地位，鼓励学生勤奋学习，促进嘉兴教育事业蓬勃发展。

主要活动领域：教育

主要财务数据图表

单位：元

财务指标 \ 年度	2008	2009	2010	2011
净 资 产	29087732	29711379	32186320	41240422
捐赠收入	32623500	35310267	32186465	28448079
公益支出	24275499	34784956	29816591	19550546

156. 广州市残疾人福利基金会（Guangzhou Foundation for Disabled Persons）

组织机构代码：51735550 - 9

类别：公募

成立时间：1982 年 3 月 8 日

原始基金：1380 万元

登记部门：广东省民政厅

业务主管单位：广东省残疾人联合会

电话：020 - 38491459

传真：020 - 38493256

邮箱：gzdpf@126.com

办公地址：广东省广州市天河区龙口西路 375 号 12 楼（510630）

网址：http://www.gzdpf.org.cn/fd

现任理事长：闵怡

秘书长：伍智敢

宗旨：弘扬人道主义，动员社会力量，发展残疾人事业。

主要活动领域：残疾

主要财务数据图表

单位：元

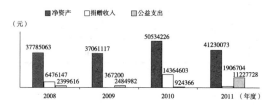

财务指标 \ 年度	2008	2009	2010	2011
净 资 产	37785063	37061117	50534226	41230073
捐赠收入	6476147	367200	14364603	1906704
公益支出	2399616	2484982	924366	11227728

157. 启东市慈善基金会 （Qidong Charity Foundation）

组织机构代码：50915884－7

类别：公募

成立时间：2007 年 10 月 30 日

原始基金：400 万元

登记部门：江苏省民政厅

业务主管单位：江苏省民政厅

电话：0513－83212933

传真：0513－83212933

邮箱：qdscsjjh@163.com

办公地址：江苏省启东市江龙镇公园中路

849 号（226200）

网址：无

现任理事长：周嘉生

秘书长：李英

宗旨：以人为本，关爱民生，扶贫济困，努力构建和谐社会，重点资助城乡特困户就医、就学和基本生活。

主要活动领域：教育、医疗救助、扶贫助困

主要财务数据图表　　　　单位：元

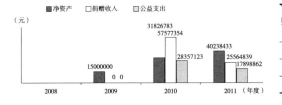

财务指标 ＼ 年度	2008	2009	2010	2011
净 资 产	27275001	34607380	36059854	40258606
捐赠收入	30383775	12484333	16391472	16236814
公益支出	22392618	5553781	16406567	14453679

158. 重庆市教育发展基金会 （Chongqing Education Development Foundation）

组织机构代码：69659543－5

类别：公募

成立时间：2009 年 11 月 16 日

原始基金：1500 万元

登记部门：重庆市民政局

业务主管单位：重庆市教育委员会

电话：023－60393075

传真：023－67003871

邮箱：cqjyfzjjh@163.com

办公地址：重庆市江北区华新街鹅石堡山26 号 513 室（400020）

网址：http://www.cqedf.org

现任理事长：肖祖修

秘书长：王开达

宗旨：推进尊师重教，资助贫困师生，支持教育创新，促进教育发展。

主要活动领域：教育

主要财务数据图表　　　　单位：元

财务指标 ＼ 年度	2008	2009	2010	2011
净 资 产	－	15000000	31826783	40238433
捐赠收入	－	0	57577354	25564839
公益支出	－	0	28357123	17898862

159. 中国孔子基金会 （China Confucius Foundation）

组织机构代码：50001668 - 2

类别：公募

成立时间：1984 年 9 月 20 日

原始基金：800 万元

登记部门：民政部

业务主管单位：文化部

电话：0531 - 82732381

传真：0531 - 82732381

邮箱：jinji@dzwww.com

办公地址：山东省济南市历下区舜耕路 46 号 （250002）

网址：http://www.chinakongzi.org

现任理事长：王大千

秘书长：王大千

宗旨：通过社会募集运作基金，组织和推动海内外学习、研究、传播、弘扬孔子思想、儒家学说和中华优秀传统文化的活动，为建设中华民族共有精神家园、构建和谐社会服务；为增进海内外华人团结、实现祖国统一服务；为促进世界文化交流、维护世界和平服务。

主要活动领域：文化、国际事务

主要财务数据图表　　　　　　　单位：元

财务指标 \ 年度	2008	2009	2010	2011
净资产	39377071	39928677	41107166	40085181
捐赠收入	2112189	2410220	2360400	2774486
公益支出	1768890	2004930	2699965	5303946

160. 象山县人民教育基金会 （Xiangshan People's Education Foundation）

组织机构代码：50187691 - 6

类别：公募

成立时间：2005 年 2 月 23 日

原始基金：664 万元

登记部门：浙江省民政厅

业务主管单位：浙江省教育厅

电话：0574 - 65733207

传真：0574 - 65734327

邮箱：无

办公地址：浙江省宁波市象山县丹城靖南路 304 号 （315700）

网址：无

现任理事长：陈世灿

秘书长：钱遐龄

宗旨：让全社会支持教育，尊师重教，实现教育现代化。

主要活动领域：教育

主要财务数据图表　　　　　　　单位：元

财务指标 \ 年度	2008	2009	2010	2011
净资产	21193088	28570490	27825851	39492027
捐赠收入	30076300	27386805	34349243	32264595
公益支出	35625700	21607800	15399712	44997373

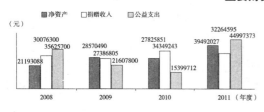

161. 贵州省贵阳市"两湖一库"环境保护基金会（Hongfeng Lake Baihua Lake and Aha Reservoir Environmental Protection Foundation Guiyang Guizhou）

组织机构代码：66697631 - 7

类别：公募

成立时间：2007 年 11 月 14 日

原始基金：400 万元

登记部门：贵州省民政厅

业务主管单位：贵州省环保局

电话：0851 - 5960120

传真：0851 - 5669225

邮箱：lhykjjh@ sohu. com

办公地址：贵州省贵阳市南明区青云路 304 号（550000）

网址：http：// www. lhyk. org. cn

现任理事长：王思齐

秘书长：叶晓云

宗旨：遵守宪法、法律、法规和国家相关政策，遵守《基金会管理条例》；依托政府引导，动员社会各界力量，争取海内外热心团体及人士的支持和捐助，为"两湖一库"保护和污染治理事业及人民群众饮水安全作出积极贡献。

主要活动领域：环境保护

主要财务数据图表　　　　单位：元

财务指标＼年度	2008	2009	2010	2011
净 资 产	20567263	44384085	42140328	38935724
捐赠收入	9899496	24550149	91100	1100
公益支出	23047	1441517	2737132	4326503

162. 苏州市见义勇为基金会（Suzhou Foundation for Justice and Courage）

组织机构代码：50915912 - 9

类别：公募

成立时间：1994 年 3 月 17 日

原始基金：776 万元

登记部门：江苏省民政厅

业务主管单位：江苏省公安厅

电话：0512 - 65226798

传真：0512 - 65225661

邮箱：szsjyywjjh@ 163. com

办公地址：江苏省苏州市姑苏区人民路 1149 号（215002）

网址：无

现任理事长：杨炳双

秘书长：谢罡

宗旨：弘扬中华民族见义勇为传统美德，匡扶社会正义，促进精神文明建设。

主要活动领域：见义勇为

主要财务数据图表　　　　单位：元

财务指标＼年度	2008	2009	2010	2011
净 资 产	0	14220615	38270050	38777693
捐赠收入	102700	917200	23597721	1730030
公益支出	133166	0	0	1698426

163. 兴化市慈善基金会 （Xinghua Charity Foundation）

组织机构代码：50915894 – 3

类别：公募

成立时间：2007 年 11 月 13 日

原始基金：1500 万元

登记部门：江苏省民政厅

业务主管单位：江苏省民政厅

电话：0523 – 83235719

传真：0523 – 83235719

邮箱：xh83235719@163.com

办公地址：江苏省兴化市昭阳镇楚水路 37

号（225700）

网址：无

现任理事长：范学忠

秘书长：沈贵钧

宗旨：以人为本，关爱民生，扶贫济困，努力构建和谐社会，重点资助特困户就医、就学和基本生活。

主要活动领域：教育、"三农"、儿童、公共服务

主要财务数据图表
单位：元

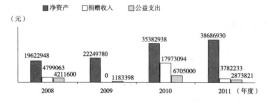

财务指标＼年度	2008	2009	2010	2011
净 资 产	19622948	22249780	35382938	38686930
捐赠收入	4799063	0	17973094	3782233
公益支出	4211600	1183398	6705000	2873821

164. 内蒙古自治区青少年发展基金会 （Inner Mongolia Youth Development Foundation）

组织机构代码：50269943 – X

类别：公募

成立时间：1990 年 7 月 10 日

原始基金：400 万元

登记部门：内蒙古自治区民政厅

业务主管单位：共青团内蒙古自治区委员会

电话：0471 – 2251897

传真：0471 – 4816773

邮箱：qjhkanghuimin@163.com

办公地址：内蒙古自治区呼和浩特市新城

区北垣东街 28 号北垣大厦 4 楼西（010015）

网址：http：//www.nmgydf.org.cn

现任理事长：刘建忠

秘书长：刘建忠

宗旨：争取海内外、区内外关心内蒙古青少年事业的团体和个人的支持和赞助，促进内蒙古青少年教育、科技、文化、体育、卫生、社会福利和环境保护事业的发展。

主要活动领域：教育、青少年、儿童

主要财务数据图表
单位：元

财务指标＼年度	2008	2009	2010	2011
净 资 产	13735927	13256810	45890083	38525374
捐赠收入	13232795	8988462	47459273	9970715
公益支出	7473304	9626505	14858163	17911999

165. 舟山市普陀区人民教育基金会 （Zhoushan Putuo People's Education Foundation）

组织机构代码：50187578 - 8

类别：公募

成立时间：1989 年 4 月 15 日

原始基金：400 万元

登记部门：浙江省民政厅

业务主管单位：浙江省教育厅

电话：0580 - 3013545

传真：0580 - 3013545

邮箱：jwcjk@ mail. ptec. gov. cn

办公地址：浙江省舟山市普陀区东港经济开发区海莲路 80 号 （316100）

网址：无

现任理事长：虞央国

秘书长：周红迅

宗旨：面向全社会开展募捐，接受捐赠活动，推进全社会关心和支持教育，促进我区教育事业的发展。

主要活动领域：教育

主要财务数据图表   单位：元

财务指标 \ 年度	2008	2009	2010	2011
净资产	6597809	8832953	24066919	37912241
捐赠收入	9763500	9744260	26898700	31259375
公益支出	7783000	7490600	11644500	17371844

166. 临海市人民教育基金会 （Linhai People's Education Foundation）

组织机构代码：50188345 - 4

类别：公募

成立时间：2006 年 7 月 10 日

原始基金：400 万元

登记部门：浙江省民政厅

业务主管单位：浙江省教育厅

电话：0576 - 85311710

传真：0576 - 85311710

邮箱：无

办公地址：浙江省临海市古城镇永安路 32 号 （317000）

网址：无

现任理事长：龚维湘

秘书长：吕中礼

宗旨：资助公益教育，推动教育创新，扶植教育人才，促进教育交流，致力于临海教育事业的发展。

主要活动领域：教育

主要财务数据图表   单位：元

财务指标 \ 年度	2008	2009	2010	2011
净资产	8511709	38373052	46878127	37499273
捐赠收入	71586485	93846170	80928337	87684995
公益支出	85360000	64020240	72443745	97155800

167. 中国西部人才开发基金会 （Western China Human Resources Development Foundation）

组织机构代码：50002027 - 8

类别：公募

成立时间：2006 年 9 月 18 日

原始基金：800 万元

登记部门：民政部

业务主管单位：国家行政学院

电话：010 - 68928975

传真：010 - 68928974

邮箱：xirenhui@163.com

办公地址：北京市海淀区长春桥路 6 号国

家行政学院国勤楼 709 室 （100089）

网址：http：//www.chinawesthr.org

现任理事长：魏礼群

秘书长：戴桂英

宗旨：发挥社会各界力量，募集社会资金，开发西部地区人力资源，全面提高各类人才素质，为西部大开发提供智力和人才保障。

主要活动领域：教育、创业、"三农"

主要财务数据图表

单位：元

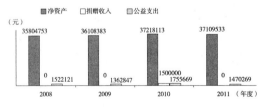

财务指标\年度	2008	2009	2010	2011
净资产	9462170	7996108	22786342	37470870
捐赠收入	10301620	3600000	25750000	33360000
公益支出	10647085	7730140	10297200	18132250

168. 上海汽车工业教育基金会 （Shanghai Automotive Educational Foundation）

组织机构代码：50177388 - 8

类别：公募

成立时间：1993 年 1 月 8 日

原始基金：3090 万元

登记部门：上海市民政局

业务主管单位：上海市经济和信息化委员会

电话：021 - 56669630

传真：021 - 56669629

邮箱：sqjjh@online.sh.cn

办公地址：上海市虹口区同嘉路 79 号 1 号楼 309 室、310 室 （200086）

网址：http：//www.saef.org

现任理事长：沈建华

秘书长：李乐平

宗旨：支持高等教育事业，推进校企合作交流，资助社会相关公益活动，服务上海汽车产业。

主要活动领域：教育、社区发展、科学研究

主要财务数据图表

单位：元

财务指标\年度	2008	2009	2010	2011
净资产	35804753	36108383	37218113	37109533
捐赠收入	0	0	1500000	0
公益支出	1522121	1362847	1755669	1470269

169. 贵州省青少年发展基金会 （Guizhou Youth Development Foundation）

组织机构代码：51755696 – 8

类别：公募

成立时间：1991 年 5 月 1 日

原始基金：38 万元

登记部门：贵州省民政厅

业务主管单位：共青团贵州省委员会

电话：0851 – 6580177

传真：0851 – 6571441

邮箱：yz0410@21cn.com

办公地址：贵州省贵阳市南明区油榨街青年路 35 号省团校内（550005）

网址：http：//www. gzph. org

现任理事长：胡吉宏

秘书长：陈保国

宗旨：协助改善贫困地区青少年基础教育事业。

主要活动领域：教育、青少年

主要财务数据图表　　　　　　　单位：元

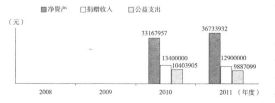

财务指标＼年度	2008	2009	2010	2011
净资产	22113084	22237517	34525064	37079687
捐赠收入	29365877	25710095	52950238	36311636
公益支出	30198569	24146412	40334165	34205548

170. 北京奥运城市发展基金会 （Beijing Olympic City Development Foun-dation）

组织机构代码：55306368 – 5

类别：公募

成立时间：2010 年 5 月 10 日

原始基金：3000 万元

登记部门：北京市民政局

业务主管单位：北京市办公厅

电话：010 – 84373200

传真：0108 – 4373239

邮箱：BoDA@ beijing2008. cn

办公地址：北京市朝阳区天辰东路甲 8 号

（100101）

网址：http：//www. beijing2008. cn/Foundation

现任理事长：张凤朝

秘书长：吴伟林

宗旨：促进奥林匹克事业和残奥事业在城市的可持续发展，为建设"人文北京、科技北京、绿色北京"服务。

主要活动领域：社区发展、体育

主要财务数据图表　　　　　　　单位：元

财务指标＼年度	2008	2009	2010	2011
净资产	–	–	33167957	36733932
捐赠收入	–	–	13400000	12900000
公益支出	–	–	10403905	9887099

171. 绍兴市人民教育基金会 （Shaoxing People's Education Foundation）

组织机构代码： 50187538 - 2

类别： 公募

成立时间： 1990 年 6 月 30 日

原始基金： 410 万元

登记部门： 浙江省民政厅

业务主管单位： 浙江省教育厅

电话： 0575 - 85134546

传真： 0575 - 85223302

邮箱： liyang1953@163.com

办公地址： 浙江省绍兴市越城区府山街道井巷 18 号（312030）

网址： 无

现任理事长： 赵旭昊

秘书长： 程富根

宗旨： 支持学校建设，资助贫困学生，奖励优秀教师及学生，促进教育发展。

主要活动领域： 教育

主要财务数据图表
单位：元

财务指标\年度	2008	2009	2010	2011
净资产	30193719	31934346	33555464	36686362
捐赠收入	25962448	21431383	17300000	18108500
公益支出	23253199	19929713	15871286	15180059

172. 云南省生物多样性保护基金会 （Yunnan Biodiversity Protection Foundation）

组织机构代码： 56317636 - 8

类别： 公募

成立时间： 2010 年 5 月 24 日

原始基金： 400 万元

登记部门： 云南省民政厅

业务主管单位： 云南省环保厅

电话： 0871 - 4126091

传真： 0871 - 4126091

邮箱： 965991518@qq.com

办公地址： 云南省昆明市西山区西园南路 25 号（650032）

网址： 无

现任理事长： 王建华

秘书长： 王文义

宗旨： 促进云南省生物多样性的有效保护和可持续利用，维护生物安全和生态系统功能。

主要活动领域： 动物保护

主要财务数据图表
单位：元

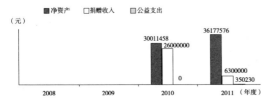

财务指标\年度	2008	2009	2010	2011
净资产	–	–	30011458	36177576
捐赠收入	–	–	26000000	6300000
公益支出	–	–	0	350230

173. 陕西省老龄事业发展基金会（**Shaanxi Ageing Development Foundation**）

组织机构代码：52015633 - 2

类别：公募

成立时间：1988 年 2 月 3 日

原始基金：1130 万元

登记部门：陕西省民政厅

业务主管单位：陕西省老龄办

电话：029 - 87458357

传真：029 - 87459446

邮箱：无

办公地址：陕西省西安市碑林区建国路 31 号 606 室（710001）

网址：无

现任理事长：安启元

秘书长：张如峰

宗旨：发扬中华民族敬老、养老的传统美德和社会主义新风尚，筹集资金，赞助和举办陕西老年服务事业，奖励为老年事业作出贡献的先进单位、个人和敬老、养老的模范，在社会主义精神文明和物质文明建设中充分发挥作用。

主要活动领域：老年人、公共服务

主要财务数据图表

单位：元

财务指标 年度	2008	2009	2010	2011
净资产	28772838	30127440	32975437	36173659
捐赠收入	900000	2229350	1605000	1556350
公益支出	1432515	3964356	2041849	2310385

174. 江苏省残疾人福利基金会（**Jiangsu Disabled Welfare Foundation**）

组织机构代码：50917122 - 4

类别：公募

成立时间：1988 年 8 月 11 日

原始基金：400 万元

登记部门：江苏省民政厅

业务主管单位：江苏省残疾人联合会

电话：025 - 86993687

传真：025 - 86993687

邮箱：js - cjrjjh@163.com

办公地址：江苏省南京市建邺区仓巷 120 号

（210004）

网址：http://www.jsdwf.org.cn

现任理事长：徐庆祥

秘书长：胡俊

宗旨：遵守宪法、法律和国家政策，弘扬爱国主义、人道主义精神，动员社会力量，发展残疾人事业，促进残疾人平等参与社会生活。

主要活动领域：卫生保健、医疗救助、残疾

主要财务数据图表

单位：元

财务指标 年度	2008	2009	2010	2011
净资产	14929982	17372328	21823200	35976994
捐赠收入	2717301	4529931	7279910	13421760
公益支出	3461461	2827882	7182896	9795930

175. 安徽省青少年发展基金会 （Anhui Youth Development Foundation）

组织机构代码：51135686 – 9

类别：公募

成立时间：1992 年 9 月 1 日

原始基金：428 万元

登记部门：安徽省民族厅

业务主管单位：共青团安徽省委员会

电话：0551 – 6522551

传真：0551 – 5225559

邮箱：hope@ ahhope. org

办公地址：安徽省合肥市中市区长江中路
419 号 （230061）

网址：http：//www. ahhope. org

现任理事长：曹勇

秘书长：刘丽京

宗旨：争取省内外、港澳台及海外关心安徽省青少年事业发展的团体、人士的支持和赞助，创办安徽青少年成长成才服务的各项公益事业，推进安徽省青少年工作和青少年社会教育、科技、文化、体育、福利及为青少年提供优质服务的各类公益事业发展，为安徽和谐社会建设作贡献。

主要活动领域：教育、青少年

主要财务数据图表

单位：元

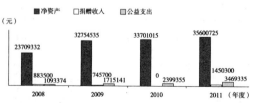

财务指标 年度	2008	2009	2010	2011
净 资 产	24902379	23816353	30693076	35617051
捐赠收入	33659126	24776291	24303392	30351157
公益支出	22887068	25889875	19866163	22215200

176. 中国经济改革研究基金会 （China Reform Foundation）

组织机构代码：50001847 – 7

类别：公募

成立时间：1995 年 10 月 25 日

原始基金：1850 万元

登记部门：民政部

业务主管单位：国家发展和改革委员会

电话：010 – 62123481

传真：010 – 62124700

邮箱：crfoundation@ yeah. net

办公地址：北京市海淀区皂君庙 4 号
（100081）

网址：http：//www. crfoundation. org

现任理事长：樊纲

秘书长：杨冠三

宗旨：围绕改革与发展的需要，团结有志为改革作出贡献的专家、学者，资助他们开展理论研究。

主要活动领域：科学研究

主要财务数据图表

单位：元

财务指标 年度	2008	2009	2010	2011
净 资 产	23709332	32754535	33701015	35600725
捐赠收入	883500	745700	0	1450300
公益支出	1093374	1715141	2399355	3469335

177. 中国健康促进基金会（China Health Promotion Foundation）

组织机构代码：50002035 - 8

类别：公募

成立时间：2006 年 12 月 18 日

原始基金：1400 万元

登记部门：民政部

业务主管单位：卫生部

电话：010 - 51817011

传真：010 - 51817617

邮箱：chpf@ chpf. cn

办公地址：北京市海淀区阜成路 28 号

（100142）

网址：http：// www. chinahpf. org. cn

现任理事长：白书忠

秘书长：常映明

宗旨：募集资金，开展健康促进活动，推动健康促进事业的发展，为增强全民健康服务。

主要活动领域：卫生保健、医疗救助、心理健康

主要财务数据图表　　　　　　单位：元

财务指标 \ 年度	2008	2009	2010	2011
净资产	14578547	20004503	34564197	35366861
捐赠收入	5019065	19527275	37559119	35713845
公益支出	4509991	14337868	23148307	38624491

178. 北京市温暖基金会（Beijing Warm Foundation）

组织机构代码：50030931 - 1

类别：公募

成立时间：1995 年 12 月 22 日

原始基金：400 万元

登记部门：北京市民政局

业务主管单位：北京市总工会

电话：010 - 65592577

传真：010 - 65592702

邮箱：wnjj@ bjzgh. org

办公地址：北京市东城区台基厂三条 3 号北京市总工会 6 号楼 205 室（100005）

网址：http：// www. wnjj. org

现任理事长：曾繁新

秘书长：郭建强

宗旨：救助困难职工，为广大职工服务，推动慈善事业发展。

主要活动领域：扶贫助困、公益事业发展

主要财务数据图表　　　　　　单位：元

财务指标 \ 年度	2008	2009	2010	2011
净资产	20108107	13927318	39982998	35001430
捐赠收入	7513879	300000	27679762	18374122
公益支出	12520832	8956600	14365199	22808806

179. 山东省公安民警优抚基金会（Shandong Police Preferential Treatment Foundation）

组织机构代码：75749214 - X

类别：公募

成立时间：2003 年 12 月 17 日

原始基金：400 万元

登记部门：山东省民政厅

业务主管单位：山东省公安厅

电话：0531 - 85123785

传真：0531 - 85123783

邮箱：sdgayf@ sina. com

办公地址：山东省济南市市中区经二路 185 号（250001）

网址：无

现任理事长：姜永梅

秘书长：张国俊

宗旨：募捐、管理和合理使用优抚基金。

主要活动领域：公共安全

主要财务数据图表

单位：元

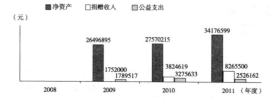

财务指标\年度	2008	2009	2010	2011
净资产	-	26496895	27570215	34176599
捐赠收入	-	1752000	3824619	8265500
公益支出	-	1789517	3275633	2526162

180. 沈阳市职工爱心慈善基金会（Shenyang Employees Charitable Foundation）

组织机构代码：79158843 - 6

类别：公募

成立时间：2006 年 9 月 19 日

原始基金：400 万元

登记部门：辽宁省民政厅

业务主管单位：辽宁省总工会

电话：024 - 22737542

传真：024 - 22737519

邮箱：zgcsjjh@ 163. com

办公地址：辽宁省沈阳市沈河区中山路 318 号（110014）

网址：无

现任理事长：崔文信

秘书长：奚晓杰

宗旨：民资民募，民困民帮，民事民主，民助民乐。

主要活动领域：教育、医疗救助、老年人、公共服务、残疾人、扶贫助困

主要财务数据图表

单位：元

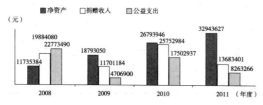

财务指标\年度	2008	2009	2010	2011
净资产	11735384	18793050	26793946	32943627
捐赠收入	19884080	11701184	25752984	13683401
公益支出	22773490	4706900	17502937	8263266

181. 中国肝炎防治基金会 （China Foundation for Hepatitis Prevention and Control）

组织机构代码：50001867 - X

类别：公募

成立时间：1998 年 8 月 22 日

原始基金：800 万元

登记部门：民政部

业务主管单位：卫生部

电话：010 - 63176623

传真：010 - 63036551

邮箱：cfhpc@ 126. com

办公地址：北京西城区南纬路 27 号 （100050）

网址：http://www.cfhpc.org

现任理事长：张梅颖

秘书长：杨希忠

宗旨：积极募集资金与物资，开展公益活动，推动中国肝炎防治事业，提高全民族健康素质。

主要活动领域：卫生保健、医疗救助

主要财务数据图表

单位：元

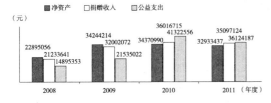

财务指标 \ 年度	2008	2009	2010	2011
净资产	22895056	34244214	34370990	32933437
捐赠收入	21233641	32002072	36016715	35097124
公益支出	14895353	21535022	41322556	36124187

182. 首都见义勇为基金会 （Capital Foundation for Justice and Courage）

组织机构代码：50031238 - 5

类别：公募

成立时间：2001 年 9 月 18 日

原始基金：500 万元

登记部门：北京市民政局

业务主管单位：北京市民政局

电话：010 - 62138373

传真：010 - 62138373

邮箱：sdjyyw@ 126. com

办公地址：北京市朝阳区华严里 8 号北京市第五社会福利院（老年公寓）1218 室 （100029）

网址：http://www.cffjc.com.cn

现任理事长：刘宝成

秘书长：由世钥

宗旨：通过公益资助，奖励和保护见义勇为人员，倡导见义勇为精神。

主要活动领域：见义勇为

主要财务数据图表

单位：元

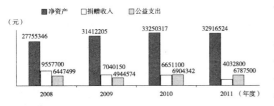

财务指标 \ 年度	2008	2009	2010	2011
净资产	27755346	31412205	33250317	32916524
捐赠收入	9557700	7040150	6651100	4032800
公益支出	6447499	4944574	6904342	6787500

183. 陕西省宋庆龄基金会 （Shaanxi Soong Ching Ling Foundation）

组织机构代码：52015891 - X

类别：公募

成立时间：1988 年 10 月 10 日

原始基金：600 万元

登记部门：陕西省民政厅

业务主管单位：陕西省办公厅

电话：029 - 85218196

传真：029 - 85228949

邮箱：SoongChL_ Shaanxi@163.com

办公地址：陕西省西安市雁塔区兴善寺东街 57 号省委南院内 （710061）

网址：http：//www.sxsclf.com

现任理事长：牟玲生

秘书长：杨玉田

宗旨：继承和发扬宋庆龄毕生致力的少年儿童文教、科技和福利事业，促进少年儿童身心健康发展；增进国际友好，维护世界和平；加强陕台两岸交流，促进祖国统一。

主要活动领域：教育、青少年、儿童、国际事务

主要财务数据图表
单位：元

财务指标 \ 年度	2008	2009	2010	2011
净资产	18023133	19671523	23659935	32795325
捐赠收入	1995728	2532925	3019834	6821965
公益支出	2444106	2293567	1384544	1331843

184. 诸暨市人民教育基金会 （Zhuji People's Education Foundation）

组织机构代码：50187471 - 8

类别：公募

成立时间：1998 年 1 月 1 日

原始基金：400 万元

登记部门：浙江省民政厅

业务主管单位：浙江省教育厅

电话：0575 - 87029535

传真：0575 - 87041622

邮箱：zjcy1971@163.com

办公地址：浙江省诸暨市暨阳街道滨江南路 11 号建设大厦 11 楼 （311800）

网址：无

现任理事长：车珊珠

秘书长：陈勇

宗旨：推动全社会关心和支持教育，促进诸暨教育事业均衡协调发展，实现教育现代化。

主要活动领域：教育

主要财务数据图表
单位：元

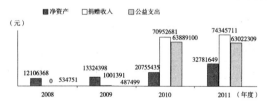

财务指标 \ 年度	2008	2009	2010	2011
净资产	12106368	13324398	20755435	32781649
捐赠收入	0	1001391	70952681	74345711
公益支出	534751	487499	63889100	63022309

185. 海门市慈善基金会 （Haimen Charity Foundation）

组织机构代码：50915897 – 8

类别：公募

成立时间：2007 年 11 月 21 日

原始基金：400 万元

登记部门：江苏省民政厅

业务主管单位：江苏省民政厅

电话：0513 – 82219663

传真：0513 – 82111300

邮箱：82219663@ 163. com

办公地址：江苏省海门市海门镇解放中路

39 号（226100）

网址：无

现任理事长：高顺昌

秘书长：黄建荣

宗旨：以人为本，为民解困，扶贫助残，关爱民生，努力构建和谐社会，重点资助城乡特困户就医、就读和基本生活。

主要活动领域：教育、医疗救助、老年人、残疾

主要财务数据图表　　　　单位：元

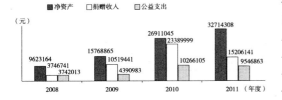

财务指标 年度	2008	2009	2010	2011
净资产	9623164	15768865	26911045	32714308
捐赠收入	3746741	10519441	23389999	15206141
公益支出	3742013	4390983	10266105	9546863

186. 广东省潮剧发展与改革基金会 （Guangdong Teochew Opera Development and Reform Foundation）

组织机构代码：79122272 – 5

类别：公募

成立时间：2006 年 11 月 5 日

原始基金：500 万元

登记部门：广东省民政厅

业务主管单位：广东省文学艺术界联合会

电话：020 – 83751773

传真：020 – 83751789

邮箱：gdscjjjh@ sina. com

办公地址：广东省广州市越秀区中山四路芳草街雍雅园北塔 2 楼 214B 室（510055）

网址：http：// cjjjh. org

现任理事长：陈经纬

秘书长：张锡鸿

宗旨：弘扬中华民族优秀文化，振兴、资助、推动潮剧文化艺术的传承、改革、创新和繁荣。

主要活动领域：文化

主要财务数据图表　　　　单位：元

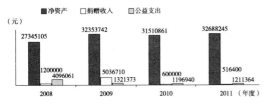

财务指标 年度	2008	2009	2010	2011
净资产	27345105	32353742	31510861	32688245
捐赠收入	1200000	5036710	600000	516400
公益支出	4096061	1321373	1196940	1211364

187. 如皋市慈善基金会 （Rugao Charity Foundation）

组织机构代码：50915881 - 2

类别：公募

成立时间：2007 年 12 月 23 日

原始基金：400 万元

登记部门：江苏省民政厅

业务主管单位：江苏省民政厅

电话：0513 - 87658444

传真：0513 - 87656543

邮箱：rgcsjjh@163.com

办公地址：江苏省如皋市如城镇福寿路 340 号（226500）

网址：http://www.rgcsh.com/csjj.asp

现任理事长：周宝生

秘书长：戴武松

宗旨：以人为本，关爱民生，扶贫济困，努力构建和谐社会，重点资助城乡特困户就医、就学和基本生活。

主要活动领域：教育、医疗救助、青少年

主要财务数据图表
单位：元

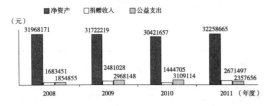

财务指标 \ 年度	2008	2009	2010	2011
净资产	18680569	23065302	29603947	32280949
捐赠收入	8307577	5447935	23620128	15799513
公益支出	40000	3837390	19676444	16481967

188. 上海市爱心帮教基金会 （Shanghai Charity Foundation for Education）

组织机构代码：50177546 - 1

类别：公募

成立时间：2005 年 1 月 27 日

原始基金：1500 万元

登记部门：上海市民政局

业务主管单位：上海市司法局

电话：021 - 62661622

传真：021 - 62277725

邮箱：shaxbj@163.com

办公地址：上海市静安区江宁路 958 号 301 室（200041）

网址：无

现任理事长：刘金根

秘书长：任天明

宗旨：关爱容易被社会忽视的弱势群体和特殊群体。

主要活动领域：教育、就业、青少年

主要财务数据图表
单位：元

财务指标 \ 年度	2008	2009	2010	2011
净资产	31968171	31722219	30421657	32258665
捐赠收入	1683451	2481028	1444705	2671497
公益支出	1854855	2968148	3109114	2357656

189. 中国预防性病艾滋病基金会 （China Foundation for Prevention of STD and AIDS）

组织机构代码：50000948 - 2

类别：公募

成立时间：1989 年 10 月 16 日

原始基金：800 万元

登记部门：民政部

业务主管单位：卫生部

电话：010 - 62126987

传真：010 - 62125787

邮箱：aids - jjh@ 163. com

办公地址：北京市海淀区中关村南大街 34 号中关村科技发展大厦 C 座 601 室（100081）

网址：http：// www. cfpsa. org. cn

现任理事长：李超林

秘书长：宫满库

宗旨：开展对性病、艾滋病的防治研究、宣传教育，控制、消灭性病、艾滋病。

主要活动领域：卫生保健、医疗救助、儿童、国际事务、扶贫助困

主要财务数据图表
单位：元

财务指标 \ 年度	2008	2009	2010	2011
净 资 产	20548280	21065593	27235029	31897920
捐赠收入	13015203	9946896	14973284	16114188
公益支出	7276127	9362379	8118606	10929417

190. 广西青少年发展基金会 （Guangxi Youth Development Foundation）

组织机构代码：50716009 - 7

类别：公募

成立时间：1994 年 5 月 25 日

原始基金：483 万元

登记部门：广西壮族自治区民政厅

业务主管单位：共青团广西壮族自治区委员会

电话：0771 - 5851966

传真：0771 - 5857826

邮箱：gxxwgcbgs@ 126. com

办公地址：广西壮族自治区南宁市青秀区古城路 4 号金色年华综合楼 3 楼（530022）

网址：http：// www. gxhope. org

现任理事长：吴宗勋

秘书长：吴宗勋

宗旨：遵守中华人民共和国宪法和法律，积极争取海内外企业、社会团体、人士的支持和赞助，推动广西教育、科技、文化、体育、卫生、环保及社会福利事业的发展，帮助青少年健康成长。

主要活动领域：教育、安全救灾、青少年

主要财务数据图表
单位：元

财务指标 \ 年度	2008	2009	2010	2011
净 资 产	22508786	20539623	32623963	31544087
捐赠收入	30405158	23628859	43527304	29082002
公益支出	24725612	26440164	31950553	30509590

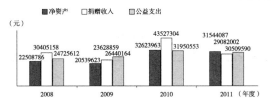

191. 云南滇池保护治理基金会 (Yunnan Tien Lake Protection Foundation)

组织机构代码：55272414－6

类别：公募

成立时间：2010年4月6日

原始基金：400万元

登记部门：云南省民政厅

业务主管单位：昆明市政府

电话：0871－4618647

传真：0871－4618995

邮箱：xxbs2008@sina.com

办公地址：云南省昆明市呈贡新区行政中心4号楼1楼市滇池管理局内（650500）

网址：无

现任理事长：李江

秘书长：柳伟

宗旨：致力于滇池保护和治理，改善滇池水质，防治滇池污染，加快滇池综合整治步伐，促进昆明市经济、社会可持续发展。

主要活动领域：环境

主要财务数据图表
单位：元

财务指标＼年度	2008	2009	2010	2011
净资产	-	-	31409544	31447755
捐赠收入	-	-	31350816	36758
公益支出	-	-	7951000	1949000

192. 贵州省送温暖基金会 (Guizhou Warmth Foundation)

组织机构代码：77531872－7

类别：公募

成立时间：2004年6月28日

原始基金：2970万元

登记部门：贵州省民政厅

业务主管单位：贵州省总工会

电话：0851－5967510

传真：0851－5967510

邮箱：fp20089@163.com

办公地址：贵州省贵阳市南明区瑞金南路81号（550003）

网址：无

现任理事长：王淑森

秘书长：杨再春

宗旨：为送温暖工程及金秋助学工程筹集资金并提供资助。

主要活动领域：教育

主要财务数据图表
单位：元

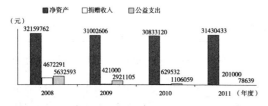

财务指标＼年度	2008	2009	2010	2011
净资产	32159762	31002606	30833120	31430433
捐赠收入	4672291	421000	629532	201000
公益支出	5632593	2921105	1106059	78639

193. 浙江省宁海县人民教育基金会（Zhejiang Ninghai People's Education Foundation）

组织机构代码：50187577 – X

类别：公募

成立时间：1989 年 5 月 3 日

原始基金：420 万元

登记部门：浙江省民政厅

业务主管单位：浙江省教育厅

电话：0574 – 65259621

传真：0574 – 65259642

邮箱：nhjyjjh@163.com

办公地址：浙江省宁波市宁海县跃龙街道人民路 290 号（625000）

网址：http://nhjyjj.com

现任理事长：陈焕翠

秘书长：韩昌振

宗旨：推动全社会关心支持教育，弘扬尊师重教风尚，开展奖教奖学助学活动，推进宁海县教育现代化建设。

主要活动领域：教育

主要财务数据图表

单位：元

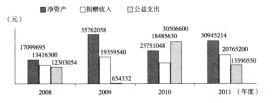

财务指标\年度	2008	2009	2010	2011
净资产	17928090	22964708	25102877	31121950
捐赠收入	31122134	42581441	43578910	49279337
公益支出	30544333	38758157	42410030	44545602

194. 玉环县人民教育基金会（Yuhuan People's Education Foundation）

组织机构代码：77648693 – 3

类别：公募

成立时间：2005 年 6 月 15 日

原始基金：400 万元

登记部门：浙江省民政厅

业务主管单位：浙江省教育厅

电话：0576 – 81717033

传真：0576 – 81717078

邮箱：yhzzl123@163.com

办公地址：浙江省玉环县珠港镇双港路 197 号（317600）

网址：无

现任理事长：倪贤相

秘书长：陈学美

宗旨：动员社会募捐，奖优助贫，鼓励热爱教育的团体、人士。

主要活动领域：教育

主要财务数据图表

单位：元

财务指标\年度	2008	2009	2010	2011
净资产	17099695	35762058	23751048	30945214
捐赠收入	13416300	19359540	18485630	20765200
公益支出	12303054	654332	30506600	13590550

195. 北京市红十字基金会 （Beijing Red Cross Foundation）

组织机构代码：67505265－0

类别：公募

成立时间：2008 年 5 月 20 日

原始基金：400 万元

登记部门：北京市民政局

业务主管单位：北京市红十字会

电话：010－59361353

传真：010－59361351

邮箱：yuruiling999@ sina. com

办公地址：北京市丰台区马家堡东路 71 号立业大厦 1302 室（100068）

网址：http：//www. brcf. org. cn

现任理事长：孙硕鹏

秘书长：于瑞苓

宗旨：开展人道主义救助和公益活动，改善最易受损群体的生存与发展环境。

主要活动领域：教育、卫生保健、医疗救助、安全救灾、青少年、儿童、公共服务

主要财务数据图表

单位：元

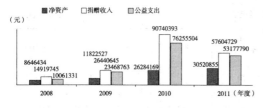

财务指标 \ 年度	2008	2009	2010	2011
净 资 产	8646434	11822527	26284169	30520855
捐赠收入	14919745	26440645	90740393	57604729
公益支出	10061331	23468763	76255504	53177790

196. 台州市黄岩区教育发展基金会 （Taizhou Huangyan Education Development Foundation）

组织机构代码：76641558－4

类别：公募

成立时间：2004 年 9 月 3 日

原始基金：400 万元

登记部门：浙江省民政厅

业务主管单位：浙江省教育厅

电话：0576－84121161

传真：0576－84121161

邮箱：Hy662853@ 126. com

办公地址：浙江省台州市黄岩区机关行政大楼（318020）

网址：无

现任理事长：牟正华

秘书长：林彬

宗旨：资助公益教育，推动教育创新，扶持教育人才，促进教育交流，致力于黄岩教育事业发展。

主要活动领域：教育

主要财务数据图表

单位：元

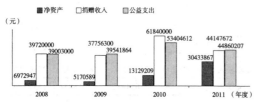

财务指标 \ 年度	2008	2009	2010	2011
净 资 产	6972947	5170589	13129209	30433867
捐赠收入	39720000	37756300	61840000	44147672
公益支出	39003000	39541864	53404612	44860207

197. 舟山市人民教育基金会 (Zhoushan People's Education Foundation)

组织机构代码：50187526 – X

类别：公募

成立时间：1989 年 2 月 1 日

原始基金：400 万元

登记部门：浙江省民政厅

业务主管单位：浙江省教育厅

电话：0580 – 2063210

传真：0580 – 2027108

邮箱：wyn@ zhoushan. gov. cn

办公地址：浙江省舟山市临城定沈路 423

号（316000）

网址：无

现任理事长：王世和

秘书长：梁宏伟

宗旨：为推动全社会关心和支持教育，筹集资金，促进舟山市教育事业发展；为社会主义物质文明和精神文明建设培养有理想、有道德、有文化、有纪律的新一代。

主要活动领域：教育

主要财务数据图表　　　　单位：元

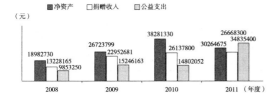

财务指标 \ 年度	2008	2009	2010	2011
净资产	18982730	26723799	38281330	30264675
捐赠收入	13228165	22952681	26137800	26668300
公益支出	9853250	15246163	14802052	34835400

198. 宁乡县教育基金会 (Ningxiang Education Foundation)

组织机构代码：77007470 – 0

类别：公募

成立时间：2005 年 3 月 4 日

原始基金：400 万元

登记部门：湖南省民政厅

业务主管单位：长沙市教育局

电话：0731 – 87892188

传真：0731 – 87892481

邮箱：nxjyjjh7892188@ 163. com

办公地址：湖南省宁乡县玉潭镇文书路 4 号（410600）

网址：http：//jijin. hnnxedu. cn

现任理事长：王斌

秘书长：曾上游

宗旨：遵守宪法、法律和国家政策，遵守社会道德风尚，通过资金筹集，友好交流，促进宁乡县教育事业的发展。

主要活动领域：教育

主要财务数据图表　　　　单位：元

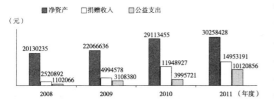

财务指标 \ 年度	2008	2009	2010	2011
净资产	20130235	22066636	29113455	30258428
捐赠收入	2520892	4994578	11948927	14953191
公益支出	1102066	3108380	3995721	10120856

199. 浙江省人民教育基金会 （Zhejiang People's Education Foundation）

组织机构代码：77828245 - 9

类别：公募

成立时间：1989 年 2 月 10 日

原始基金：400 万元

登记部门：浙江省民政厅

业务主管单位：浙江省教育厅

电话：0571 - 88008938

传真：0571 - 88008938

邮箱：zguangtou@ sohu. com

办公地址：浙江省杭州市下城区文晖路 321 号（310014）

网址：无

现任理事长：黄新茂

秘书长：钟心诚

宗旨：弘扬尊师重教的优良传统，促进浙江省教育事业的改革和发展，推动"教育强省"建设。

主要活动领域：教育

主要财务数据图表

单位：元

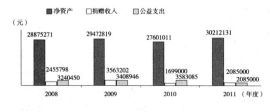

财务指标 \ 年度	2008	2009	2010	2011
净 资 产	28875271	29472819	27601011	30212131
捐赠收入	2455798	3563202	1699000	2085000
公益支出	3240450	3408946	3583085	2085000

200. 无锡市见义勇为基金会 （Wuxi Foundation for Justice and Courage）

组织机构代码：50917281 - X

类别：公募

成立时间：2000 年 7 月 27 日

原始基金：400 万元

登记部门：江苏省民政厅

业务主管单位：江苏省公安厅

电话：0510 - 81133086

传真：0510 - 82222072

邮箱：wxpolice@ 163. com

办公地址：江苏省无锡市崇安区崇宁路 58 号（214000）

网址：http://www. wxjyyw. com

现任理事长：韩军

秘书长：边宪华

宗旨：发扬中华民族传统美德，倡导见义勇为，弘扬社会正气，鼓励人民群众同违法犯罪和治安灾害事故作斗争，为促进社会主义现代化建设创造良好的社会环境。

主要活动领域：见义勇为

主要财务数据图表

单位：元

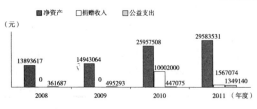

财务指标 \ 年度	2008	2009	2010	2011
净 资 产	13893617	14943064	25957508	29583531
捐赠收入	0	0	10002000	1567074
公益支出	361687	495293	447075	1349140

附表一 200 公募基金会 2011 年度主要财务数据排名表

基金会名称	净资产数额（元）	排名	捐赠收入数额（元）	排名	公益事业支出数额（元）	排名
河南省宋庆龄基金会	3064916348	1	393949514	6	299392639	8
上海市慈善基金会	1713759166	2	734791067	1	502162456	3
中国教育发展基金会	986390882	3	347675174	7	950802939	1
中国残疾人福利基金会	745700362	4	334834446	9	315216805	6
中华全国体育基金会	744436876	5	45679788	70	39553443	63
上海市大学生科技创业基金会	710639987	6	1137674	523	11263564	194
中国红十字基金会	641364209	7	166676312	15	309091878	7
中国青少年发展基金会	570917078	8	258928235	12	265926663	10
上海市拥军优属基金会	568140415	9	2405500	437	22534972	113
上海宋庆龄基金会	486569109	10	445094825	5	28709765	87
中国光华科技基金会	483541877	11	566659246	3	545904366	2
中国扶贫基金会	482164646	12	239463622	13	262425686	11
上海市体育发展基金会	417537035	13	13320466	205	15846436	160
中国儿童少年基金会	404533448	14	338664225	8	250582901	12
四川省青少年发展基金会	401317625	15	58653636	50	106178518	21
广东省扶贫基金会	395248781	16	455756432	4	284219910	9
中国妇女发展基金会	371857233	17	323609604	10	216021428	14
中国癌症基金会	336313924	18	691819072	2	477956658	4
上海市老年基金会	334651555	19	74601337	34	63073138	38
中国宋庆龄基金会	281256542	20	169828435	14	167766411	15
中国绿化基金会	246417366	21	314610928	11	245463147	13
上海市教育发展基金会	239889945	22	30575418	103	52378116	49

基金会名称	净资产数额（元）	排名	捐赠收入数额（元）	排名	公益事业支出数额（元）	排名
广州市番禺区教育基金会	235891467	23	63312598	42	7162559	251
爱德基金会	219211395	24	89791159	24	79612728	28
广州市教育基金会	214195243	25	2849473	418	5606823	283
中国光彩事业基金会	212376234	26	114347678	18	131863006	17
中国青年创业就业基金会	212299530	27	61070000	48	98994586	22
中国科学技术大学教育基金会	201042408	28	62236066	43	13018399	180
瑞安市人民教育基金会	191716578	29	50338800	60	111120674	19
中国公民警英烈基金会	188610983	30	12321480	219	16935984	147
深圳市警察基金会	178149254	31	16462189	163	12803320	183
广东省公安民警医疗救助基金会	175524677	32	3000000	412	5291000	292
中国发展研究基金会	171004437	33	44323635	72	33069726	77
广州市交通建设管理基金会	170861279	34	—	—	10008000	206
上海文化发展基金会	152570428	35	39202661	81	84602822	27
中国法律援助基金会	151897936	36	13909297	199	66980255	34
佛山市顺德区教育基金会	150704216	37	40296830	79	9007937	220
厦门市教育基金会	148869149	38	49525406	62	66357766	35
伊金霍洛旗人民教育基金会	144822791	39	128940000	17	5477500	284
常州市见义勇为基金会	144073017	40	64057500	40	1218689	530
上海公安盾基金会	130170911	41	3010000	411	8265090	233
中华环境保护基金会	125952837	42	39969783	80	39085985	64
广州市职工济难基金会	125807394	43	623532	587	23747708	102
中山市教育基金会	125387828	44	63441377	41	7480837	244
中国友好和平发展基金会	124224982	45	74559449	35	27464873	91

基金会名称	净资产数额（元）	排名	捐赠收入数额（元）	排名	公益事业支出数额（元）	排名
东莞市医疗教济基金会	124151074	46	9220436	251	8119916	237
中国绿色碳汇基金会	123322848	47	61093863	47	69573334	31
广东省见义勇为基金会	122661819	48	-	-	3358815	366
广东省繁荣粤剧基金会	120696611	49	-	-	4081547	335
广西民族教育发展基金会	118412198	50	3320360	396	7397622	245
中国博士后科学基金会	118180413	51	1346	732	460560000	5
湖南省公安民警基金会	112134836	52	12592870	217	16419998	153
湖南省教育基金会	110962912	53	6766000	294	12853160	182
杭州市送温暖工程基金会	108425390	54	51026226	58	67279714	33
广州市科技进步基金会	106264464	55	-	-	2843413	388
上海市民帮困互助基金会	105960594	56	46575871	68	39783588	62
中国检察官教育基金会	104893791	57	53335000	57	34776941	73
中国志愿服务基金会	104016212	58	139915632	16	136896644	16
浙江省农业技术推广基金会	103915760	59	1000000	541	7788553	240
温岭市人民教育基金会	99431551	60	82923300	30	98680800	23
中国航天基金会	99047647	61	2108000	454	22670559	111
广州市见义勇为基金会	95045327	62	303000	641	5333606	290
中华见义勇为基金会	92045115	63	8528825	262	9384686	214
山东省教育基金会	91355070	64	61288857	46	43278699	59
盐城市见义勇为基金会	89738699	65	624000	586	2690026	398
湖北省教育基金会	89619955	66	25238658	122	15407828	162
湖北省扶贫基金会	89293843	67	61539152	45	55321197	46
上海市中小学幼儿教师奖励基金会	88338623	68	-	-	6206878	264

基金会名称	净资产数额（元）	排名	捐赠收入数额（元）	排名	公益事业支出数额（元）	排名
中国华侨公益基金会	88323466	69	73744489	37	72688123	30
泰州市见义勇为基金会	88018081	70	25428500	120	597800	620
南昌市教育基金会	87165038	71	78516314	32	43655767	58
中华思源工程扶贫基金会	86919288	72	98013668	21	61252456	43
中国禁毒基金会	86795531	73	12297700	220	7596089	243
深圳壹基金公益基金会	86494830	74	108132561	20	68470822	32
东莞市见义勇为基金会	86177107	75	-	-	6790982	254
上海科普教育发展基金会	85357783	76	15396935	176	18827429	136
云南省见义勇为基金会	83183255	77	29812059	105	2810070	389
浙江省青少年发展基金会	83007317	78	26025233	118	24779149	101
江苏省文化艺术发展基金会	81503185	79	1000000	540	3326315	368
中国人口福利基金会	81159734	80	83332495	29	62768429	41
中华少年儿童慈善救助基金会	80577312	81	85996566	27	56303158	44
中国社会福利基金会	79603023	82	85773455	28	36925625	67
青岛市教育发展基金会	79430457	83	43891218	74	21169791	121
广州市花都区教育基金会	79267322	84	64600000	39	23488149	104
上海市职工帮困基金会	78723298	85	1489077	500	23217564	106
富阳市人民教育基金会	76495438	86	15511200	173	12513000	186
江苏省见义勇为基金会	74633352	87	3800000	378	3873114	344
徐州市见义勇为基金会	73857656	88	150000	678	2450250	421
上海市黄浦区教育基金会	73087451	89	-	-	5283605	293
广东省禁毒基金会	72910531	90	250000	651	3451450	361
广东省青少年发展基金会	72008740	91	47658443	64	32407755	79

基金会名称	净资产数额（元）	排名	捐赠收入数额（元）	排名	公益事业支出数额（元）	排名
广州市公安民警基金会	70527997	92	18712460	147	11765673	192
淮安市慈善基金会	69542008	93	22005262	132	14536718	169
镇江市见义勇为基金会	68632105	94	13005000	209	2263433	432
深圳市教育发展基金会	68250152	95	1805571	482	5340485	289
湖南省青少年发展基金会	67187022	96	46947685	67	33118378	76
大连慈善基金会	67039318	97	87754994	25	74351854	29
广州市振兴粤剧基金会	66933240	98	760000	568	2407983	422
广东省体育基金会	64175756	99	150000	673	604223	618
浙江省义乌市教育基金会	63947646	100	109403608	19	92877823	25
上海浦东新区社会发展基金会	63164391	101	16246881	165	16183996	157
江苏省发展体育基金会	62451255	102	27575451	114	17392967	144
厦门市红十字基金会	61231060	103	10520430	231	15488632	161
昆山市慈善基金会	58652123	104	58189617	51	15308623	163
中国老龄事业发展基金会	58224155	105	36124608	89	26206199	97
西安交通大学教育基金会	58004791	106	56544200	54	31272995	82
江苏省法律援助基金会	57615670	107	4080000	368	1872168	468
湖北省青少年发展基金会	57209365	108	50883592	59	35134084	69
中国民航科普基金会	57089835	109	7302500	282	23000592	108
中国职工发展基金会	56922472	110	5740000	316	2140000	442
北京志愿服务基金会	56677342	111	799983	561	22250893	115
淮安市见义勇为基金会	56563435	112	14901500	183	3216127	370
北京市体育基金会	56483243	113	14159290	193	16065980	159
福建富闽基金会	56368598	114	6000000	307	8236363	235

基金会名称	净资产数额（元）	排名	捐赠收入数额（元）	排名	公益事业支出数额（元）	排名
缙云县人民教育基金会	56002956	115	42916040	76	23166200	107
云南省青少年发展基金会	55780484	116	44984178	71	63664621	37
汕头市公益基金会	54821227	117	5385143	327	4359356	324
北京青少年发展基金会	53735662	118	32915538	96	42974508	60
深圳市见义勇为基金会	53342689	119	300	734	2998586	381
湖北省见义勇为基金会	52752799	120	1500	731	2128262	444
吉林大学教育基金会	52047399	121	37157706	85	9087569	219
平阳县人民教育基金会	51941434	122	19152000	142	30888600	84
中华健康快车基金会	51396942	123	43404608	75	26362736	96
中国下一代教育基金会	51323361	124	56069970	55	26376229	95
台州市路桥区教育发展基金会	51165824	125	57691450	52	55386761	45
成都市教育基金会	51082915	126	19090508	143	16155956	158
中国马克思主义研究基金会	50738645	127	1200000	521	3717002	350
中国文学艺术基金会	50672213	128	38482125	82	119297816	18
连云港市见义勇为基金会	50621030	129	15339200	178	6003205	270
中国国际文化交流基金会	49736718	130	7608778	276	2503740	416
宁波市人民教育基金会	49627850	131	16368600	164	1953007	457
成都大熊猫繁育研究基金会	49509012	132	11713838	224	13011719	181
广东省振兴科技基金会	49428998	133	—	—	1580000	489
广东省教育基金会	48901611	134	15463636	175	14515709	170
中国初级卫生保健基金会	48316604	135	92497294	22	90586675	26
重庆市红十字基金会	47372008	136	18157489	154	16529815	151
厦门市老年基金会	47254340	137	7748170	273	3959664	341

基金名称	净资产数额（元）	排名	捐赠收入数额（元）	排名	公益事业支出数额（元）	排名
云南省公安民警英烈基金会	47087891	138	212000	657	2053661	450
北京市公安民警抚助基金会	46642838	139	28604541	110	16317852	155
中国华文教育基金会	46485266	140	78689398	31	111042844	20
北京文化艺术基金会	46470156	141	—	—	16381965	154
无锡市滨湖区慈善基金会	46201408	142	23101051	129	30356766	86
中国煤矿尘肺病防治基金会	46114814	143	12747084	216	9909824	208
河南省公安民警英烈基金会	45698487	144	14439482	188	10356797	203
山西省残疾人福利基金会	44153806	145	37991958	83	7970244	239
绍兴县人民教育基金会	43723004	146	29277192	106	18885940	133
南通市通州区慈善基金会	43664038	147	11422423	226	4704466	308
苍南县人民教育基金会	42696130	148	75851639	33	65934366	36
中国留学人才发展基金会	42190264	149	49670094	61	17426486	143
常州市武进区见义勇为基金会	42181630	150	31100000	101	364736	668
上海市发展文响乐事业基金会	42167978	151	14754904	185	728599	587
中国金融教育发展基金会	41898935	152	66000	703	5712091	279
宁波市鄞州区人民教育基金会	41686288	153	37036978	86	32890020	78
河北省青少年教育基金会	41334318	154	14326600	189	21443203	120
嘉兴市教育基金会	41240422	155	28448079	113	19550546	128
广州市残疾人福利基金会	41230073	156	1906704	475	11227728	195
启东市慈善基金会	40258606	157	16236814	166	14453679	171
重庆市教育发展基金会	40238433	158	25564839	119	17898862	140
中国孔子基金会	40085181	159	2774486	425	5303946	291
象山县人民教育基金会	39492027	160	32264595	97	44997373	54

続表

基金会名称	净资产数额（元）	排名	捐赠收入数额（元）	排名	公益事业支出数额（元）	排名
贵州省贵阳市"两湖一库"环境保护基金会	38935724	161	1100	733	4326503	327
苏州市见义勇为基金会	38777693	162	1730030	484	1698426	480
兴化市慈善基金会	38686930	163	3782233	380	2873821	386
内蒙古自治区青少年发展基金会	38525374	164	9970715	236	17911999	139
舟山市普陀区人民教育基金会	37912241	165	31259375	99	17371844	145
临海市人民教育基金会	37499273	166	87684995	26	97155800	24
中国西部人才开发基金会	37470870	167	33360000	95	18132250	137
上海汽车工业教育基金会	37109533	168	—	—	1470269	504
贵州省青少年发展基金会	37079687	169	36311636	88	34205548	74
北京奥运城市发展基金会	36733932	170	12900000	212	9887099	209
绍兴市人民教育基金会	36686362	171	18108500	155	15180059	165
云南省生物多样性保护基金会	36177576	172	6300000	299	350230	672
陕西省老龄事业发展基金会	36173659	173	1556350	493	2310385	430
江苏省残疾人福利基金会	35976994	174	13421760	204	9795930	210
安徽省青少年发展基金会	35617051	175	30351157	104	22215200	116
中国经济改革研究基金会	35600725	176	1450300	503	3469335	359
中国健康促进基金会	35366861	177	35713845	90	38624491	65
北京市温暖基金会	35001430	178	18374122	152	22808806	109
山东省公安民警爱心慈善基金会	34176599	179	8265500	268	2526162	413
沈阳市职工爱心慈善基金会	32943627	180	13683401	200	8263266	234
中国肝炎防治基金会	32933437	181	35097124	92	36124187	68
首都见义勇为基金会	32916524	182	4032800	370	6787500	255
陕西省宋庆龄基金会	32795325	183	6821965	292	1331843	520

· 110 ·

基金会名称	净资产数额（元）	排名	捐赠收入数额（元）	排名	公益事业支出数额（元）	排名
诸暨市人民教育基金会	32781649	184	74345711	36	63022309	39
海门市慈善基金会	32714308	185	15206141	180	9546863	213
广东省潮剧发展与改革基金会	32688245	186	516400	596	1211364	533
如皋市慈善基金会	32280949	187	15799513	171	16481967	152
上海市爱心帮教基金会	32258665	188	2671497	428	2357656	425
中国预防性病艾滋病基金会	31897920	189	16114188	169	10929417	198
广西青少年发展基金会	31544087	190	29082002	107	30509590	85
云南滇池保护治理基金会	31447755	191	36758	716	1949000	458
贵州省送温暖基金会	31430433	192	201000	659	78639	770
浙江省宁海县人民教育基金会	31121950	193	49279337	63	44545602	56
玉环县人民教育基金会	30945214	194	20765200	138	13590550	177
北京市红十字基金会	30520855	195	57604729	53	53177790	48
台州市黄岩区教育发展基金会	30433867	196	44147672	73	44860207	55
舟山市人民教育基金会	30264675	197	26668300	115	34835400	72
宁乡县教育基金会	30258428	198	14953191	182	10120856	204
浙江省人民教育基金会	30212131	199	2085000	456	2085000	448
无锡市见义勇为基金会	29583531	200	1567074	492	1349140	518

注：本表中的主要财务数据排名是在全国895家公募基金会中的排名。

非公募基金会
（200家）

中国基金会 500 名录（2013）
CHINESE FOUNDATION 500
DIRECTORY（2013）

1. 清华大学教育基金会（Tsinghua University Education Foundation）

组织机构代码： 50000691 - 9

类别： 非公募

成立时间： 1994 年 1 月 25 日

原始基金： 2000 万元

登记部门： 民政部

业务主管单位： 教育部

电话： 010 - 62783964

传真： 010 - 62785959

邮箱： jjh@ tsinghua. edu. cn

办公地址： 北京市海淀区清华大学动振小楼 2 层（100084）

网址： http://www. tuef. org. cn

现任理事长： 程建平

秘书长： 宋军

宗旨： 遵守宪法、法律、法规和国家政策，遵守社会道德风尚，为社会公益事业服务，为推动我国教育事业的发展，提高教育质量和学术水平，争取国内外团体和个人的支持和捐助。

主要活动领域： 教育、科学研究

主要财务数据图表　　　　单位：元

财务指标＼年度	2008	2009	2010	2011
净资产	819523025	1087883536	1493650642	2018761631
捐赠收入	360582858	408366599	687628724	1047011399
公益支出	172848692	227200339	364919270	577424244

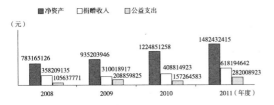

2. 北京大学教育基金会（Peking University Education Foundation）

组织机构代码： 50001801 - 2

类别： 非公募

成立时间： 1995 年 7 月 4 日

原始基金： 2000 万元

登记部门： 民政部

业务主管单位： 教育部

电话： 010 - 62759066

传真： 010 - 62755998

邮箱： pkuef@ pku. edu. cn

办公地址： 北京市海淀区颐和园路 5 号北京大学镜春园 75 号（100871）

网址： http://www. pkuef. org

现任理事长： 朱善璐

秘书长： 邓娅

宗旨： 遵守宪法、法律、法规和国家政策，遵守社会道德规范，致力于加强北京大学与国内外各界的联系和合作，促进北京大学教学、科学研究和高新技术开发事业的发展。

主要活动领域： 教育、安全救灾、国际事务、科学研究

主要财务数据图表　　　　单位：元

财务指标＼年度	2008	2009	2010	2011
净资产	783165126	935203946	1224851258	1482432415
捐赠收入	358209135	310018917	408814923	618194642
公益支出	105637771	208859825	157264583	282008923

3. 老牛基金会（Lao Niu Foundation）

组织机构代码：66731539 – 3

类别：非公募

成立时间：2004 年 12 月 4 日

原始基金：200 万元

登记部门：内蒙古自治区民政厅

业务主管单位：内蒙古自治区人民政府金

融工作办公室

电话：0471 – 3250166

传真：0471 – 3250833

邮箱：lnf@ lnfund. org

办公地址：内蒙古自治区呼和浩特市如意区敕勒川大街东方君座 F 座 22 层（市公安局对面）（010010）

网址：http：//www. lnfund. org

现任理事长：宗丽娜

秘书长：雷永胜

宗旨：发展公益事业，构建和谐社会。

主要活动领域：教育、环境、卫生保健、医疗救助、"三农"

主要财务数据图表

单位：元

财务指标 \ 年度	2008	2009	2010	2011
净 资 产	251257	56555369	1150694563	1029227896
捐赠收入	2000000	67827927	269054554	8335359
公益支出	3640140	10833000	73539813	100207300

4. 神华公益基金会（Shenhua Foundation）

组织机构代码：50002191 – 6

类别：非公募

成立时间：2010 年 7 月 1 日

原始基金：20000 万元

登记部门：民政部

业务主管单位：民政部

电话：010 – 57339204

传真：010 – 57339204

邮箱：shgyjjh@ shenhua. cc

办公地址：北京市东城区安定门西滨河路 22 号神华大厦（100011）

网址：http：//www. shf. org. cn/sy

现任理事长：凌文

秘书长：翟日成

宗旨：奉献神华爱心，支持公益事业，促进社会和谐发展。

主要活动领域：教育、安全救灾、扶贫助困

主要财务数据图表

单位：元

财务指标 \ 年度	2008	2009	2010	2011
净 资 产	–	–	195863932	824644315
捐赠收入	–	–	0	824838954
公益支出	–	–	4875000	208414664

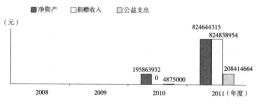

5. 浙江大学教育基金会（Zhejiang University Education Foundation）

组织机构代码：50002017 - 1

类别：非公募

成立时间：2006 年 7 月 27 日

原始基金：5000 万元

登记部门：民政部

业务主管单位：教育部

电话：0571 - 88981073

传真：0571 - 88981283

邮箱：zuef@ zju. edu. cn

办公地址：浙江省杭州市拱墅区余杭塘路866 号浙江大学校友活动中心（李摩西楼）（310058）

网址：http://www. zuef. zju. edu. cn

现任理事长：金德水

秘书长：张美凤

宗旨：汇八方涓流，襄教育伟业，全面支持和推动浙江大学的建设和发展。

主要活动领域：教育、科学研究

主要财务数据图表

单位：元

财务指标\年度	2008	2009	2010	2011
净资产	372470604	472127242	657446156	805597294
捐赠收入	65700863	121430057	278880409	203453252
公益支出	47856074	38702848	115533551	70296131

6. 南京大学教育发展基金会（Nanjing University Education Development Foundation）

组织机构代码：50915800 - 3

类别：非公募

成立时间：2005 年 4 月 30 日

原始基金：5000 万元

登记部门：江苏省民政厅

业务主管单位：江苏省教育厅

电话：025 - 83597581

传真：025 - 83593982

邮箱：foundation@ nju. edu. cn

办公地址：江苏省南京市鼓楼区汉口路22 号南京大学北园树华楼（210093）

网址：http://njuef. nju. edu. cn

现任理事长：洪银兴

秘书长：刘晓丽

宗旨：遵守宪法、法律、法规、规章和国家政策，遵守社会道德规范，致力于加强南京大学与国内外各界的联系和合作，募集办学资金，奖励、资助南京大学师生，推动南京大学教育事业的发展。

主要活动领域：教育、科学研究

主要财务数据图表

单位：元

财务指标\年度	2008	2009	2010	2011
净资产	195339593	232803921	441270636	631530881
捐赠收入	167436844	117636002	247467435	240819495
公益支出	133110543	83255608	44854618	65205242

7. 上海交通大学教育发展基金会（Shanghai Jiao Tong University Education Development Foundation）

组织机构代码：50177798 - 5

类别：非公募

成立时间：2005 年 1 月 27 日

原始基金：1000 万元

登记部门：上海市民政局

业务主管单位：上海市教育委员会

电话：021 - 54742201

传真：021 - 54742202

邮箱：present@ sjtu. org

办公地址：上海市闵行区东川路 800 号老

行政楼 204 室（200240）

网址：http：//foundation. sjtu. edu. cn

现任理事长：马德秀

秘书长：马磊

宗旨：为推动上海交通大学教育事业的发展，多渠道筹集办学资金，争取国内外的企业、社会团体、个人的支持和捐助，提高教育质量和学术水平。

主要活动领域：教育、国际事务

主要财务数据图表　　　　单位：元

财务指标＼年度	2008	2009	2010	2011
净资产	352687132	368665583	467673600	500329125
捐赠收入	139729933	45035726	113734918	129346165
公益支出	28324068	41722333	44289526	71686815

8. 东南大学教育基金会（Southeast University Education Foundation）

组织机构代码：50915806 - 2

类别：非公募

成立时间：2005 年 10 月 31 日

原始基金：8000 万元

登记部门：江苏省民政厅

业务主管单位：江苏省教育厅

电话：025 - 83792305

传真：025 - 83792305

邮箱：seuef@ seu. edu. cn

办公地址：江苏省南京玄武区四牌楼 2 号

（210096）

网址：http：//seuef. seu. edu. cn

现任理事长：郭广银

秘书长：谢建明

宗旨：遵守中华人民共和国宪法、法律、法规、规章和国家政策，遵守社会道德风尚，致力于加强东南大学与国内外各界的联系和合作，筹措资金，推动东南大学教育事业的发展。

主要活动领域：教育、科学研究

主要财务数据图表　　　　单位：元

财务指标＼年度	2008	2009	2010	2011
净资产	71675903	209986947	267182677	340579222
捐赠收入	57712096	149612733	76030804	90607088
公益支出	64031130	12214351	19689866	22235290

9. 上海汽车工业科技发展基金会（Shanghai Automotive Industry Sci – Tech Development Foundation）

组织机构代码：50177647 – 2

类别：非公募

成立时间：1996 年 2 月 14 日

原始基金：6000 万元

登记部门：上海市民政局

业务主管单位：上海市经济和信息化委员会

电话：021 – 22011216

传真：021 – 22011777

邮箱：hailing@ saic. com. cn

办公地址：上海市静安区威海路 489 号上汽大厦 2103 室（200041）

网址：http：//www. saic – stdf. com

现任理事长：陈虹

秘书长：干频

宗旨：为上海汽车工业的科技进步、高新技术推广应用、人才培养、经济发展等作贡献，为实现上海汽车工业战略目标服务。

主要活动领域：科学研究

主要财务数据图表　　　　　　　　　　　　单位：元

财务指标 \ 年度	2008	2009	2010	2011
净 资 产	328976708	329224538	329129038	329005833
捐赠收入	0	0	100000	0
公益支出	2189188	5620000	1685000	2200000

10. 中国和平发展基金会（China Foundation for Peace and Development）

组织机构代码：71782867 – 3

类别：非公募

成立时间：2011 年 1 月 14 日

原始基金：30100 万元

登记部门：民政部

业务主管单位：中共中央对外联络部

电话：010 – 68186377

传真：010 – 68186387

邮箱：lixu_ cfpd@163. com

办公地址：北京市海淀区万寿路 15 号院 17 号楼（100142）

网址：http：//www. cfpd. org. cn

现任理事长：孙家正

秘书长：徐镇绥

宗旨：支持中国有关机构和组织参与国际交流与合作，开展国际公益活动，促进世界和平发展与共同繁荣。

主要活动领域：国际事务

主要财务数据图表　　　　　　　　　　　　单位：元

财务指标 \ 年度	2008	2009	2010	2011
净 资 产	–	–	–	303804804
捐赠收入	–	–	–	–
公益支出	–	–	–	3519724

11. 瀛公益基金会 （Ying Foundation）

组织机构代码：50002199 – 1

类别：非公募

成立时间：2010 年 11 月 17 日

原始基金：2000 万元

登记部门：民政部

业务主管单位：共青团中央委员会

电话：010 – 68486670

传真：010 – 68486671

邮箱：haifei61@163.com

办公地址：北京市海淀区中关村南大街 1 号北京友谊宾馆苏园写字楼 278 室（100873）

网址：http://www.ybc.org.cn

现任理事长：周长奎

秘书长：海飞

宗旨：扶持青年创业。

主要活动领域：创业

主要财务数据图表
单位：元

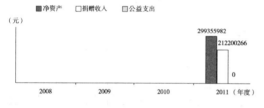

财务指标 \ 年度	2008	2009	2010	2011
净 资 产	–	–	–	299355982
捐赠收入	–	–	–	212200266
公益支出	–	–	–	0

12. 中远慈善基金会 （COSCO Charity Foundation）

组织机构代码：50001994 – 7

类别：非公募

成立时间：2005 年 12 月 20 日

原始基金：10000 万元

登记部门：民政部

业务主管单位：民政部

电话：010 – 66492459

传真：010 – 66492423

邮箱：xieyanping@cosco.com

办公地址：北京市西城区复兴门内大街 158 号远洋大厦 1502 室（100031）

网址：http://www.coscocharity.org

现任理事长：宋大伟

秘书长：孙月英

宗旨：弘扬民族精神，奉献中远爱心，支持公益事业，促进社会和谐与发展。

主要活动领域：教育、社区发展、扶贫助困

主要财务数据图表
单位：元

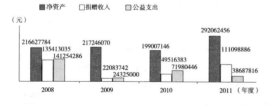

财务指标 \ 年度	2008	2009	2010	2011
净 资 产	216627784	217246070	199007146	292062456
捐赠收入	135413035	22083742	49516383	111098886
公益支出	141254286	24325000	71980446	38687816

13. 北京师范大学教育基金会（Beijing Normal University Education Foundation）

组织机构代码：79850115 - 3
类别：非公募
成立时间：2007 年 1 月 30 日
原始基金：400 万元
登记部门：北京市民政局
业务主管单位：北京市教育委员会
电话：010 - 58802083
传真：010 - 58800368
邮箱：bnuef@ bnu. edu. cn

办公地址：北京市海淀区新街口外大街 19 号北京师范大学京师大厦 9903 室（100875）
网址：http：//www. bnuef. org
现任理事长：刘川生
秘书长：范立双
宗旨：通过奖励、资助，提高教育科研水平，推动教育事业发展。
主要活动领域：教育、科学研究

主要财务数据图表　　　　　　单位：元

财务指标＼年度	2008	2009	2010	2011
净资产	54551376	111363325	196136838	238922777
捐赠收入	59348205	86058641	118680693	116566761
公益支出	12505338	30837532	36269459	81096386

14. 上海民生艺术基金会（Shanghai Minsheng Arts Foundation）

组织机构代码：50178142 - 3
类别：非公募
成立时间：2010 年 9 月 21 日
原始基金：200 万元
登记部门：上海市民政局
业务主管单位：上海市文化广播影视管理局
电话：021 - 62828729
传真：021 - 62829129

邮箱：info@ minshengart. com
办公地址：上海市长宁区淮海西路 570 号 F 座（200050）
网址：无
现任理事长：周铁海
秘书长：刘佳
宗旨：借助社会各界力量，筹集资金，推动艺术大众化，促进上海市艺术的发展。
主要活动领域：艺术

主要财务数据图表　　　　　　单位：元

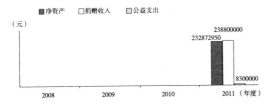

财务指标＼年度	2008	2009	2010	2011
净资产	–	–	–	232872950
捐赠收入	–	–	–	238800000
公益支出	–	–	–	8300000

15. 南京航空航天大学教育发展基金会 （Nanjing University of Aeronautics and Astronautics Education Development Foundation）

组织机构代码：50915813 – 4

类别：非公募

成立时间：2006 年 4 月 10 日

原始基金：500 万元

登记部门：江苏省民政厅

业务主管单位：江苏省教育厅

电话：025 – 84892423

传真：025 – 84892423

邮箱：xyzh@ nuaa. edu. cn

办公地址：江苏省南京市白下区御道街 29 号 – F1（210016）

网址：无

现任理事长：陈夏初

秘书长：庄群华

宗旨：遵守中华人民共和国宪法、法律、规章和国家政策，遵守社会道德风尚，致力于加强南京航空航天大学与境内外各界的联系与合作，募集办学资金，奖励、资助南京航空航天大学师生，推动南京航空航天大学教育事业的发展。

主要活动领域：教育、科学研究

主要财务数据图表
单位：元

财务指标＼年度	2008	2009	2010	2011
净 资 产	60885321	108984766	159673805	219120121
捐赠收入	36902791	53604623	65608256	71606582
公益支出	5482290	5714260	15198879	14007415

16. 泛海公益基金会 （Oceanwide Foundation）

组织机构代码：50002193 – 2

类别：非公募

成立时间：2010 年 10 月 25 日

原始基金：20000 万元

登记部门：民政部

业务主管单位：中共中央统战部

电话：010 – 85259917

传真：010 – 85259898

邮箱：oceanwidefund@ 126. com

办公地址：北京市东城区建国门内大街 28 号民生金融中心 3 幢 25 层 C08（100005）

网址：无

现任理事长：卢晓云

秘书长：余政

宗旨：构建富强、文明、和谐社会。

主要活动领域：安全救灾、扶贫助困

主要财务数据图表
单位：元

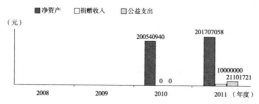

财务指标＼年度	2008	2009	2010	2011
净 资 产	–	–	200540940	201707058
捐赠收入	–	–	0	10000000
公益支出	–	–	0	21101721

17. 上海工商界爱国建设特种基金会 （Shanghai Business Special Foundation for Patriotic Construction）

组织机构代码：50177387 – X

类别：非公募

成立时间：1993 年 1 月 8 日

原始基金：10000 万元

登记部门：上海市民政局

业务主管单位：上海市商务委员会

电话：021 – 64811953

传真：021 – 64393171

邮箱：ajjjh09@ sina. com

办公地址：上海市徐汇区零陵路 585 号 11 – H（200030）

网址：无

现任理事长：任文燕

秘书长：倪乐园

宗旨：发扬上海工商界爱国建设的传统精神，为上海的改革、发展、稳定和促进民营企业发展作贡献。

主要活动领域：教育、老年人

主要财务数据图表　　　　单位：元

财务指标＼年度	2008	2009	2010	2011
净资产	198180240	198120032	198092974	198071284
捐赠收入	0	0	0	0
公益支出	5193318	4972624	6109163	4865779

18. 南京林业大学教育发展基金会 （Nanjing Forestry University Education Development Foundation）

组织机构代码：50915930 – 5

类别：非公募

成立时间：2008 年 7 月 10 日

原始基金：500 万元

登记部门：江苏省民政厅

业务主管单位：江苏省教育厅

电话：025 – 85427976

传真：025 – 85427976

邮箱：nlxy@ njfu. edu. cn

办公地址：江苏省南京市玄武区龙蟠路 159 号（210037）

网址：http：// xy. njfu. edu. cn

现任理事长：陈景欢

秘书长：杨志奎

宗旨：遵守宪法、法律、法规和国家政策，争取海内外团体和个人的支持和捐助，妥善管理和运营基金，推动南京林业大学的事业发展，提高教育质量和办学水平。

主要活动领域：教育、科学研究

主要财务数据图表　　　　单位：元

财务指标＼年度	2008	2009	2010	2011
净资产	10708365	53282143	135307260	197695637
捐赠收入	19199449	57153392	94221857	86308950
公益支出	13079975	14575000	12692000	26725000

19. 北京市中国人民大学教育基金会（**Renmin University of China Education Foundation**）

组织机构代码：76935420 – 3

类别：非公募

成立时间：2004 年 12 月 8 日

原始基金：200 万元

登记部门：北京市民政局

业务主管单位：北京市教育委员会

电话：010 – 62511426

传真：010 – 62512341

邮箱：edfruc@ ruc. edu. cn

办公地址：北京市海淀区中关村大街 59 号中国人民大学科研楼 B 座 904 室（100872）

网址：http：// rucef. ruc. edu. cn

现任理事长：程天权

秘书长：查显友

宗旨：筹集、接受、管理捐赠资金，促进学校教育、科研事业发展。

主要活动领域：教育、科学研究

主要财务数据图表

单位：元

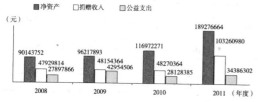

财务指标＼年度	2008	2009	2010	2011
净 资 产	87249973	103821097	167362253	190658872
捐赠收入	42402933	83087045	192127540	93157299
公益支出	44663135	68961772	135596025	75564900

20. 上海复旦大学教育发展基金会（**Shanghai Fudan University Education Development Foundation**）

组织机构代码：50177914 – 7

类别：非公募

成立时间：2004 年 6 月 1 日

原始基金：400 万元

登记部门：上海市民政局

业务主管单位：上海市教育委员会

电话：021 – 55664930

传真：021 – 65648138

邮箱：service@ fuedf. org

办公地址：上海市杨浦区邯郸路 220 号复旦大学 1 号楼 1 楼（200433）

网址：http：// cn. fuedf. org

现任理事长：朱之文

秘书长：冯晓源

宗旨：遵守宪法、法律、法规和国家政策，遵守社会道德风尚，汇八方涓流，襄教育事业，支持和推动上海市高等教育的长远建设和发展。

主要活动领域：教育、医疗救助、科学研究

主要财务数据图表

单位：元

财务指标＼年度	2008	2009	2010	2011
净 资 产	90143752	96217893	116972271	189276664
捐赠收入	47929814	48154364	48270364	103260980
公益支出	27897866	42954506	28128385	34386302

21. 友成企业家扶贫基金会（China Social Entrepreneur Foundation）

组织机构代码： 50002039 - 0

类别： 非公募

成立时间： 2007 年 3 月 1 日

原始基金： 2000 万元

登记部门： 民政部

业务主管单位： 国务院扶贫开发领导小组办公室

电话： 010 - 84861231

传真： 010 - 84861213

邮箱： youcheng@youcheng.org

办公地址： 北京朝阳区新源南路 6 号京城大厦 1805 室（100022）

网址： http：//www.youcheng.org

现任理事长： 王平

秘书长： 王平

宗旨： 探索中国公益领域的创新之路，成为推动人类公正和谐发展的重要力量，为发现并支持以社会创新的方法解决社会问题的"新公益"领袖，建设跨界合作的"新公益"服务网络和平台作贡献。

主要活动领域： 文化、医疗救助、安全救灾、国际事务、志愿服务、残疾、扶贫助困、公益事业发展

主要财务数据图表

单位：元

财务指标 \ 年度	2008	2009	2010	2011
净 资 产	93861132	136980683	193769945	185800816
捐赠收入	51135073	30449964	79158945	40120640
公益支出	24441806	9689310	27646233	32903067

22. 南京信息大学教育发展基金会（Nanjing University of Information Science and Technology Education Development Foundation）

组织机构代码： 50915803 - 8

类别： 非公募

成立时间： 2005 年 10 月 21 日

原始基金： 825 万元

登记部门： 江苏省民政厅

业务主管单位： 江苏省教育厅

电话： 025 - 58731515

传真： 025 - 58731331

邮箱： cwc@nuist.edu.cn

办公地址： 江苏省南京市浦口区盘城新街 114 号新政楼（210044）

网址： 无

现任理事长： 刘一平

秘书长： 华兴夏

宗旨： 募集办学资金，奖励、资助南京信息工程大学师生，推动南京信息工程大学教育事业发展。

主要活动领域： 教育、科学研究

主要财务数据图表

单位：元

财务指标 \ 年度	2008	2009	2010	2011
净 资 产	93315237	128616002	160291763	182723772
捐赠收入	41926497	43196194	46883857	37287300
公益支出	6125900	7970477	15415300	15198000

23. 南京审计学院教育发展基金会 （Nanjing Audit University Education Development Foundation）

组织机构代码：50915826 - 5

类别：非公募

成立时间：2006 年 7 月 26 日

原始基金：5000 万元

登记部门：江苏省民政厅

业务主管单位：江苏省教育厅

电话：025 - 58318217

传真：025 - 58318217

邮箱：chenj@ nau. edu. cn

办公地址：江苏省南京市浦口区江浦街道雨

山路 86 号南京审计学院中和楼（211815）

网址：http://fund. nau. edu. cn

现任理事长：时现

秘书长：杨杰

宗旨：促进南京审计学院教育事业的建设和发展，加强与社会各界的联系和合作，多渠道筹集办学资金，争取企业、社会团体、个人的支持和捐助，提高教育质量和学术水平。

主要活动领域：教育

主要财务数据图表　　　　　　　单位：元

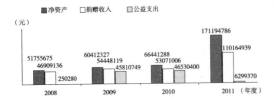

财务指标 \ 年度	2008	2009	2010	2011
净 资 产	31024650	80943706	103442126	180680906
捐赠收入	23586000	90118557	62147479	73839146
公益支出	1832460	40622403	56481899	15021306

24. 江苏大学教育发展基金会 （Jiangsu University Education Development Foundation）

组织机构代码：50915900 - 6

类别：非公募

成立时间：2007 年 12 月 24 日

原始基金：5000 万元

登记部门：江苏省民政厅

业务主管单位：江苏省教育厅

电话：0511 - 88791339

传真：0511 - 88791339

邮箱：xyh@ ujs. edu. cn

办公地址：江苏省镇江市京口区学府路 301 号行政 2 号楼江苏大学发展办（212013）

网址：http://fzb. ujs. edu. cn/pub/cms/jjh/zhangcheng

现任理事长：陈龙

秘书长：全力

宗旨：遵守中华人民共和国宪法、法律、法规、规章和国家政策，遵守社会道德风尚，致力于加强江苏大学与国内外各界的联系和合作，募集办学资金，奖励、资助江苏大学师生，推动江苏大学教育事业的发展。

主要活动领域：教育、科学研究

主要财务数据图表　　　　　　　单位：元

财务指标 \ 年度	2008	2009	2010	2011
净 资 产	51755675	60412327	66441288	171194786
捐赠收入	46909136	54448119	53071006	110164939
公益支出	250280	45810749	46530400	6299370

25. 上海唐君远教育基金会 （Shanghai Tang Junyuan Education Foundation）

组织机构代码：50177738 - 7

类别：非公募

成立时间：1999 年 5 月 27 日

原始基金：4000 万元

登记部门：上海市民政局

业务主管单位：中共上海市委统战部

电话：021 - 54049788

传真：021 - 54049788

邮箱：weihua_ mao@ email. com

办公地址：上海市徐汇区长乐路 339 弄甲

支弄 9 号 （200031）

网址：http：// www. junyuan. org

现任理事长：唐翔千

秘书长：杨安澜

宗旨：本着教育为立国之本，人才为建设之基础的精神，遵照国家培养德、智、体、美全面发展的建设者和接班人的教育方针，支持教育事业，鼓励青少年勤奋学习，立志成才，报效祖国。

主要活动领域：教育

主要财务数据图表　　　　　　　单位：元

财务指标 \ 年度	2008	2009	2010	2011
净资产	170520914	169993123	169697628	169480941
捐赠收入	2322000	2173000	7980000	7447570
公益支出	12809103	8309819	12271198	10528968

26. 陕西省府谷县教育基金会 （Shaanxi Fugu Education Foundation）

组织机构代码：56376423 - 1

类别：非公募

成立时间：2010 年 11 月 2 日

原始基金：16000 万元

登记部门：陕西省民政厅

业务主管单位：陕西省教育厅

电话：0912 - 8755721

传真：0912 - 8755722

邮箱：8755722@ 163. com

办公地址：陕西省榆林市府谷县教育局办公大楼内 （719400）

网址：无

现任理事长：柴瑞生

秘书长：吴继忠

宗旨：动员和鼓励全县企事业单位、社会团体和个人捐资奖优助学，推动府谷教育事业发展。

主要活动领域：教育

主要财务数据图表　　　　　　　单位：元

财务指标 \ 年度	2008	2009	2010	2011
净资产	-	-	175085691	163384568
捐赠收入	-	-	160000000	0
公益支出	-	-	0	13760000

27. 慈济慈善事业基金会 （Tzuchi Foundation）

组织机构代码：50002095 - 6
类别：非公募
成立时间：2008 年 1 月 14 日
原始基金：10000 万元
登记部门：民政部
业务主管单位：国家宗教事务局
电话：0512 - 80990980
传真：0512 - 65162885
邮箱：cntzuchi@ tzuchi. org. cn
办公地址：江苏省苏州市姑苏区景德路 367

号 （215003）
网址：http：//www. tzuchi. org. cn
现任理事长：释证严
秘书长：林碧玉
宗旨：以开展社会救济、医疗卫生及资助教育、文化事业和活动等慈善事业为目标，使社会上的弱势群体能得到关爱与协助，使人人富有爱心，服务于和谐社会的构建。
主要活动领域：教育、安全救灾

主要财务数据图表 单位：元

财务指标\年度	2008	2009	2010	2011
净资产	95617556	130586360	128848793	161836189
捐赠收入	18370759	151034763	172144906	129427993
公益支出	22765497	118232856	177251013	96370173

28. 厦门大学教育发展基金会 （Xiamen University Education Development Foundation）

组织机构代码：78690068 - 3
类别：非公募
成立时间：2006 年 3 月 20 日
原始基金：1000 万元
登记部门：福建省民政厅
业务主管单位：福建省教育厅
电话：0592 - 2185511
传真：0592 - 2185000
邮箱：wangxj@ xmu. edu. cn
办公地址：福建省厦门市思明区思明南路
422 号厦门大学颂恩楼 （361005）

网址：http：//http：//edf. xmu. edu. cn
现任理事长：王豪杰
秘书长：李建发
宗旨：遵守中华人民共和国宪法、法律、法规、规章和国家政策，遵守社会道德风尚，致力于加强厦门大学与国内外校友和社会各界的联系和合作，募集办学资金，奖励、资助厦门大学师生，推动厦门大学教育事业的发展。
主要活动领域：教育、科学研究

主要财务数据图表 单位：元

财务指标\年度	2008	2009	2010	2011
净资产	18711610	36178968	95637894	137768489
捐赠收入	4833541	20920088	62315538	46946571
公益支出	4833541	1545183	5420599	7742038

29. 福建新华都慈善基金会 （Fujian New Huadu Charity Foundation）

组织机构代码：69438867 - 8

类别：非公募

成立时间：2009 年 9 月 30 日

原始基金：10000 万元

登记部门：福建省民政厅

业务主管单位：福建省农委办

电话：0591 - 87987983

传真：0591 - 87987982

邮箱：nqq77@ sina. com

办公地址：福建省福州市鼓楼区五四路

162 号华城国际北楼 28 层（350003）

网址：http：//www. nhdfoundation. org

现任理事长：陈发树

秘书长：林丹娘

宗旨：帮扶救困，关注弱势群体，开展多种形式的救助工作，协助政府发展慈善公益事业，促进社会文明进步。

主要活动领域：教育、医疗救助、公益事业发展

主要财务数据图表　　　　　　　　　单位：元

财务指标 \ 年度	2008	2009	2010	2011
净 资 产	-	97587314	108830264	132408721
捐赠收入	-	100000000	100000000	100000000
公益支出	-	2373000	88895980	78833440

30. 腾讯公益慈善基金会 （Tencent Foundation）

组织机构代码：50002061 - 4

类别：非公募

成立时间：2007 年 6 月 26 日

原始基金：2000 万元

登记部门：民政部

业务主管单位：民政部

电话：0755 - 86013388

传真：0755 - 86013152

邮箱：reagandou@ tencent. com

办公地址：广东省深圳市南山区高新科技

园科技中一路腾讯大厦 35 层（518057）

网址：http：// gongyi. qq. com/tccf

现任理事长：翟红新

秘书长：郭凯天

宗旨：致力公益慈善事业，关爱青少年成长，倡导企业公民责任，推动社会和谐进步。

主要活动领域：教育、环境、医疗救助、安全救灾、志愿服务、扶贫助困、公益事业发展

主要财务数据图表　　　　　　　　　单位：元

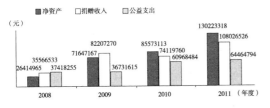

财务指标 \ 年度	2008	2009	2010	2011
净 资 产	26414965	71647167	85573113	130223318
捐赠收入	35566533	82207270	74119760	108026526
公益支出	37418255	36731615	60968484	64464794

31. 华民慈善基金会 （Huamin Charity Foundation）

组织机构代码：50002097－2

类别：非公募

成立时间：2008 年 3 月 11 日

原始基金：20000 万元

登记部门：民政部

业务主管单位：民政部

电话：010－85120939

传真：010－85120937

邮箱：admin@ chinahuamin. org

办公地址：北京市东城区西总布胡同 13

号 （100005）

网址：http：//www. chinahuamin. org

现任理事长：卢德之

秘书长：郭军奇

宗旨：在市场经济条件下，秉承诚信、专业、规范、透明和高效的原则，探索发展中国特色现代慈善事业，推动社会和谐和进步。

主要活动领域：就业、安全救灾、老年人

主要财务数据图表

单位：元

财务指标 \ 年度	2008	2009	2010	2011
净资产	194898723	171118587	142817013	126579706
捐赠收入	11066812	800000	1567558	11379118
公益支出	14633764	22240089	27161662	25234989

32. 中国人寿慈善基金会 （China Life Charity Foundation）

组织机构代码：50002044－6

类别：非公募

成立时间：2007 年 6 月 16 日

原始基金：5000 万元

登记部门：民政部

业务主管单位：民政部

电话：010－63631130

传真：010－66575112

邮箱：zhaoxiaomei@ e－chinalife. com

办公地址：北京市西城区金融大街 16 号

中国人寿广场 A 座 12 层 （100033）

网址：http：//www. e－chinalife. com/about－us/commonweal. html

现任理事长：万峰

秘书长：王义杰

宗旨：支持公益慈善事业，促进社会和谐与发展。

主要活动领域：教育、卫生保健、医疗救助、"三农"、安全救灾、儿童、残疾、扶贫助困

主要财务数据图表

单位：元

财务指标 \ 年度	2008	2009	2010	2011
净资产	44729867	83397732	102831635	124697144
捐赠收入	58793404	30692114	39662732	30002900
公益支出	69346939	16319144	21183585	9263207

33. 南京师范大学教育发展基金会 （Nanjing Normal University Education Development Foundation）

组织机构代码：50915911 - 8

类别：非公募

成立时间：2006 年 2 月 17 日

原始基金：3000 万元

登记部门：江苏省民政厅

业务主管单位：江苏省教育厅

电话：025 - 85891993

传真：025 - 85891993

邮箱：nsjky231@ 163. com

办公地址：江苏省南京市栖霞区仙林大学城文苑路 1 号厚生楼（210046）

网址：无

现任理事长：蔡林慧

秘书长：许兰凤

宗旨：遵守中华人民共和国宪法、法律、法规、规章和国家政策，遵守社会道德风尚，致力于加强南京师范大学与国内外各界的联系和合作，募集办学资金，奖励、资助南京师范大学师生，推动南京师范大学教育事业的发展。

主要活动领域：教育、科学研究

主要财务数据图表　　　　单位：元

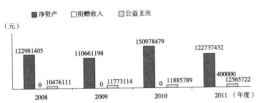

财务指标＼年度	2008	2009	2010	2011
净资产	48767830	70435816	90164408	123298516
捐赠收入	33783298	47007861	55389628	61514257
公益支出	18957601	25400000	35668110	30314580

34. 宝钢教育基金会 （Baosteel Education Foundation）

组织机构代码：50001978 - 7

类别：非公募

成立时间：2005 年 12 月 20 日

原始基金：5000 万元

登记部门：民政部

业务主管单位：教育部

电话：021 - 26646814

传真：021 - 26642835

邮箱：bsef@ baosteel. com

办公地址：上海市宝山区四元路 19 号主楼 502 室（200941）

网址：http：//www. bsef. baosteel. com

现任理事长：刘国胜

秘书长：樊纯诗

宗旨：奖掖优秀人才，力行尊师重教，推动产业合作，支持教育发展。

主要活动领域：教育

主要财务数据图表　　　　单位：元

财务指标＼年度	2008	2009	2010	2011
净资产	122981405	110661198	150978479	122737432
捐赠收入	0	0	0	400000
公益支出	10476111	11773114	11885789	12565722

35. 宁波大学教育发展基金会 （Ningbo University Education Development Foundation）

组织机构代码：50188357 - 7

类别：非公募

成立时间：2007 年 1 月 17 日

原始基金：400 万元

登记部门：浙江省民政厅

业务主管单位：浙江省教育厅

电话：0574 - 87609025

传真：0574 - 87600900

邮箱：sunaifen63@163.com

办公地址：浙江省宁波市江北区风华路

818 号 （315211）

网址：无

现任理事长：郑孟状

秘书长：王幼芳

宗旨：为推动大学教育事业的发展，多渠道筹集办学资金，争取海内外"宁波帮"人士、国内外校友、各界热心友好人士或企事业单位、社会团体、个人的支持和捐助，提高教育质量和学术水平。

主要活动领域：教育、科学研究

主要财务数据图表

单位：元

财务指标 \ 年度	2008	2009	2010	2011
净资产	94140680	102461933	103009669	121329751
捐赠收入	61863117	10375698	8169814	22358615
公益支出	5129242	6343344	11890261	9662193

36. 榆林市胡星元慈善基金会 （Yulin Hu Xingyuan Charity Foundation）

组织机构代码：79075031 - 5

类别：非公募

成立时间：2006 年 6 月 16 日

原始基金：275 万元

登记部门：陕西省民政厅

业务主管单位：陕西省民政厅

电话：0912 - 32531291

传真：0912 - 3253129

邮箱：zhaoqinfen1955@163.com

办公地址：陕西省榆林市榆阳区新建北路11 号 （719000）

网址：无

现任理事长：赵勤奋

秘书长：郭有凯

宗旨：遵照胡星元先生遗嘱意愿，发展文化、教育、卫生等公益事业，扶贫救灾，奖教助学。

主要活动领域：文化、教育、儿童

主要财务数据图表

单位：元

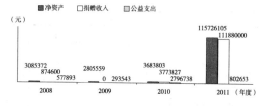

财务指标 \ 年度	2008	2009	2010	2011
净资产	3085372	2805559	3683803	115726105
捐赠收入	874600	0	3773827	111880000
公益支出	577893	293543	2796738	802653

37. 中科院研究生教育基金会 （Chinese Academy of Sciences Graduate Education Foundation）

组织机构代码：50002159 - 6
类别：非公募
成立时间：2009 年 11 月 23 日
原始基金：10000 万元
登记部门：民政部
业务主管单位：中国科学院
电话：010 - 88256165
传真：010 - 88256165
邮箱：songxia@ gucas. ac. cn
办公地址：北京市海淀区玉泉路 19 号甲

中科院研究生院办公楼 252 室（100049）
网址：http：//www. casgef. cn
现任理事长：郭传杰
秘书长：苗建明
宗旨：遵守中华人民共和国宪法、法律、法规和国家政策，遵守社会道德风尚，致力于加强中国科学院研究生院与国内外各界的联系和合作，促进中国科学院研究生教育事业的改革与创新，推动我国教育事业的发展。
主要活动领域：教育

主要财务数据图表

单位：元

■净资产 □捐赠收入 ■公益支出
（元）
103175832　113032041
1146067　12528510
900370　8263415
2008　2009　2010　2011 （年度）

财务指标 \ 年度	2008	2009	2010	2011
净 资 产	–	–	103175832	113032041
捐赠收入	–	–	1146067	12528510
公益支出	–	–	900370	8263415

38. 上海增爱基金会 （Shanghai Morelove Foundation）

组织机构代码：50178063 - 1
类别：非公募
成立时间：2008 年 5 月 7 日
原始基金：400 万元
登记部门：上海市民政局
业务主管单位：上海市民政局
电话：021 - 65637710
传真：021 - 65637810
邮箱：zengaijijin@ 163. com
办公地址：上海市杨浦区控江路 2026 弄 9 号（200092）

网址：http：//www. morelove. org. cn
现任理事长：胡锦星
秘书长：曹大立
宗旨：开展和推动以民间组织为主体的社会公益事业及各类相关活动；广泛动员社会各界力量捐资赠物，为发展社会慈善事业、宣传慈善文化、增强公民意识作贡献，充分运用社会可用资源来造福社会，为构建社会主义和谐社会做出努力。
主要活动领域：文化、教育、安全救灾、儿童、残疾、公益事业发展

主要财务数据图表

单位：元

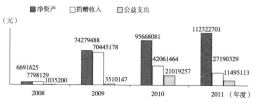

■净资产 □捐赠收入 ■公益支出
（元）
6691625　74279488　95668081　112322701
7798129　70445178　42061464　27190329
1035200　3510147　21019257　11495113
2008　2009　2010　2011 （年度）

财务指标 \ 年度	2008	2009	2010	2011
净 资 产	6691625	74279488	95668081	112322701
捐赠收入	7798129	70445178	42061464	27190329
公益支出	1035200	3510147	21019257	11495113

39. 南京中医药大学教育发展基金会（Nanjing University of Chinese Medicine Education Development Foundation）

组织机构代码：50915838 - 8

类别：非公募

成立时间：2006 年 6 月 23 日

原始基金：400 万元

登记部门：江苏省民政厅

业务主管单位：江苏省教育厅

电话：025 - 85811047

传真：025 - 85811008

邮箱：njwl1980@ gmail. com

办公地址：江苏省南京市栖霞区仙林大道138 号（210046）

网址：无

现任理事长：陈涤平

秘书长：夏登杰

宗旨：接受社会捐赠，奖励优秀师生，资助贫困学生，支持学校建设。

主要活动领域：教育、科学研究

主要财务数据图表　　　　　单位：元

财务指标 \ 年度	2008	2009	2010	2011
净 资 产	28321045	45183766	76709388	110632044
捐赠收入	37070486	40162202	48501437	63362431
公益支出	44341100	23506900	17385400	29419933

40. 广东省中山大学教育发展基金会（Sun Yat - Sen University Education Development Foundation）

组织机构代码：76731202 - 6

类别：非公募

成立时间：2004 年 9 月 23 日

原始基金：400 万元

登记部门：广东省民政厅

业务主管单位：广东省民政厅

电话：020 - 84113188

传真：020 - 84038165

邮箱：edf@ mail. sysu. edu. cn

办公地址：广东省广州市海珠区新港西路135 号中山大学东北区 333 号 2 楼（510275）

网址：http：// edf. edaao. sysu. edu. cn

现任理事长：郑德涛

秘书长：李汉荣

宗旨：在遵守国家宪法、法律、法规和国家政策，遵守社会道德风尚的前提下，汇八方涓流，襄教育伟业，全面支持和推动中山大学的长远建设和发展，加快中山大学进入国际知名、国内一流大学行列的进程。

主要活动领域：教育、科学研究

主要财务数据图表　　　　　单位：元

财务指标 \ 年度	2008	2009	2010	2011
净 资 产	68038257	77860959	105598977	109658493
捐赠收入	46702652	55473197	77972234	69033893
公益支出	29702126	47891677	50452236	63536011

41. 国家电网公益基金会 （**Grid Welfare Foundation**）

组织机构代码：50002133 - 4

类别：非公募

成立时间：2009 年 3 月 12 日

原始基金：10000 万元

登记部门：民政部

业务主管单位：民政部

电话：010 - 66598383

传真：010 - 66598395

邮箱：xinsheng - lin@ sgcc. com. cn

办公地址：北京市西城区西长安街 86 号

（100031）

网 址：http：// www. sgcc. com. cn/ sgcc _ csr/ publicbenefits/ foundation

现任理事长：曹志安

秘书长：王增志

宗旨：积极履行电网企业社会责任，奉献爱心，支持社会公益事业，促进社会和谐发展。

主要活动领域：教育、老年人、残疾、扶贫助困

主要财务数据图表 单位：元

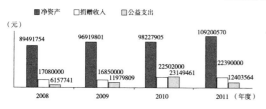

财务指标 \ 年度	2008	2009	2010	2011
净 资 产	-	100000000	100974303	109487334
捐赠收入	-	100000000	20500000	32100000
公益支出	-	0	20500000	24900000

42. 北京景山教育基金会 （**Beijing Jingshan Education Foundation**）

组织机构代码：50030554 - 8

类别：非公募

成立时间：1993 年 7 月 20 日

原始基金：200 万元

登记部门：北京市民政局

业务主管单位：北京市东城区人民政府

电话：010 - 51695598

传真：010 - 51695598

邮箱：zoujia39@163. com

办公地址：北京市东城区灯市口大街 53 号 （100006）

网址：无

现任理事长：陈茹珊

秘书长：范棣燕

宗旨：通过社会筹集捐赠资金，奖励优秀师生，促进教育科研发展。

主要活动领域：教育

主要财务数据图表 单位：元

财务指标 \ 年度	2008	2009	2010	2011
净 资 产	89491754	96919801	98227905	109200570
捐赠收入	17080000	16850000	22502000	22390000
公益支出	6157741	11979809	23149461	12403564

43. 南京工业大学教育发展基金会（Nanjing University of Technology Education Development Foundation）

组织机构代码：50915854 - 8

类别：非公募

成立时间：2007 年 3 月 12 日

原始基金：400 万元

登记部门：江苏省民政厅

业务主管单位：江苏省教育厅

电话：025 - 83239999

传真：025 - 83239999

邮箱：office@ njut. edu. cn

办公地址：江苏省南京市鼓楼区中山北路

200 号行政楼（210009）

网址：无

现任理事长：王德明

秘书长：万永敏

宗旨：遵守中华人民共和国宪法、法律、法规、规章和国家政策，遵守社会道德风尚，致力于加强南京工业大学与国内外各界的联系和合作，募集办学资金，奖励、资助南京工业大学师生，推进南京工业大学教育事业的发展。

主要活动领域：教育

主要财务数据图表
单位：元

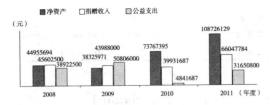

财务指标 年度	2008	2009	2010	2011
净 资 产	44955694	38325971	73767395	108726129
捐赠收入	45602500	43988000	39931687	66047784
公益支出	38922500	50806000	4841687	31650800

44. 江苏海澜教育发展基金会（Jiangsu Hailan Education Development Foundation）

组织机构代码：50915965 - 5

类别：非公募

成立时间：2008 年 11 月 24 日

原始基金：10000 万元

登记部门：江苏省民政厅

业务主管单位：江苏省教育厅

电话：0510 - 86121388

传真：0510 - 86121388

邮箱：无

办公地址：江苏省江阴市新桥镇陶新路 8

号（214426）

网址：无

现任理事长：赵国荣

秘书长：何莹

宗旨：遵守中华人民共和国宪法、法律、法规、规章和国家政策，致力公益慈善事业，关爱青少年成长，倡导企业公民责任，推动社会和谐进步。

主要活动领域：教育

主要财务数据图表
单位：元

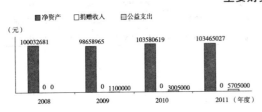

财务指标 年度	2008	2009	2010	2011
净 资 产	100032681	98658965	103580619	103465027
捐赠收入	0	0	0	0
公益支出	0	1100000	3005000	5705000

45. 广东省华南理工大学教育发展基金会（Guangdong South China University of Technology Education Development Foundation）

组织机构代码：66820222 – 7

类别：非公募

成立时间：2007 年 11 月 5 日

原始基金：400 万元

登记部门：广东省民政厅

业务主管单位：广东省教育厅

电话：020 – 22236976

传真：020 – 87110668

邮箱：scutef@ scut. edu. cn

办公地址：广东省广州市天河区五山路

381 号华南理工大学 1 号楼 2 楼东侧 1202 室（510640）

网址：http://www. scutef. org

现任理事长：杜小明

秘书长：陈艳

宗旨：遵守国家宪法、法律、法规和国家政策，遵守社会道德风尚，发动和凝聚社会各方力量，支持华南理工大学的发展。

主要活动领域：教育、科学研究

主要财务数据图表　　　　　单位：元

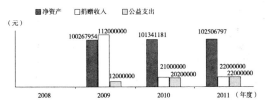

财务指标＼年度	2008	2009	2010	2011
净资产	19622721	31333686	75948895	103146134
捐赠收入	12259464	28014827	72218255	67824383
公益支出	208960	16000402	26609657	41531309

46. 中国移动慈善基金会（China Mobile Charity Foundation）

组织机构代码：50002146 – 5

类别：非公募

成立时间：2009 年 7 月 13 日

原始基金：10000 万元

登记部门：民政部

业务主管单位：民政部

电话：010 – 52686688

传真：010 – 66006065

邮箱：13601279556@139. com

办公地址：北京市西城区金融大街 29 号（100140）

网址：http://10086. cn/cishan

现任理事长：李跃

秘书长：王红梅

宗旨：支持和开展公益慈善事业，推动和谐社会构建，促进可持续发展。

主要活动领域：教育、医疗救助、安全救灾、儿童、公共服务

主要财务数据图表　　　　　单位：元

财务指标＼年度	2008	2009	2010	2011
净资产	–	100267954	101341181	102506797
捐赠收入	–	112000000	21000000	22000000
公益支出	–	12000000	20200000	22000000

47. 扬州大学教育发展基金会 （Yangzhou University Education Development Foundation）

组织机构代码：50915967 - 1

类别：非公募

成立时间：2008 年 12 月 3 日

原始基金：5000 万元

登记部门：江苏省民政厅

业务主管单位：江苏省教育厅

电话：0514 - 87979272

传真：0514 - 87311374

邮箱：yjyou@ yzu. edu. cn

办公地址：江苏省扬州市维扬区大学南路

88 号扬州大学行政楼 102 室 （225009）

网址：http://xyh. yzu. edu. cn/col/col6789/index. html

现任理事长：陈耀

秘书长：张武

宗旨：为推动扬州大学教育事业的发展，多渠道筹集办学资金，争取国内外的企业、社会团体、个人的支持和捐助，提高教育质量和学术水平。

主要活动领域：教育、科学研究

主要财务数据图表 单位：元

财务指标 年度	2008	2009	2010	2011
净资产	5002780	62043751	68312001	101728691
捐赠收入	0	32294485	33319840	55469528
公益支出	0	20279200	27115306	22320794

48. 南都公益基金会 （Narada Foundation）

组织机构代码：50002051 - 8

类别：非公募

成立时间：2007 年 5 月 11 日

原始基金：10000 万元

登记部门：民政部

业务主管单位：民政部

电话：010 - 51656856

传真：010 - 59070038

邮箱：naradafoundation@ gmail. com

办公地址：北京市朝阳区朝外大街甲 6 号万通中心 C 座 1505 室 （100020）

网址：http://www. naradafoundation. org

现任理事长：徐永光

秘书长：刘洲鸿

宗旨：支持民间公益，为使人人怀有希望作贡献。

主要活动领域：教育、创业、安全救灾、志愿服务、公益事业发展

主要财务数据图表 单位：元

财务指标 年度	2008	2009	2010	2011
净资产	101050065	105866339	105847643	100799173
捐赠收入	63665925	14210000	12402549	19378316
公益支出	15802331	14317269	21578454	27054645

49. 桃源居公益事业发展基金会 （Taoyuanju Community Development Foundation）

组织机构代码： 50002113 - 1

类别： 非公募

成立时间： 2008 年 7 月 16 日

原始基金： 10000 万元

登记部门： 民政部

业务主管单位： 民政部

电话： 0755 - 27498105

传真： 0755 - 27498105

邮箱： tyjjjh@ 163. com

办公地址： 广东省深圳市宝安区桃源居桃源大厦 7 楼 （518126）

网址： http：// www. mytyj. org

现任理事长： 杨虹

秘书长： 张敏

宗旨： 推进中国社区建设，发展社区民间组织；利用社区劳动力，发展社区经济，完善社区服务，培育社区福利，积累社区资本；创建社区自救自助、民主自治的公共服务体系。

主要活动领域： 文化、教育、卫生保健、妇女、老年人、社区发展、体育

主要财务数据图表　　　　　　　　　　　　　　单位：元

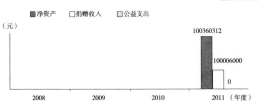

财务指标＼年度	2008	2009	2010	2011
净 资 产	100458561	100025067	100526985	100789836
捐赠收入	0	3800000	1500000	4100000
公益支出	317700	8037000	8100000	10336195

50. 宁波鄞州银行公益基金会 （Yinzhou Bank Welfare Foundation）

组织机构代码： 50188452 - 9

类别： 非公募

成立时间： 2011 年 9 月 9 日

原始基金： 10000 万元

登记部门： 浙江省民政厅

业务主管单位： 浙江省民政厅

电话： 0574 - 87412391

传真： 0574 - 87412387

邮箱： service@ beebf. org

办公地址： 浙江省宁波市鄞州区民惠西路 88 号鄞州银行 12 楼基金会办公室 （315192）

网址： http：// www. beebf. org

现任理事长： 孙建敏

秘书长： 严意娜

宗旨： 践行社会责任，支持慈善事业，促进社会和谐。

主要活动领域： 教育、环境、安全救灾

主要财务数据图表　　　　　　　　　　　　　　单位：元

财务指标＼年度	2008	2009	2010	2011
净 资 产	-	-	-	100360312
捐赠收入	-	-	-	100006000
公益支出	-	-	-	0

51. 安利公益基金会 （Amway Charity Foundation）

组织机构代码：71782872－9

类别：非公募

成立时间：2011 年 1 月 24 日

原始基金：10000 万元

登记部门：民政部

业务主管单位：民政部

电话：800－810－8900

传真：010－85182916

邮箱：contact@ amwayfoundation. org

办公地址：北京市东城区东长安街 1 号东方广场 E1 座 11 层（100738）

网址：http：//www. amwayfoundation. org

现任理事长：余放

秘书长：彭翔

宗旨：汇聚爱心，传递温暖，促进人与社会的和谐发展。

主要活动领域：教育、青少年、儿童

主要财务数据图表　　　　　单位：元

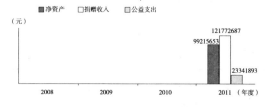

财务指标 年度	2008	2009	2010	2011
净资产	-	-	-	99215653
捐赠收入	-	-	-	121772687
公益支出	-	-	-	23341893

52. 上海同济大学教育发展基金会 （Shanghai Tongji University Education Development Foundation）

组织机构代码：50177993－X

类别：非公募

成立时间：2006 年 3 月 26 日

原始基金：400 万元

登记部门：上海市民政局

业务主管单位：上海市教育委员会

电话：021－65985051

传真：021－65983190

邮箱：fund@ tongji. edu. cn

办公地址：上海市杨浦区四平路 1239 号同

济大学综合楼 1906 室（200092）

网址：http：//fund. tongji. edu. cn

现任理事长：周祖翼

秘书长：雷星晖

宗旨：遵守宪法、法律、法规和国家政策，遵守社会道德风尚，汇八方涓流，襄教育事业，支持和推动上海市高等教育的长远建设和发展。

主要活动领域：教育、科学研究

主要财务数据图表　　　　　单位：元

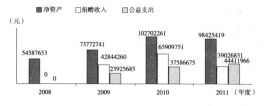

财务指标 年度	2008	2009	2010	2011
净资产	54587653	73772741	102702261	98425419
捐赠收入	0	42844260	65909751	39026831
公益支出	0	23925685	37586675	44411966

53. 纺织之光科技教育基金会（Textile Vision Science and Education Fund）

组织机构代码：50002103 – 5

类别：非公募

成立时间：2008 年 5 月 8 日

原始基金：2000 万元

登记部门：民政部

业务主管单位：国务院国有资产监督管理委员会

电话：010 – 85229540

传真：010 – 85229540

邮箱：fzjj@ ml. ctei. gov. cn

办公地址：北京市东城区东长安街 12 号 540 室（100742）

网址：http：//www. fzjjh. com

现任理事长：陈树津

秘书长：张翠竹

宗旨：继承和发扬新中国纺织工业奠基人钱之光同志为代表的老一辈无产阶级革命家、实业家开创新中国纺织事业的奋斗精神，缅怀钱之光老部长为我国纺织事业所作的卓越贡献，促进纺织科技教育事业发展，振兴我国纺织事业。

主要活动领域：教育、社区发展、科学研究

主要财务数据图表
单位：元

财务指标＼年度	2008	2009	2010	2011
净 资 产	25150869	34670442	65348953	97201951
捐赠收入	0	10080350	32343160	34358077
公益支出	1583758	2038580	3415015	5256798

54. 武汉大学教育发展基金会（Wuhan University Education Development Foundation）

组织机构代码：50358101 – 1

类别：非公募

成立时间：1995 年 10 月 24 日

原始基金：1000 万元

登记部门：湖北省民政厅

业务主管单位：湖北省教育厅

电话：027 – 68756023

传真：027 – 68756503

邮箱：edf@ whu. edu. cn

办公地址：湖北省武汉市武昌区珞珈山武汉大学半山庐（430072）

网址：http：//edf. whu. edu. cn

现任理事长：谢红星

秘书长：钱建国

宗旨：弘扬武汉大学优良传统，加强学校与校友及社会各界的联系，争取校友和社会各界捐赠，促进我国教育事业的发展，提高教育质量和水平，为社会公益事业服务。

主要活动领域：教育、科学研究

主要财务数据图表
单位：元

财务指标＼年度	2008	2009	2010	2011
净 资 产	13924329	20724685	19466047	97095162
捐赠收入	13802453	12079462	10805018	107755285
公益支出	12656649	6886810	11992682	30283255

55. 复旦管理学奖励基金会 （Fudan Premium Foundation of Management）

组织机构代码：50177971 - 0

类别：非公募

成立时间：2005 年 9 月 22 日

原始基金：200 万元

登记部门：上海市民政局

业务主管单位：上海市教育委员会

电话：021 - 55664305

传真：021 - 65648138

邮箱：fpfm_ po@ fudan. edu. cn

办公地址：上海市杨浦区邯郸路 220 号复

旦大学 1 号楼 121 室 （200433）

网址：http：//www. fpfm. org

现任理事长：徐匡迪

秘书长：王基铭

宗旨：奖励我国在管理学领域作出杰出贡
献的工作者，倡导管理学理论符合中国国
情，并密切与实践相结合，推动我国管理
学长远发展，促进我国管理学人才的成
长，提高我国管理学在国际上的学术地位
和影响力。

主要活动领域：教育、科学研究

主要财务数据图表　　　　　　　　单位：元

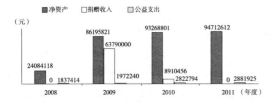

财务指标＼年度	2008	2009	2010	2011
净资产	24084118	86195821	93268801	94712612
捐赠收入	0	63790000	8910456	0
公益支出	1837414	1972240	2822794	2881925

56. 福建省龙岩市李新炎慈善基金会 （Fujian Longyan Li Xinyan Charity Foundation）

组织机构代码：66037216 - 8

类别：非公募

成立时间：2007 年 6 月 26 日

原始基金：1000 万元

登记部门：福建省民政厅

业务主管单位：龙岩市民政局

电话：0597 - 2322669

传真：0597 - 2322616

邮箱：lxycsjjh@ 163. com

办公地址：福建省龙岩市新罗区和平路25
号 （364000）

网址：http：//cishan. w90. 171kj. cn

现任理事长：李新炎

秘书长：王室成

宗旨：弘扬人道主义精神，支持社会慈善
公益事业，促进社会和谐与发展。

主要活动领域：教育、医疗救助、安全救
灾、儿童、扶贫助困

主要财务数据图表　　　　　　　　单位：元

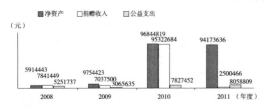

财务指标＼年度	2008	2009	2010	2011
净资产	5914443	9754423	96844819	94173636
捐赠收入	7841449	7037500	95322684	2500466
公益支出	5251737	3065635	7827452	8058809

57. 重庆大学教育基金会（Chongqing University Education Foundation）

组织机构代码：67100261 - 3

类别：非公募

成立时间：2007 年 12 月 29 日

原始基金：400 万元

登记部门：重庆市民政局

业务主管单位：重庆市教育委员会

电话：023 - 65106306

传真：023 - 65111699

邮箱：jyjj@cqu.edu.cn

办公地址：重庆市沙坪坝区沙坪坝正街

174 号重庆大学主教学楼 807 室（400044）

网址：http://jjh.cqu.edu.cn

现任理事长：欧可平

秘书长：张军

宗旨：遵守宪法、法律、法规和国家政策，遵守社会道德风尚，为社会公益事业服务，汇八方涓流，襄教育伟业，全面支持和推动重庆大学的建设和发展。

主要活动领域：教育、科学研究

主要财务数据图表

单位：元

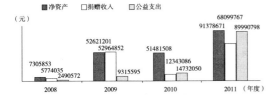

财务指标 \ 年度	2008	2009	2010	2011
净 资 产	7305853	52621201	51481508	91378671
捐赠收入	5774035	52964852	12343086	68099767
公益支出	2490572	9315595	14732050	89990798

58. 江苏南航金城教育发展基金会（Jiangsu Nanhang Jincheng College Education Development Foundation）

组织机构代码：50915818 - 5

类别：非公募

成立时间：2006 年 5 月 16 日

原始基金：200 万元

登记部门：江苏省民政厅

业务主管单位：江苏省教育厅

电话：025 - 87190111

传真：025 - 87190016

邮箱：892437757@qq.com

办公地址：江苏省南京市江宁区禄口街道航金大道 99 号（211156）

网址：无

现任理事长：金卫星

秘书长：黄飞建

宗旨：遵守国家法律、法规，募集办学资金，奖励南航金城学院师生，资助贫困生完成学业。

主要活动领域：教育

主要财务数据图表

单位：元

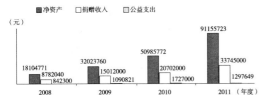

财务指标 \ 年度	2008	2009	2010	2011
净 资 产	18104771	32023760	50985772	91155723
捐赠收入	8782040	15012000	20702000	33745000
公益支出	842300	1090821	1727000	1297649

59. 浙江省新华爱心教育基金会 (Zhejiang Xinhua Compassion Education Foundation)

组织机构代码：50188358 - 5

类别：非公募

成立时间：2007 年 6 月 29 日

原始基金：200 万元

登记部门：浙江省民政厅

业务主管单位：浙江省教育厅

电话：0573 - 85030285

传真：0573 - 85010522

邮箱：info@ xhef. org

办公地址：浙江省平湖市当湖镇新华中路 318 号平湖市新华爱心高级中学 (314200)

网址：http：//www. xhef. org

现任理事长：袁立

秘书长：姚霁光

宗旨：促进教育方式改革，帮助弱势群体。

主要活动领域：教育

主要财务数据图表　　　　单位：元

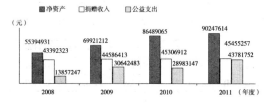

财务指标 \ 年度	2008	2009	2010	2011
净资产	55394931	69921212	86489065	90247614
捐赠收入	43392323	44586413	45306912	45455257
公益支出	13857247	30642483	28983147	43781752

60. 爱佑慈善基金会 (Aiyou Foundation)

组织机构代码：50002104 - 3

类别：非公募

成立时间：2008 年 5 月 6 日

原始基金：2000 万元

登记部门：民政部

业务主管单位：民政部

电话：010 - 59070561

传真：010 - 59070362

邮箱：ay@ ayfoundation. org

办公地址：北京市朝阳区朝外大街甲 6 号万通中心 D 座 1102A (100020)

网址：http：//www. ayfoundation. org

现任理事长：王兵

秘书长：耿源

宗旨：接受并管理捐赠资金，开展社会救助，促进慈善事业发展。

主要活动领域：医疗救助、就业、儿童、残疾

主要财务数据图表　　　　单位：元

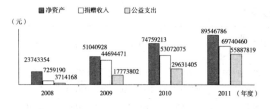

财务指标 \ 年度	2008	2009	2010	2011
净资产	23743354	51040928	74759213	89546786
捐赠收入	7259190	44694471	53072075	69740460
公益支出	3714168	17773802	29631405	55887819

61. 中南大学教育基金会（Central South University Education Foundation）

组织机构代码：71782892 - 1

类别：非公募

成立时间：2011 年 3 月 4 日

原始基金：2000 万元

登记部门：民政部

业务主管单位：教育部

电话：0731 - 88836505

传真：0731 - 88836506

邮箱：csujjh@ 163. com

办公地址：湖南省长沙市岳麓区麓山南路

932 号中南大学校本部三办 601 室、602 室、603 室（410012）

网址：http：// csuef. csu. edu. cn/Block/

现任理事长：高文兵

秘书长：张忠生

宗旨：致力于推动我国教育事业的发展，提高教育质量和学术水平，促进中南大学的建设和发展。

主要活动领域：教育

主要财务数据图表

单位：元

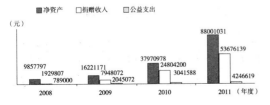

财务指标＼年度	2008	2009	2010	2011
净 资 产	-	-	-	88112409
捐赠收入	-	-	-	72201342
公益支出	-	-	-	5005491

62. 南京理工大学教育发展基金会（Nanjing University of Science and Technology Education Development Foundation）

组织机构代码：50915822 - 2

类别：非公募

成立时间：2006 年 7 月 10 日

原始基金：800 万元

登记部门：江苏省民政厅

业务主管单位：江苏省教育厅

电话：025 - 84317107

传真：025 - 84431339

邮箱：cjianxun@ mail. njust. edu. cn

办公地址：江苏省南京市玄武区孝陵卫街 200 号南京理工大学财务处楼 309 室

（210094）

网址：http：// fund. njust. edu. cn

现任理事长：陈根甫

秘书长：陈建勋

宗旨：遵守中华人民共和国宪法、法律、法规、规章和国家政策，遵守社会道德风尚，致力于加强南京理工大学与国内外各界的联系和合作，募集办学资金，奖励、资助南京理工大学师生，推动南京理工大学教育事业的发展。

主要活动领域：教育、科学研究

主要财务数据图表

单位：元

财务指标＼年度	2008	2009	2010	2011
净 资 产	9857797	16221171	37970978	88001031
捐赠收入	1929807	7948072	24804200	53676139
公益支出	789000	2045072	3041588	4246619

63. 上海市华东师范大学教育发展基金会（Shanghai East China Normal University Education Development Foundation）

组织机构代码：50178047 – 1

类别：非公募

成立时间：2007 年 12 月 28 日

原始基金：500 万元

登记部门：上海市民政局

业务主管单位：上海市教育委员会

电话：021 – 52135094

传真：021 – 52135094

邮箱：foundation@ admin. ecnu. edu. cn

办公地址：上海市普陀区中心北路 3663 号华东师范大学院内校友之家（200062）

网址：http：//foundation. ecnu. edu. cn

现任理事长：童世骏

秘书长：杨伟民

宗旨：争取社会各界的支持和捐助，为提高教学质量和学术水平、推动教师教育事业和社会公益事业的发展服务。

主要活动领域：教育、科学研究

主要财务数据图表

单位：元

财务指标 年度	2008	2009	2010	2011
净 资 产	10305773	18115163	82113324	84033408
捐赠收入	6388269	9034722	75503824	26589770
公益支出	1125449	1408950	12270938	25629566

64. 北京市戏曲艺术发展基金会（Beijing Chinese Opera Art Development Foundation）

组织机构代码：50030969 – 6

类别：非公募

成立时间：1996 年 7 月 30 日

原始基金：200 万元

登记部门：北京市民政局

业务主管单位：北京市文化局

电话：010 – 65101308

传真：010 – 65101532

邮箱：houying95808@ 126. com

办公地址：北京市东城区建国门内大街 7

号长安大戏院（100005）

网址：无

现任理事长：赵洪涛

秘书长：侯莹

宗旨：繁荣和发展北京市的戏曲艺术事业，弘扬民族优秀文化，调动海内外所有关心、支持民族戏曲事业发展的团体、个人的积极性，以筹措发展戏曲艺术的基金。

主要活动领域：艺术

主要财务数据图表

单位：元

财务指标 年度	2008	2009	2010	2011
净 资 产	68929569	74324708	76755705	83278346
捐赠收入	4000835	6100000	70000	4160419
公益支出	4647731	3830248	3941789	5499768

65. 广东省潮汕星河奖基金会（Guangdong Chaoshan Xinghe Award Foundation）

组织机构代码：51536967 - 5

类别：非公募

成立时间：1991 年 3 月 14 日

原始基金：210 万元

登记部门：广东省民政厅

业务主管单位：汕头市委办公室

电话：0754 - 88177939

传真：0754 - 88177938

邮箱：xinghe@ xinghe. org

办公地址：广东省汕头市龙湖区金环路时代广场西侧潮汕星河大厦 8 楼（515041）

网址：http：//www. xinghe. org

现任理事长：林兴胜

秘书长：黄锐英

宗旨：推动全社会关心青少年健康成长，奖励在品德、学业、科技、文学艺术、体育等方面有突出成就的青少年，鼓励、引导青少年沿着有德、有识、有为的方向发展，使之成为振兴中华、建设潮汕、造福社会的跨世纪优秀人才。

主要活动领域：教育、青少年

主要财务数据图表　　　　　　　　单位：元

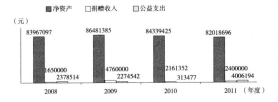

财务指标 \ 年度	2008	2009	2010	2011
净资产	83967097	86481385	84339425	82018696
捐赠收入	1650000	4760000	2161352	2400000
公益支出	2378514	2274542	313477	4006194

66. 万科公益基金会（Vanke Foundation）

组织机构代码：50002117 - 4

类别：非公募

成立时间：2008 年 9 月 4 日

原始基金：5000 万元

登记部门：民政部

业务主管单位：民政部

电话：0755 - 25606666

传真：0755 - 25531696

邮箱：vkf@ vanke. com

办公地址：广东省深圳市盐田区大梅沙黄梅路33 号万科中心（518083）

网址：http：//www. vankefoundation. org

现任理事长：郁亮

秘书长：肖莉

宗旨：倡导公益与志愿精神，推动中国公益事业发展。

主要活动领域：环境、医疗救助、安全救灾、社区发展、公共安全、心理健康

主要财务数据图表　　　　　　　　单位：元

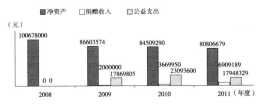

财务指标 \ 年度	2008	2009	2010	2011
净资产	100678000	86603574	84509290	80806679
捐赠收入	0	2000000	3669950	6909189
公益支出	0	17869805	23093600	17948329

67. 浙江正泰公益基金会 （The Commonweal Foundation of Chint）

组织机构代码：50188399 – 9

类别：非公募

成立时间：2009 年 12 月 3 日

原始基金：2000 万元

登记部门：浙江省民政厅

业务主管单位：浙江省民政厅

电话：0571 – 89710106

传真：0571 – 89710106

邮箱：dtxd@ ztgy. org

办公地址：浙江省杭州市下城区中山北路

598 号西子花园柳莺苑 11B （310012）

网址：http：//www. ztgy. org

现任理事长：陈建克

秘书长：胡勇耀

宗旨：关注转型期中国社会发展模式的变革，资助企业与个人自主创新，推动知识产权保护，提倡环保，促进节能减排，组织开展扶贫济困，减灾救灾，推动和谐社会的构建。

主要活动领域：教育、环境、安全救灾

主要财务数据图表

单位：元

年度 财务指标	2008	2009	2010	2011
净 资 产	–	90000000	75823036	77339315
捐赠收入	–	90000000	135320	8540000
公益支出	–	0	13425570	6475874

68. 苏州科技学院教育发展基金会 （Suzhou University of Science and Technology Education Development Foundation）

组织机构代码：50915871 – 6

类别：非公募

成立时间：2007 年 6 月 29 日

原始基金：400 万元

登记部门：江苏省民政厅

业务主管单位：江苏省教育厅

电话：0512 – 68057941

传真：0512 – 68092578

邮箱：rmshen@ mail. usts. edu. cn

办公地址：江苏省苏州市高新区滨河路 1701 号 （215011）

网址：http：//fzgh. usts. edu. cn/article. asp? cat_ id = 4

现任理事长：张毅

秘书长：沈荣铭

宗旨：遵守中华人民共和国宪法、法律、法规、规章和国家政策，遵守社会道德风尚，致力于加强苏州科技学院与国内外各界的联系和合作，募集办学资金，奖励、资助苏州科技学院师生，推动苏州科技学院教育事业的发展。

主要活动领域：教育

主要财务数据图表

单位：元

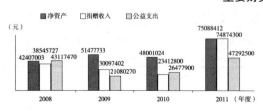

年度 财务指标	2008	2009	2010	2011
净 资 产	42407003	51477733	48001024	75088412
捐赠收入	38545727	30097402	23412800	74874300
公益支出	43117470	21080270	26477900	47292500

69. 无锡公安大病特困救助基金会（Wuxi Police's Foundation for Severe Illness and Poverty Alleviation）

组织机构代码：50916011 – 1

类别：非公募

成立时间：2009 年 11 月 6 日

原始基金：200 万元

登记部门：江苏省民政厅

业务主管单位：江苏省公安厅

电话：0510 – 81133085

传真：0510 – 82222064

邮箱：无

办公地址：江苏省无锡市崇安区崇宁路 58 号无锡市公安局 602 室（214002）

网址：无

现任理事长：王定康

秘书长：孙建平

宗旨：关爱民警、扶危助困、为警分忧、凝聚警心。

主要活动领域：医疗救助、公共安全

主要财务数据图表
单位：元

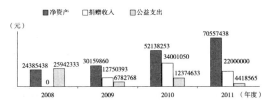

财务指标 \ 年度	2008	2009	2010	2011
净资产	–	25526750	50121081	74626136
捐赠收入	–	13617080	25200000	22612000
公益支出	–	248903	633088	1981592

70. 人保慈善基金会（PICC Charity Foundation）

组织机构代码：50002099 – 9

类别：非公募

成立时间：2008 年 3 月 21 日

原始基金：5000 万元

登记部门：民政部

业务主管单位：民政部

电话：010 – 62625751

传真：010 – 62560149

邮箱：cs@picc.com.cn

办公地址：北京市西城区宣武门东河沿街 69 号（100084）

网址：无

现任理事长：邓昭雨

秘书长：周树瑞

宗旨：彰显保险真谛，奉献人保爱心，致力造福于民，服务和谐社会。

主要活动领域：教育、安全救灾

主要财务数据图表
单位：元

财务指标 \ 年度	2008	2009	2010	2011
净资产	24385438	30159860	52138253	70557438
捐赠收入	0	12750393	34001050	22000000
公益支出	25942333	6782768	12374633	4418565

71. 北京理工大学教育基金会（Beijing Institute of Technology Education Foundation）

组织机构代码：50002167－6

类别：非公募

成立时间：2010年1月11日

原始基金：2000万元

登记部门：民政部

业务主管单位：工业和信息化部

电话：010－68918863

传真：010－68918081

邮箱：bitef@bit.edu.cn

办公地址：北京市海淀区中关村南大街5号北京理工大学主楼110室（100081）

网址：http://ef.bit.edu.cn

现任理事长：郭大成

秘书长：杨宾

宗旨：加强北京理工大学与国内外各界的联系和合作，致力于促进我国教育事业的发展，提高教育质量与学术水平。

主要活动领域：教育、创业、科学研究

主要财务数据图表

单位：元

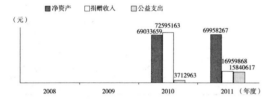

财务指标 \ 年度	2008	2009	2010	2011
净资产	－	－	69033659	69958267
捐赠收入	－	－	72595163	16959868
公益支出	－	－	3712963	15840617

72. 青岛市天泰公益基金会（Qingdao Tiantai Charitable Foundation）

组织机构代码：69969037－4

类别：非公募

成立时间：2010年1月19日

原始基金：212万元

登记部门：山东省民政厅

业务主管单位：青岛市民政局

电话：0532－68721897

传真：0532－68721898

邮箱：zhzhy57@sohu.com

办公地址：山东省青岛市崂山区海安路9号院12号楼（266000）

网址：无

现任理事长：王若雄

秘书长：赵洁

宗旨：推动文化、教育、体育、卫生、环保、儿童保护、济贫等公益事业的持续发展。

主要活动领域：教育、公共服务

主要财务数据图表

单位：元

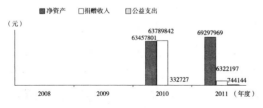

财务指标 \ 年度	2008	2009	2010	2011
净资产	－	－	63457801	69297969
捐赠收入	－	－	63789842	6322197
公益支出	－	－	332727	744144

73. 中央财经大学教育基金会（Central University of Finance and Economics Education Foundation）

组织机构代码：50002161－7

类别：非公募

成立时间：2009 年 8 月 6 日

原始基金：2000 万元

登记部门：民政部

业务主管单位：教育部

电话：010－62288212

传真：010－62288212

邮箱：cufeaxm@163.com

办公地址：北京市海淀区学院南路 39 号
中财大厦 10 层 1029 室（100081）

网址：http：//ef.cufe.edu.cn

现任理事长：史纪良

秘书长：安秀梅

宗旨：遵守中华人民共和国宪法、法律、法规和国家政策，遵守社会道德风尚，致力于加强中央财经大学与国内外各界的联系和合作，促进中央财经大学教学、科研和各项事业的发展。

主要活动领域：教育、国际事务、科学研究

主要财务数据图表
单位：元

财务指标 \ 年度	2008	2009	2010	2011
净资产	－	22610623	30473050	66640845
捐赠收入	－	2556950	9117800	42506457
公益支出	－	0	4112583	7497410

74. 安徽大学教育基金会（Anhui University Education Foundation）

组织机构代码：67588672－7

类别：非公募

成立时间：2008 年 9 月 21 日

原始基金：400 万元

登记部门：安徽省民族厅

业务主管单位：安徽省教育厅

电话：0551－5106655

传真：0551－5106655

邮箱：xmhuang@ahu.edu.cn

办公地址：安徽省合肥市蜀山区肥西路 3 号安徽大学校内（230039）

网址：http：//www1.ahu.edu.cn/jjh/main

现任理事长：孙献忠

秘书长：黄小明

宗旨：奖优、助学、创新，募集资金支持教育事业。

主要活动领域：教育、科学研究

主要财务数据图表
单位：元

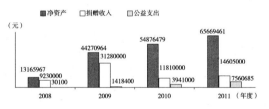

财务指标 \ 年度	2008	2009	2010	2011
净资产	13165967	44270964	54876479	65669461
捐赠收入	9230000	31280000	11810000	14605000
公益支出	30100	1418400	3941000	7560685

75. 北京航空航天大学教育基金会（Beihang University Education Foundation）

组织机构代码：50001977 - 9

类别：非公募

成立时间：2005 年 5 月 17 日

原始基金：2000 万元

登记部门：民政部

业务主管单位：工业和信息化部

电话：010 - 82339531

传真：010 - 82339531

邮箱：bhuef@ buaa. edu. cn

办公地址：北京市海淀区学院路 37 号北京航空航天大学东小楼 1 层（100191）

网址：http://bhuef. buaa. edu. cn

现任理事长：徐惠彬

秘书长：黄正

宗旨：适应国家教育事业发展与改革的需要，接受和管理社会各界的捐赠，促进北京航空航天大学的建设与发展。

主要活动领域：教育、科学研究

主要财务数据图表　　单位：元

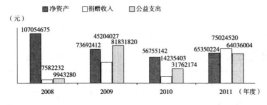

财务指标＼年度	2008	2009	2010	2011
净 资 产	107054675	73692412	56755142	65350224
捐赠收入	7582232	45204027	14235403	75024520
公益支出	9943280	81831820	31762174	64036004

76. 山西省煤炭职业技术教育发展基金会（Shanxi Coal Vocational Technical Education Development Foundation）

组织机构代码：79423968 - 8

类别：非公募

成立时间：2006 年 9 月 27 日

原始基金：200 万元

登记部门：山西省民政厅

业务主管单位：山西省煤炭工业厅

电话：0351 - 8331338

传真：0351 - 8331338

邮箱：zhao11023@163. com

办公地址：山西省太原市小店区长风街泰华城市广场 A 座 2 单元 2001 室（030006）

网址：http://www. sxcef. org

现任理事长：王昕

秘书长：丁钟晓

宗旨：接收捐资，立足煤矿，服务教育，推动山西煤炭职业教育的发展，加强煤炭类专业人才的培养，为山西煤炭工业的可持续健康发展作出贡献。

主要活动领域：教育

主要财务数据图表　　单位：元

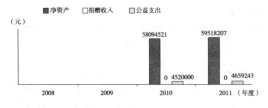

财务指标＼年度	2008	2009	2010	2011
净 资 产	–	–	58094521	59518207
捐赠收入	–	–	0	0
公益支出	–	–	4520000	4659243

77. 四川西南交通大学扬华教育基金会 （Southwest Jiao Tong University Yanghua Education Foundation）

组织机构代码：76995441 - X

类别：非公募

成立时间：2004 年 7 月 7 日

原始基金：200 万元

登记部门：四川省民政厅

业务主管单位：成都市教育局

电话：028 - 87600939

传真：028 - 87601848

邮箱：2277092267@ qq. com

办公地址：四川省成都市金牛区二环路北一段 111 号西南交通大学行政楼 514 室

（600031）

网址：http：//xy. swjtu. edu. cn/index. swing? w_ z_ channel = 07

现任理事长：顾利亚

秘书长：战凤

宗旨：遵守宪法、法律、法规和国家政策，遵守社会道德风尚，为推动教育事业的发展，多渠道筹集办学资金，争取国内外的企业、社会团体、个人的支持和捐助，提高教育质量和学术水平。

主要活动领域：教育

主要财务数据图表　　　　　　单位：元

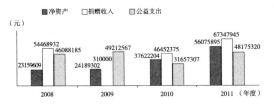

财务指标＼年度	2008	2009	2010	2011
净资产	-	10848717	30998429	57756030
捐赠收入	-	20650443	40707302	50872705
公益支出	-	14477000	20560000	24313970

78. 吴阶平医学基金会 （Wu Jieping Medical Foundation）

组织机构代码：50001804 - 7

类别：非公募

成立时间：2002 年 2 月 28 日

原始基金：2000 万元

登记部门：民政部

业务主管单位：卫生部

电话：010 - 65159881

传真：010 - 65155291

邮箱：wjpf2002@ yahoo. com. cn

办公地址：北京市朝阳区建外大街乙 24 号燕华苑 2 座 601 室（100022）

网址：http：//www. wjpmf. org

现任理事长：杨晓萌

秘书长：王南征

宗旨：弘扬吴阶平院士的高尚医德和治学精神，促进我国医院卫生事业的发展和医药卫生工作者的团结合作，接受国内外所有关心医院卫生事业发展的机构和个人的捐献，积极有效地开展并做好公益事业。

主要活动领域：教育、卫生保健、医疗救助、科学研究

主要财务数据图表　　　　　　单位：元

财务指标＼年度	2008	2009	2010	2011
净资产	23159609	24189302	37622204	56075895
捐赠收入	54468932	310000	46452375	67347945
公益支出	46088185	49212567	31657307	48175320

79. 西北工业大学教育基金会 （Northwestern Polytechnical University Education Foundation）

组织机构代码：66117532 - 6
类别：非公募
成立时间：2007 年 5 月 18 日
原始基金：200 万元
登记部门：陕西省民政厅
业务主管单位：陕西省教育厅
电话：029 - 88493032
传真：029 - 88493119
邮箱：xyh@ nwpu. edu. cn

办公地址：陕西省西安市碑林区友谊西路 127 号 （710072）
网址：http：// xyh. nwpu. edu. cn：8080/jjh/index. html
现任理事长：王伟
秘书长：张英群
宗旨：服务学校中心工作，为西北工业大学发展助力。
主要活动领域：教育

主要财务数据图表
单位：元

财务指标 \ 年度	2008	2009	2010	2011
净 资 产	12057575	12554369	25910754	54270456
捐赠收入	2022903	1431100	14947184	36599342
公益支出	1125000	961000	1606900	8090694

80. 招商局慈善基金会 （China Merchants Charity Foundation）

组织机构代码：50002145 - 7
类别：非公募
成立时间：2009 年 6 月 15 日
原始基金：5000 万元
登记部门：民政部
业务主管单位：民政部
电话：0755 - 26887014
传真：0755 - 26887024
邮箱：cmcf@ cmhk. com

办公地址：广东省深圳市南山区蛇口沿山路 21 号 （518067）
网址：http：// www. cmcf. org. cn
现任理事长：胡政
秘书长：陈毅力
宗旨：关注民生，扶贫济困，热心公益，奉献社会。
主要活动领域：安全救灾、扶贫助困

主要财务数据图表
单位：元

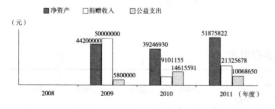

财务指标 \ 年度	2008	2009	2010	2011
净 资 产	–	44200000	39246930	51875822
捐赠收入	–	50000000	9101155	21325678
公益支出	–	5800000	14615591	10068650

81. 心平公益基金会（Xinping Foundation）

组织机构代码：50002118 - 2

类别：非公募

成立时间：2008 年 9 月 19 日

原始基金：5000 万元

登记部门：民政部

业务主管单位：民政部

电话：010 - 62702182

传真：010 - 62702180

邮箱：xinping. org@ gmail. com

办公地址：北京市海淀区清华科技园创新

大厦 B 座 1300A（100084）

网址：http://www. xinping. org

现任理事长：黄一禾

秘书长：伍松

宗旨：遵守宪法、法律、法规和国家政策，遵守社会道德风尚，为社会公益事业服务，弘扬民族精神，支持社会公益事业，促进社会和谐与发展。

主要活动领域：教育、青少年、儿童

主要财务数据图表

单位：元

财务指标 \ 年度	2008	2009	2010	2011
净资产	49109148	51531585	51067419	50957497
捐赠收入	0	22000000	41500000	19615374
公益支出	0	18877107	41335387	22578116

82. 福建江夏慈善基金会（Fujian Jiangxia Charity Foundation）

组织机构代码：78450328 - 9

类别：非公募

成立时间：2005 年 12 月 23 日

原始基金：5000 万元

登记部门：福建省民政厅

业务主管单位：福建省侨办

电话：0591 - 87431703

传真：0591 - 87551277

邮箱：fjjxxs@ 163. com

办公地址：福建省福州市鼓楼区六一北路

金源花园 A1407（350011）

网址：http://www. jxxs. org. cn/jjhdt. asp

现任理事长：黄如论

秘书长：黄国敏

宗旨：扶贫济困、助教、助读、医疗救助，资助公益文化、教育、科技的建设发展，弘扬中华传统道德，促进社会和谐美满。

主要活动领域：文化、医疗救助、儿童

主要财务数据图表

单位：元

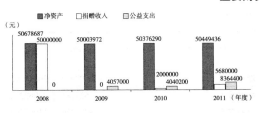

财务指标 \ 年度	2008	2009	2010	2011
净资产	50678687	50003972	50376290	50449436
捐赠收入	50000000	0	2000000	5680000
公益支出	0	4057000	4040200	8364400

83. 四川大学教育基金会（Sichuan University Education Foundation）

组织机构代码：50002176 - 4

类别：非公募

成立时间：2010 年 4 月 22 日

原始基金：2000 万元

登记部门：民政部

业务主管单位：教育部

电话：028 - 85401237

传真：028 - 85402139

邮箱：scuef@ scu. edu. cn

办公地址：四川省成都市武侯区一环路南一段 24 号四川大学望江校区行政楼 406 室、408 室（610065）

网址：http：//fundation. scu. edu. cn

现任理事长：杨泉明

秘书长：熊瑜

宗旨：遵守中华人民共和国宪法、法律、法规和国家政策，遵守社会道德，致力于加强四川大学与国内外各界的联系和合作，争取国内外的团体和个人的支持与捐赠，提高四川大学教育教学质量、学术水平和国际国内影响，推动四川大学教育事业的发展。

主要活动领域：教育、科学研究

主要财务数据图表

单位：元

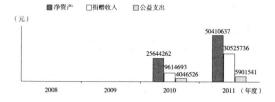

财务指标＼年度	2008	2009	2010	2011
净资产	-	-	25644262	50410637
捐赠收入	-	-	9614693	30525736
公益支出	-	-	4046526	5901541

84. 北京兴大助学基金会（Beijing Xingda Auxiliary Learning Foundation）

组织机构代码：69495140 - 8

类别：非公募

成立时间：2010 年 1 月 28 日

原始基金：200 万元

登记部门：北京市民政局

业务主管单位：北京市民政局

电话：010 - 65284252

传真：010 - 65139895

邮箱：xingdajijinhui@ sohu. com

办公地址：北京市朝阳区建国门外大街 26 号长富宫中心 D 座（100022）

网址：http：//xingdazhuxue. com

现任理事长：薄熙成

秘书长：曹小宁

宗旨：开展助学活动，提高贫困地区教育水平，促进教育公平发展。

主要活动领域：教育

主要财务数据图表

单位：元

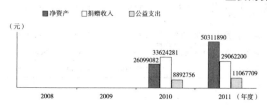

财务指标＼年度	2008	2009	2010	2011
净资产	-	-	26099082	50311890
捐赠收入	-	-	33624281	29062200
公益支出	-	-	8892756	11067709

85. 德康博爱基金会（Dekang Charitable Foundation）

组织机构代码：71782999 - 1

类别：非公募

成立时间：2011 年 6 月 14 日

原始基金：5000 万元

登记部门：民政部

业务主管单位：民政部

电话：0512 - 52805220

传真：0512 - 52538039

邮箱：shenyq@ bosideng. com

办公地址：江苏省常熟市古里镇白茆沪宜公路 125 号 11 幢（215533）

网址：无

现任理事长：徐爱红

秘书长：郭勇

宗旨：以弘扬中华民族扶贫济困传统美德为宗旨，将回馈社会、造福社会，促进社会公益事业发展为主要工作目标，努力打造企业和企业家回馈社会、奉献社会的平台，积极实施扶贫济困、抚孤助残、赈灾救援等慈善救助工作，为社会主义市场经济和社会主义和谐社会建设贡献力量。

主要活动领域：老年人、公共服务

主要财务数据图表　　　　单位：元

财务指标＼年度	2008	2009	2010	2011
净资产	-	-	-	50281258
捐赠收入	-	-	-	0
公益支出	-	-	-	0

86. 北京 SMC 教育基金会（Beijing SMC Education Foundation）

组织机构代码：67380110 - 1

类别：非公募

成立时间：2008 年 3 月 31 日

原始基金：5000 万元

登记部门：北京市民政局

业务主管单位：北京经济技术开发区管理委员会

电话：010 - 67876024

传真：010 - 67879304

邮箱：lifang@ smc. com. cn

办公地址：北京市大兴经济技术开发区宏达中路 2 号院 2 号楼 2 层（100176）

网址：无

现任理事长：谢绳武

秘书长：赵彤

宗旨：产学结合、育教于人，为中国教育事业发展尽微薄之力。

主要活动领域：教育、安全救灾、科学研究

主要财务数据图表　　　　单位：元

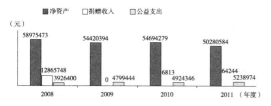

财务指标＼年度	2008	2009	2010	2011
净资产	58975473	54420394	54694279	50280584
捐赠收入	12865748	0	6813	64244
公益支出	3926400	4799444	4924346	5238974

87. 海仓慈善基金会 （Haicang Charity Foundation）

组织机构代码：50002125－4

类别：非公募

成立时间：2008 年 12 月 18 日

原始基金：5000 万元

登记部门：民政部

业务主管单位：民政部

电话：010－64082787

传真：010－64082772

邮箱：mail@haicang.org

办公地址：北京市东城区朝阳门北大街 1 号新保利大厦 20 层（100010）

网址：http：//www.haicang.org

现任理事长：李兆霞

秘书长：倪滔

宗旨：扶贫助残，促进环保，努力构建和谐社会，重点资助城乡孤寡老人、残疾人及教育事业。

主要活动领域：教育、儿童、老年人

主要财务数据图表
单位：元

财务指标 \ 年度	2008	2009	2010	2011
净资产	－	46746784	50901353	50096689
捐赠收入	－	50674000	6018800	3500000
公益支出	－	4414347	4211465	4074000

88. 四川电子科技大学教育发展基金会 （Education Development Foundation of University of Electronic Science and Technology of China）

组织机构代码：68993871－9

类别：非公募

成立时间：2009 年 7 月 3 日

原始基金：1000 万元

登记部门：四川省民政厅

业务主管单位：成都市教育局

电话：028－61831046

传真：028－61831006

邮箱：foundation@uestc.edu.cn

办公地址：四川省成都市成华区建设北路二段 4 号电子科技大学（610054）

网址：http：//www.edf.uestc.edu.cn

现任理事长：杨晓波

秘书长：徐红兵

宗旨：遵守宪法、法律、法规和国家政策，遵守社会道德风尚，为社会公益事业服务，加强电子科技大学与国内外各界的联系和合作，促进电子科技大学教学、科学研究和高新技术开发事业的全面发展，推动教育事业的发展。

主要活动领域：教育、科学研究

主要财务数据图表
单位：元

财务指标 \ 年度	2008	2009	2010	2011
净资产	－	26308367	48624208	48621120
捐赠收入	－	17481816	30906381	39221287
公益支出	－	1095656	8419071	39569191

89. 亨通慈善基金会（Hengtong Charity Foundation）

组织机构代码：71782918 - 2
类别：非公募
成立时间：2011 年 5 月 30 日
原始基金：5000 万元
登记部门：民政部
业务主管单位：民政部
电话：0512 - 63196855
传真：0512 - 63196822
邮箱：42268830@ qq. com

办公地址：江苏省吴江市经济开发区中山北路古塘路口（215200）
网址：无
现任理事长：钱丽英
秘书长：王爱民
宗旨：以人为本，关注民生，推动社会福利事业；扶危济困，关心公益，致力构建和谐社会。
主要活动领域：残疾、扶贫助困

主要财务数据图表　　　　　　单位：元

财务指标＼年度	2008	2009	2010	2011
净资产	-	-	-	48617963
捐赠收入	-	-	-	50000000
公益支出	-	-	-	4422068

90. 北京市刘鸿儒金融教育基金会（Liu Hongru Financial Education Foundation）

组织机构代码：79595279 - 2
类别：非公募
成立时间：2006 年 11 月 23 日
原始基金：200 万元
登记部门：北京市民政局
业务主管单位：北京市社会科学界联合会
电话：010 - 62573204
传真：010 - 62573204
邮箱：lhrf@ lhrfoundation. org

办公地址：北京市海淀区成府路 43 号中国人民银行研究生部 A 座 601 室（100083）
网址：http：//www. lhrfoundation. org
现任理事长：魏本华
秘书长：沈丹义
宗旨：通过捐赠、奖励，促进金融科学的创新、发展与进步。
主要活动领域：教育、科学研究

主要财务数据图表　　　　　　单位：元

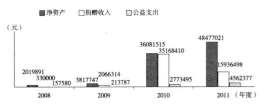

财务指标＼年度	2008	2009	2010	2011
净资产	2019891	3817747	36081515	48477021
捐赠收入	330000	2066314	35168410	15936498
公益支出	157580	213787	2773495	4562377

91. 浙江海亮慈善基金会 （Zhejiang Hailiang Charity Foundation）

组织机构代码：50188359 - 3

类别：非公募

成立时间：2007 年 8 月 25 日

原始基金：1000 万元

登记部门：浙江省民政厅

业务主管单位：浙江省民政厅

电话：0575 - 87067662

传真：0575 - 87062008

邮箱：123308708@ qq. com

办公地址：浙江省诸暨市店口镇解放路386 号（311814）

网址：http：//www. hailiang. com/love

现任理事长：朱爱花

秘书长：姚慧

宗旨：发扬国人传统，发展慈善事业，救助生活困难群体。

主要活动领域：教育、医疗救助、扶贫助困

主要财务数据图表

单位：元

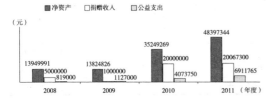

财务指标 \ 年度	2008	2009	2010	2011
净 资 产	13949991	13824826	35249269	48397344
捐赠收入	5000000	1000000	20000000	20067300
公益支出	819000	1127000	4073750	6911765

92. 南京邮电大学教育发展基金会 （Nanjing University of Posts and Telecommunication Education Development Foundation）

组织机构代码：50915877 - 5

类别：非公募

成立时间：2007 年 7 月 30 日

原始基金：500 万元

登记部门：江苏省民政厅

业务主管单位：江苏省教育厅

电话：025 - 85866516

传真：025 - 85866518

邮箱：jjh@ njupt. edu. cn

办公地址：江苏省南京市栖霞区文苑路 9 号南京邮电大学仙林校区行政楼南楼 345 办公室（210046）

网址：http：//jjh. njupt. edu. cn

现任理事长：朱永平

秘书长：周南平

宗旨：汇八方涓流，襄教育伟业，全面支持和推动南京邮电大学的建设和发展。

主要活动领域：教育、科学研究

主要财务数据图表

单位：元

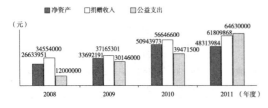

财务指标 \ 年度	2008	2009	2010	2011
净 资 产	26633951	33692191	50943973	48313984
捐赠收入	34554000	37165301	56646600	61809868
公益支出	12000000	30146000	39471500	64630000

93. 南安市芙蓉基金会 （Nan'an Furong Foundation）

组织机构代码：51285402 – 6

类别：非公募

成立时间：1991 年 12 月 31 日

原始基金：210 万元

登记部门：福建省民政厅

业务主管单位：福建省侨办

电话：0595 – 86585155

传真：0595 – 86585899

邮箱：furongjjh@ 163. com

办公地址：福建省南安市梅山镇光前西路

84 号南益别墅（362321）

网址：无

现任理事长：李兆生

秘书长：李渐来

宗旨：遵照捐赠人的意愿在南安梅山芙蓉侨乡或其他地区兴办各项公益事业，旨在促进教育、文化、科学技术、医疗卫生及其他社会公益事业的发展。

主要活动领域：文化、教育、公共服务

主要财务数据图表

单位：元

财务指标 \ 年度	2008	2009	2010	2011
净资产	39339050	41633958	47352757	47755313
捐赠收入	9907512	1851328	9264308	1708718
公益支出	7309484	3788547	7434236	4738592

94. 山东大学教育基金会 （Shandong University Education Foundation）

组织机构代码：66806924 – 3

类别：非公募

成立时间：2007 年 10 月 11 日

原始基金：600 万元

登记部门：山东省民政厅

业务主管单位：山东省教育厅

电话：0531 – 88369719

传真：0531 – 88153341

邮箱：sduef@ sdu. edu. cn

办公地址：山东省济南市历城区山东大学南路 27 号（250100）

网址：http：//www. jjh. sdu. edu. cn

现任理事长：李守信

秘书长：王飞

宗旨：吸收接纳国内外企业、社会团体和个人的支持和捐助，全面支持和推动山东大学教育事业的发展。

主要活动领域：教育、科学研究

主要财务数据图表

单位：元

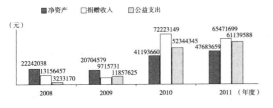

财务指标 \ 年度	2008	2009	2010	2011
净资产	22242038	20704579	41193660	47683659
捐赠收入	13156457	9715731	72223149	65471699
公益支出	3233170	11857625	52344345	61139588

95. 上海中欧国际工商学院教育发展基金会 （CEIBS Education Development Foundation）

组织机构代码：50177956 – 9

类别：非公募

成立时间：2005 年 3 月 28 日

原始基金：300 万元

登记部门：上海市民政局

业务主管单位：上海市教育委员会

电话：021 – 28905123

传真：021 – 28905530

邮箱：ldavid@ ceibs. edu

办公地址：上海市浦东新区红枫路 699 号（201206）

网址：http：//www. ceibs. edu/foundation_c/index. shtml

现任理事长：刘吉

秘书长：葛俊

宗旨：推动中欧国际工商学院的发展。

主要活动领域：教育、国际事务、科学研究

主要财务数据图表

单位：元

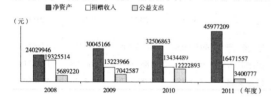

财务指标\年度	2008	2009	2010	2011
净资产	24029946	30045166	32506863	45977209
捐赠收入	19325514	13223966	13434489	16471557
公益支出	5689220	7042587	12222893	3400777

96. 江南大学教育发展基金会 （Jiangnan University Education Development Foundation）

组织机构代码：50915904 – 9

类别：非公募

成立时间：2007 年 12 月 29 日

原始基金：500 万元

登记部门：江苏省民政厅

业务主管单位：江苏省教育厅

电话：0510 – 85918251

传真：0510 – 85911880

邮箱：sro@ jiangnan. edu. cn

办公地址：江苏省无锡市滨湖区蠡湖大道

1800 号江南大学行政楼行政楼 A113 （214122）

网址：http：//jyfzjjh. jiangnan. edu. cn

现任理事长：王武

秘书长：邱建平

宗旨：遵守中华人民共和国宪法、法律、法规、规章和国家政策，遵守社会道德风尚，致力于加强江南大学与国内外各界的联系与合作，筹措基金，推动江南大学教育事业的发展。

主要活动领域：教育、科学研究

主要财务数据图表

单位：元

财务指标\年度	2008	2009	2010	2011
净资产	32161314	33649394	39907514	44222700
捐赠收入	31179952	48764700	20100280	48402991
公益支出	4223600	47413469	14285100	44239313

97. 浙江省博爱教育基金会（Zhejiang Boai Education Foundation）

组织机构代码：78183223 - 9

类别：非公募

成立时间：2005 年 11 月 1 日

原始基金：200 万元

登记部门：浙江省民政厅

业务主管单位：浙江省教育厅

电话：0571 - 88829725

传真：0571 - 88829725

邮箱：252811441@ qq. com

办公地址：浙江省杭州市拱墅区莫干山路 102 号立新大厦 13 楼杭州市高级技工学校综合楼（310005）

网址：无

现任理事长：邱新安

秘书长：李可强

宗旨：支持教育事业的建设，奖励优秀工作者，资助在校贫困生。

主要活动领域：教育

主要财务数据图表　　　　单位：元

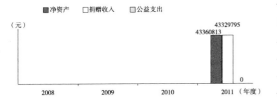

财务指标＼年度	2008	2009	2010	2011
净 资 产	48434012	47231174	45459829	44175272
捐赠收入	415800	305000	0	180000
公益支出	2500000	3080000	3390000	3637000

98. 普宁市新坛慈善基金会（Puning Xintan Charity Foundation）

组织机构代码：58465785 - 7

类别：非公募

成立时间：2011 年 10 月 18 日

原始基金：200 万元

登记部门：广东省民政厅

业务主管单位：广东省民政厅

电话：0663 - 2799988

传真：0663 - 2799997

邮箱：cgmnog@ 126. com

办公地址：广东省普宁市流沙东街道新坛村流沙旅社东楼 1 楼（515300）

网址：无

现任理事长：陈仕雄

秘书长：陈国铭

宗旨：遵守国家宪法、法律、法规和国家政策，遵守社会道德风尚，筹集慈善资金，实施安老、扶幼、助学、济困的慈善项目，发展慈善公益事业，促进社会文明进步。

主要活动领域：公共服务

主要财务数据图表　　　　单位：元

财务指标＼年度	2008	2009	2010	2011
净 资 产	–	–	–	43360813
捐赠收入	–	–	–	43329795
公益支出	–	–	–	0

99. 北京市美疆助学基金会 （Beijing Meijiang Student Grants Foundation）

组织机构代码：77950284 - 7

类别：非公募

成立时间：2005 年 9 月 2 日

原始基金：460 万元

登记部门：北京市民政局

业务主管单位：北京市教育委员会

电话：010 - 66178728

传真：010 - 66178728

邮箱：meijiang@ live. com

办公地址：北京市西城区广安门外大街 305 号荣丰嘉园 2 号楼 903 室 （100055）

网址：http：//www. meijiang. com. cn

现任理事长：王小梅

秘书长：史兆苓

宗旨：资助贫困地区、少数民族地区、边疆地区的贫困家庭、贫困孩子的教育，推广汉语，促进民族团结和社会和谐。

主要活动领域：教育

主要财务数据图表
单位：元

财务指标 \ 年度	2008	2009	2010	2011
净资产	21678102	26644654	34182869	42720231
捐赠收入	6704980	7813055	12071179	11060416
公益支出	2823142	2783784	4539265	3526659

100. 南京晓庄学院教育发展基金会 （Nanjing Xiaozhuang University Education Development Foundation）

组织机构代码：50915929 - 2

类别：非公募

成立时间：2008 年 7 月 5 日

原始基金：500 万元

登记部门：江苏省民政厅

业务主管单位：江苏省教育厅

电话：025 - 86178160

传真：025 - 86178121

邮箱：xz_ cwc@ 163. com

办公地址：江苏省南京市江宁区弘景大道 3601 号南京晓庄学院方山校区 （211171）

网址：无

现任理事长：吕德雄

秘书长：崔焕钰

宗旨：争取社会各界的支持与捐助，促进学校事业发展。

主要活动领域：教育

主要财务数据图表
单位：元

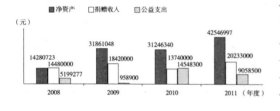

财务指标 \ 年度	2008	2009	2010	2011
净资产	14280723	31861048	31246340	42546997
捐赠收入	14480000	18420000	13740000	20233000
公益支出	5199277	958900	14548300	9058500

101. 广东省广发证券社会公益基金会（GF Securities Social Charity Foundation of Guandgong Province）

组织机构代码：56824601 - 1

类别：非公募

成立时间：2011 年 1 月 19 日

原始基金：4300 万元

登记部门：广东省民政厅

业务主管单位：广东省民政厅

电话：020 - 87555888

传真：0208 - 7553619

邮箱：无

办公地址：广东省广州市天河区天河北路 183 号大都会广场 41 楼（510075）

网址：http://www.gf.com.cn/gyjj/index.jsp

现任理事长：孙树明

秘书长：程怀远

宗旨：促进公益事业发展，发扬广发爱心，关注民生，热心公益，扶贫济困，助学兴教，保护环境。

主要活动领域：教育

主要财务数据图表
单位：元

财务指标＼年度	2008	2009	2010	2011
净资产	-	-	-	42534008
捐赠收入	-	-	-	43000000
公益支出	-	-	-	1220000

102. 天津大学北洋教育发展基金会（Tianjin University Peiyang Education Development Foundation）

组织机构代码：50092177 - 0

类别：非公募

成立时间：1995 年 8 月 16 日

原始基金：200 万元

登记部门：天津市民政局

业务主管单位：天津市教育委员会

电话：022 - 27403247

传真：022 - 27403247

邮箱：foundation@tju.edu.cn

办公地址：天津市南开区卫津路 92 号天津大学第 9 教学楼 211 室（300072）

网址：http://pyedf.tju.edu.cn

现任理事长：冯亚青

秘书长：李秀民

宗旨：遵守宪法、法律、法规和国家政策，遵守社会道德风尚，争取国内外企业、社会团体和个人的支持与资助，增加教育经费来源，提高教育质量和办学水平，以推动我国和天津大学（原北洋大学）教育事业与科学研究的发展。

主要活动领域：教育

主要财务数据图表
单位：元

财务指标＼年度	2008	2009	2010	2011
净资产	36369091	41250312	39805000	41848212
捐赠收入	8180300	8954556	21190686	36669629
公益支出	8971737	6077382	21652168	37261509

103. 上海新泰高新技术研究与发展基金会（Shanghai Xintai High – tech Research and Development Foundation）

组织机构代码：50177785 – 4

类别：非公募

成立时间：2001 年 2 月 9 日

原始基金：1850 万元

登记部门：上海市民政局

业务主管单位：上海市科学技术委员会

电话：021 – 62132044

传真：021 – 62127493

邮箱：无

办公地址：上海市长宁区长宁路 865 号 1 号楼 2 层（200050）

网址：无

现任理事长：李守臣

秘书长：岑疆

宗旨：资助信息、能源领域的高新技术研究与发展。

主要活动领域：科学研究

主要财务数据图表
单位：元

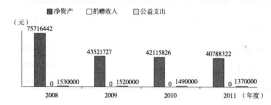

财务指标＼年度	2008	2009	2010	2011
净 资 产	75716442	43521727	42115826	40788322
捐赠收入	0	0	0	0
公益支出	1530000	1520000	1490000	1370000

104. 青岛滨海学院教育发展基金会（Qingdao Binhai University Education Development Foundation）

组织机构代码：67221571 – 7

类别：非公募

成立时间：2008 年 2 月 1 日

原始基金：200 万元

登记部门：山东省民政厅

业务主管单位：山东省教育厅

电话：0532 – 86728870

传真：0532 – 86728870

邮箱：hanguizhi1957@ sina. com

办公地址：山东省青岛经济技术开发区嘉陵江西路 425 号青岛滨海学院院内（266555）

网址：无

现任理事长：韩桂芝

秘书长：韩方希

宗旨：汇八方涓流，襄教育伟业，全面支持和推动青岛滨海学院教育事业的长远建设和发展。

主要活动领域：教育

主要财务数据图表
单位：元

财务指标＼年度	2008	2009	2010	2011
净 资 产	11721200	23714592	34516115	40670890
捐赠收入	9889724	10566691	11931537	10378017
公益支出	220000	940400	1906672	2779962

105. 东南大学成贤学院教育发展基金会（Southeast University Chengxian College Education Development Foundation）

组织机构代码：50915840 – 9

类别：非公募

成立时间：2006 年 11 月 8 日

原始基金：400 万元

登记部门：江苏省民政厅

业务主管单位：江苏省教育厅

电话：025 – 58690708

传真：025 – 58690710

邮箱：zhwr@ seu. edu. cn

办公地址：江苏省南京市浦口区泰山新村东大路 6 号（210088）

网址：http：//jjh. cxxy. seu. edu. cn

现任理事长：左惟

秘书长：戚易

宗旨：接受社会捐赠，奖励优秀师生，资助贫困学生，支持学院建设与发展。

主要活动领域：教育

主要财务数据图表　　　　　　　　　　单位：元

财务指标 \ 年度	2008	2009	2010	2011
净资产	39403349	4611198	17839155	39889910
捐赠收入	12880000	14068983	18554000	24952100
公益支出	2809852	48872433	5729830	3552121

106. 罗定市泷州教育基金会（Shuangzhou Education Foundation of Luoding）

组织机构代码：56082992 – 5

类别：非公募

成立时间：2010 年 8 月 24 日

原始基金：300 万元

登记部门：广东省民政厅

业务主管单位：广东省民政厅

电话：0766 – 3720668

传真：0766 – 3923206

邮箱：ldjjh3720668@163. com

办公地址：广东省罗定市罗成街宝定路 31 号院 2 号楼 110 室（527200）

网址：http：//ldsjjj. luoding. gov. cn

现任理事长：钟雪芳

秘书长：陈淑琼

宗旨：助学、奖学，促进罗定市教育事业发展。

主要活动领域：教育

主要财务数据图表　　　　　　　　　　单位：元

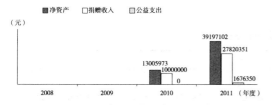

财务指标 \ 年度	2008	2009	2010	2011
净资产	–	–	13005973	39197102
捐赠收入	–	–	10000000	27820351
公益支出	–	–	0	1676350

107. 广东省紫琳慈善基金会 （Guangdong Zilin Charity Foundation）

组织机构代码：55729143 - 1

类别：非公募

成立时间：2010 年 6 月 22 日

原始基金：200 万元

登记部门：广东省民政厅

业务主管单位：广东省民政厅

电话：020 - 84110180

传真：020 - 84110180

邮箱：无

办公地址：广东省梅州市丰顺县汤坑镇广场南路会展中心 2 楼 212 号（514300）

网址：无

现任理事长：刘惠英

秘书长：朱朝奉

宗旨：以人为本，慈善为怀，遵守国家法律、法规和社会公德，为发展慈善事业服务。

主要活动领域：教育、"三农"、老年人

主要财务数据图表 单位：元

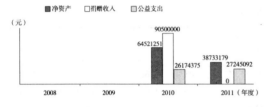

财务指标 \ 年度	2008	2009	2010	2011
净资产	-	-	64521251	38733179
捐赠收入	-	-	90500000	0
公益支出	-	-	26174375	27245092

108. 詹天佑科学技术发展基金会 （Zhan Tianyou Development Foundation for Science and Technology）

组织机构代码：50001998 - X

类别：非公募

成立时间：2005 年 11 月 17 日

原始基金：2000 万元

登记部门：民政部

业务主管单位：铁道部

电话：010 - 51842661

传真：010 - 51870321

邮箱：zdfst@ china - mor. gov. cn

办公地址：北京市海淀区复兴路 10 号铁道部综合楼 602 室（100844）

网址：http：// www. zdfst. org

现任理事长：蔡庆华

秘书长：宋凤书

宗旨：继承和弘扬詹天佑先生爱国、创新、自力更生、艰苦奋斗的精神，支持和资助铁道科技活动，表彰、奖励有突出贡献的科技人员，促进中国铁道科技事业的繁荣和优秀人才的成长，为铁路跨越式发展作出贡献。

主要活动领域：教育、科学研究

主要财务数据图表 单位：元

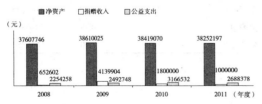

财务指标 \ 年度	2008	2009	2010	2011
净资产	37607746	38610025	38419070	38252197
捐赠收入	652602	4139904	1800000	1000000
公益支出	2254258	2492748	3166532	2688378

109. 四川西部自然保护基金会 （Sichuan Western Nature Protection Foundation）

组织机构代码：58216025 - 7

类别：非公募

成立时间：2011 年 9 月 5 日

原始基金：900 万元

登记部门：四川省民政厅

业务主管单位：四川省林业厅

电话：028 - 86126767

传真：028 - 86150011

邮箱：185331649@qq.com

办公地址：四川成都市青羊区锦里东路 2 号 20 楼 BCH 座（610000）

网址：无

现任理事长：姜继东

秘书长：张克宇

宗旨：开展生物多样性保护，促进可持续发展。

主要活动领域：环境

主要财务数据图表　　　　单位：元

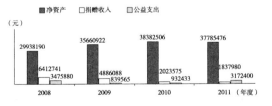

财务指标 年度	2008	2009	2010	2011
净 资 产	–	–	–	38036295
捐赠收入	–	–	–	29000000
公益支出	–	–	–	0

110. 浙江省宗文慈善基金会 （Zhejiang Zongwen Charity Foundation）

组织机构代码：50188351 - 8

类别：非公募

成立时间：2006 年 8 月 29 日

原始基金：500 万元

登记部门：浙江省民政厅

业务主管单位：浙江省民政厅

电话：0576 - 86026858

传真：0576 - 86026991

邮箱：linjfgm@yahoo.com

办公地址：浙江省温岭市太平街道万泉东

路 1 号（317500）

网址：无

现任理事长：林金法

秘书长：陈才锜

宗旨：遵守宪法、法律、法规和国家政策，遵守社会道德风尚，开展扶贫济困、社会救助及资助贫困学生，奖励优秀师生等社会公益事业活动，为促进社会进步作出贡献。

主要活动领域：教育

主要财务数据图表　　　　单位：元

财务指标 年度	2008	2009	2010	2011
净 资 产	29938190	35660922	38382506	37785476
捐赠收入	6412741	4886088	2023575	1837980
公益支出	3475880	839565	932433	3172400

111. 天诺慈善基金会 （Tiannuo Charity Foundation）

组织机构代码：50002089 - 2

类别：非公募

成立时间：2008 年 1 月 28 日

原始基金：10000 万元

登记部门：民政部

业务主管单位：民政部

电话：010 - 66060604

传真：010 - 66064005

邮箱：tiannuo2008@sina. cn

办公地址：北京市西城复兴门内大街 49

号（100031）

网址：无

现任理事长：王豫颖

秘书长：卢志强

宗旨：致力于公益慈善事业，帮助社会困难群体，重点支持民族地区、革命老区发展，推动社会和谐进步。

主要活动领域：医疗救助、扶贫助困、少数民族

主要财务数据图表

单位：元

财务指标 \ 年度	2008	2009	2010	2011
净 资 产	97227382	93058272	82700500	37436793
捐赠收入	5000000	6200000	2520000	0
公益支出	7991652	13016555	14615929	43976650

112. 华中师范大学教育发展基金会 （Central China Normal University Education Development Foundation）

组织机构代码：50358957 - 4

类别：非公募

成立时间：2010 年 12 月 7 日

原始基金：200 万元

登记部门：湖北省民政厅

业务主管单位：湖北省教育厅

电话：027 - 67868102

传真：027 - 67868101

邮箱：jyjjh@mail. ccnu. edu. cn

办公地址：湖北省武汉市洪山区珞喻路

152 号华中师范大学行政楼副楼（430079）

网址：http://jjh. ccnu. edu. cn

现任理事长：马敏

秘书长：吴敬东

宗旨：遵守中华人民共和国宪法、法律、法规和国家政策，遵守社会道德风尚，提高教育质量、人才培养质量以及学术水平，推动教育事业的发展。

主要活动领域：教育、科学研究

主要财务数据图表

单位：元

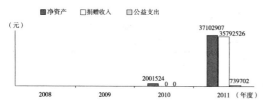

财务指标 \ 年度	2008	2009	2010	2011
净 资 产	–	–	2001524	37102907
捐赠收入	–	–	0	35792526
公益支出	–	–	0	739702

113. 北京市华夏人慈善基金会 （Huaxiaren Charitable Foundation）

组织机构代码：69230507 - 4

类别：非公募

成立时间：2009 年 10 月 19 日

原始基金：300 万元

登记部门：北京市民政局

业务主管单位：北京市民政局

电话：010 - 66068068

传真：010 - 88066566

邮箱：xuxx@ chinaamc. com

办公地址：北京市西城区金融大街 33 号通泰大厦 B 座 605 室 （100140）

网址：http：//www. huaxiaren. org/portal/chinaFoundation/index. jsp

现任理事长：赵献武

秘书长：刘文灿

宗旨：促进人的发展与环境和谐。

主要活动领域：教育、环境、安全救灾

主要财务数据图表
单位：元

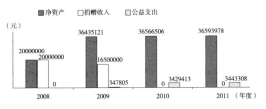

财务指标 \ 年度	2008	2009	2010	2011
净资产	–	12280989	18348815	37094383
捐赠收入	–	9680548	7038549	19116531
公益支出	–	400000	1017954	1603400

114. 上海市促进科技成果转化基金会 （The Transformation of Scientific and Technological Achievements Promotion Foundation in Shanghai）

组织机构代码：50178062 - 3

类别：非公募

成立时间：2008 年 5 月 7 日

原始基金：2000 万元

登记部门：上海市民政局

业务主管单位：上海市政协办公厅

电话：021 - 23188489

传真：021 - 62581611

邮箱：无

办公地址：上海市静安区北京西路 860 号综合楼 508 室 （200041）

网址：无

现任理事长：蒋以任

秘书长：张其标

宗旨：鼓励创新创业，完善创新环境；推动成果转化，促进教育改革；激发创新潜能，造就创新人才。

主要活动领域：科学研究

主要财务数据图表
单位：元

财务指标 \ 年度	2008	2009	2010	2011
净资产	20000000	36435121	36566506	36593978
捐赠收入	20000000	16500000	0	0
公益支出	0	347805	3429413	3443308

115. 上海财经大学教育发展基金会 (Shanghai University of Finance and Economics Education Development Foundation)

组织机构代码：50178079 - 7

类别：非公募

成立时间：2008 年 10 月 31 日

原始基金：500 万元

登记部门：上海市民政局

业务主管单位：上海市教育委员会

电话：021 - 65904216

传真：021 - 65903683

邮箱：xy@ mail. shufe. edu. cn

办公地址：上海市杨浦区国定路 777 号上

海财经大学教辅楼 201 室（200433）

网址：http：//xy. shufe. edu. cn/foundation/

现任理事长：马钦荣

秘书长：方华

宗旨：遵守宪法、法律、法规和国家政策，遵守社会道德风尚，为推动教育事业的发展，多渠道筹集办学资金，争取国内外的企业、社会团体、个人的支持和捐助，提高教育质量和学术水平。

主要活动领域：教育、科学研究

主要财务数据图表

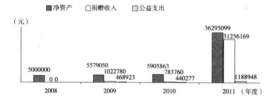

单位：元

财务指标 \ 年度	2008	2009	2010	2011
净资产	5000000	5579050	5905863	36295099
捐赠收入	0	1022780	783760	31256169
公益支出	0	468923	440277	1188948

116. 深圳市综研软科学发展基金会 (Shenzhen Soft Science Development Foundation)

组织机构代码：66338532 - 7

类别：非公募

成立时间：2007 年 7 月 5 日

原始基金：3300 万元

登记部门：广东省民政厅

业务主管单位：广东省科学技术厅

电话：0755 - 82436261

传真：0755 - 82471698

邮箱：zhangli@ cdi. com. cn

办公地址：广东省深圳市罗湖区银湖路金湖一街 38 号 CDI 大厦（518029）

网址：http：//www. szssdf. org

现任理事长：马蔚华

秘书长：唐惠建

宗旨：推动深圳软科学建设发展，为决策科学化服务。

主要活动领域：科学研究

主要财务数据图表

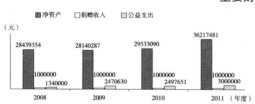

单位：元

财务指标 \ 年度	2008	2009	2010	2011
净资产	28439354	28140287	29533090	36217481
捐赠收入	1000000	1000000	1000000	1000000
公益支出	1340000	2470630	2497651	3000000

117. 华润慈善基金会 （China Resources Charity Foundation）

组织机构代码：50002164 - 1

类别：非公募

成立时间：2010 年 1 月 14 日

原始基金：5000 万元

登记部门：民政部

业务主管单位：民政部

电话：0755 - 82668888

传真：0755 - 82691811

邮箱：crcf@ crc. com. hk

办公地址：广东省深圳市罗湖区深南东路 5001 华润大厦 28 楼 2802 室（518001）

网址：http://crcf. crc. com. cn

现任理事长：朱金坤

秘书长：魏耀东

宗旨：常怀感恩之心，不忘回馈大众，构建和谐社会。

主要活动领域："三农"、安全救灾、扶贫助困

主要财务数据图表
单位：元

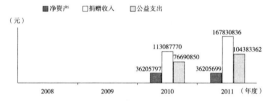

财务指标 \ 年度	2008	2009	2010	2011
净 资 产	–	–	36205797	36205699
捐赠收入	–	–	113087770	167830836
公益支出	–	–	76690850	104383362

118. 上海市建国社会公益基金会 （Jianguo Public Foundation Shanghai China）

组织机构代码：50177449 - 3

类别：非公募

成立时间：1993 年 6 月 18 日

原始基金：200 万元

登记部门：上海市民政局

业务主管单位：上海市民政局

电话：021 - 58599803

传真：021 - 58599079

邮箱：无

办公地址：上海市浦东新区川沙路 5533 号

（201200）

网址：http://www. jgfound. org

现任理事长：瞿建国

秘书长：瞿佩君

宗旨：遵守宪法、法律、法规和国家政策，遵守社会道德风尚，发展民间社会公益事业，支持与推动社会公益和社会文明进步。

主要活动领域：文化、环境、老年人、公共服务

主要财务数据图表
单位：元

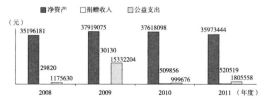

财务指标 \ 年度	2008	2009	2010	2011
净 资 产	35196181	37919075	37618098	35973444
捐赠收入	29820	30130	509856	520519
公益支出	1175630	15332204	999676	1805558

119. 海南三亚南山功德基金会 （Hainan Sanya Nanshan Merit Foundation）

组织机构代码：77427538 - 2
类别：非公募
成立时间：2005 年 7 月 29 日
原始基金：500 万元
登记部门：海南省民政厅
业务主管单位：海南省三亚市人民政府
电话：0898 - 88838609
传真：0898 - 88838621
邮箱：server@ nanshan. org. cn
办公地址：海南三亚南山佛教研究中心
(572000)
网址：http://www. nanshan. org. cn/cgi -

bin/jjh
现任理事长：释新成
秘书长：吴菲菲
宗旨：遵守国家宪法、法律、法规及相关政策、规定，维护国家安全、统一和民族团结，贯彻国家宗教政策，弘扬佛教文化精神，接受佛教信徒、信众和社会各界的捐赠和布施，规范使用基金会财物，支持南山佛教文化园区建设，组织佛教文化研究和交流，提高南山在佛教界的地位，资助社会公益事业。
主要活动领域：文化

主要财务数据图表
单位：元

财务指标 \ 年度	2008	2009	2010	2011
净资产	32893913	42145999	50794765	35939785
捐赠收入	698347	604162	12420331	14988558
公益支出	1649072	2064246	5654418	29104860

120. 张学良教育基金会 （Chang Hsueh - Liang Education Foundation）

组织机构代码：50002004 - 0
类别：非公募
成立时间：2006 年 3 月 16 日
原始基金：2000 万元
登记部门：民政部
业务主管单位：教育部
电话：024 - 83683080
传真：024 - 23890167
邮箱：christy831101@ yahoo. com. cn
办公地址：辽宁省沈阳市和平区文化路 3
号巷 11 号东北大学综合科技大楼 1333 室

(110819)
网址：http://www. chlef. org
现任理事长：孙家学
秘书长：魏向前
宗旨：弘扬东北大学老校长张学良先生爱国爱校、捐资兴学的精神，动员海内外各团体和个人捐资支持东北大学的发展建设，为把东北大学早日建成世界知名的高水平大学作贡献。
主要活动领域：教育

主要财务数据图表
单位：元

财务指标 \ 年度	2008	2009	2010	2011
净资产	21961846	31187508	33958745	35892736
捐赠收入	1613982	11890883	5952468	7870012
公益支出	2015963	2656952	3192482	6097129

121. 陈嘉庚科学奖基金会（**Tan Kah Kee Science Award Foundation**）

组织机构代码：50001925 - 0

类别：非公募

成立时间：2003 年 2 月 20 日

原始基金：4000 万元

登记部门：民政部

业务主管单位：中国科学院

电话：010 - 59358268

传真：010 - 59358300

邮箱：tsaf@ cashq. ac. cn

办公地址：北京市海淀区北四环西路 33 号 7D（100080）

网址：http://www. tsaf. ac. cn

现任理事长：白春礼

秘书长：周德进

宗旨：奖励取得杰出科技成果的我国优秀科学家，促进中国科学技术事业的发展，实现中华民族的伟大复兴。

主要活动领域：科学研究

主要财务数据图表　　　　单位：元

财务指标 \ 年度	2008	2009	2010	2011
净资产	40881552	40240726	37283058	35392804
捐赠收入	10009742	0	0	0
公益支出	932242	632780	3290276	3397251

122. 上海兴华教育扶贫基金会（**Shanghai Xinghua Education Foundation**）

组织机构代码：50178008 - 4

类别：非公募

成立时间：2006 年 9 月 5 日

原始基金：200 万元

登记部门：上海市民政局

业务主管单位：上海市民政局

电话：021 - 62787150

传真：021 - 62090370

邮箱：info@ xinghua. org. cn

办公地址：上海市长宁区虹桥路 977 号中山广场第二座 36 楼 B 座（200051）

网址：http://www. xinghua. org. cn

现任理事长：王韬

秘书长：张开冰

宗旨：通过对我国农村贫困地区家庭子女提供资助，为受助学生提供更多的平等教育机会。通过接受教育，创造发展机会，改变贫困命运；同时倡导"人人爱我，我爱人人"的社会互助精神，为中华之振兴培养有用人才。

主要活动领域：教育、青少年、儿童、扶贫助困

主要财务数据图表　　　　单位：元

财务指标 \ 年度	2008	2009	2010	2011
净资产	28889371	25095947	20645258	34915518
捐赠收入	0	16155	255	15412736
公益支出	3970250	4068043	4615112	1847863

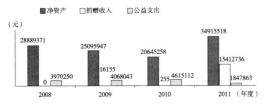

123. 江南大学太湖学院教育发展基金会 （Southern Yangtze University Lake Tai College Education Development Foundation）

组织机构代码：50915991 - 1

类别：非公募

成立时间：2009 年 7 月 23 日

原始基金：400 万元

登记部门：江苏省民政厅

业务主管单位：江苏省教育厅

电话：0510 - 88887315

传真：0510 - 88887315

邮箱：无

办公地址：江苏省无锡市钱荣路 68 号江

南大学太湖学院 6 号楼 （214064）

网址：无

现任理事长：魏网珍

秘书长：胡彬娟

宗旨：为推动太湖学院教育事业发展，争取社会各界的支持和捐助，为提高教学质量、办学水平和促进社会公益事业的发展服务。

主要活动领域：教育

主要财务数据图表

单位：元

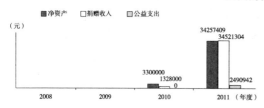

财务指标＼年度	2008	2009	2010	2011
净 资 产	–	16426110	29259448	34419996
捐赠收入	–	17032000	17655000	15910000
公益支出	–	4607706	4832498	10705349

124. 北京中央民族大学教育基金会 （Minzu University of China Education Foundation）

组织机构代码：56035094 - 9

类别：非公募

成立时间：2010 年 9 月 9 日

原始基金：200 万元

登记部门：北京市民政局

业务主管单位：北京市教育委员会

电话：010 - 68932987

传真：010 - 68932987

邮箱：xiaoyou_ muc@ 126. com

办公地址：北京市海淀区中关村南大街 27

号中央民族大学 11 号楼 209 室、210 室 （100081）

网址：http：// www. mucaa. com/ alumni/ info. do？ columnId = 2600

现任理事长：鄂义太

秘书长：邬惠娟

宗旨：提高教育质量和学术水平，推动学校事业发展。

主要活动领域：教育

主要财务数据图表

单位：元

财务指标＼年度	2008	2009	2010	2011
净 资 产	–	–	3300000	34257409
捐赠收入	–	–	1328000	34521304
公益支出	–	–	0	2490942

125. 广东省华美教育慈善基金会 （Guangdong Huamei Education Charity Foundation）

组织机构代码：66987328 - 4
类别：非公募
成立时间：2008 年 1 月 3 日
原始基金：500 万元
登记部门：广东省民政厅
业务主管单位：广东省民政厅
电话：020 - 87210052
传真：020 - 87210186
邮箱：cs@ huameigroup. com. cn

办公地址：广东省广州市天河区华美路 23 号行政南楼（510520）
网址：http：// jjh. huameigroup. com. cn/index. asp
现任理事长：罗峰
秘书长：祝丽娜
宗旨：履行企业公民责任，开展慈善活动，推动社会和谐进步。
主要活动领域：教育

主要财务数据图表　　　　　　　　　　单位：元

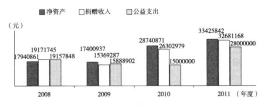

财务指标 \ 年度	2008	2009	2010	2011
净资产	4338839	40431586	36897035	33612149
捐赠收入	5151625	36748923	0	0
公益支出	898387	991238	3424000	3074000

126. 江苏技术师范学院教育发展基金会 （Jiangsu Teachers University of Technology Education Development Foundation）

组织机构代码：50915843 - 3
类别：非公募
成立时间：2006 年 12 月 12 日
原始基金：400 万元
登记部门：江苏省民政厅
业务主管单位：江苏省教育厅
电话：0519 - 86953140
传真：0519 - 86993132
邮箱：cg@ jstu. edu. cn

办公地址：江苏省常州市武进区中吴大道 1801 号（213001）
网址：无
现任理事长：夏东民
秘书长：罗卫国
宗旨：争取社会各界对学校的支持，筹集更多资金，促进学校的建设和发展。
主要活动领域：教育

主要财务数据图表　　　　　　　　　　单位：元

财务指标 \ 年度	2008	2009	2010	2011
净资产	17940861	17400937	28740871	33425842
捐赠收入	19171745	15369287	26302979	32681168
公益支出	19157848	15888902	15000000	28000000

127. 上海联和新泰战略研究与发展基金会（Shanghai Lianhexintai Strategic Research and Development Foundation）

组织机构代码：50177784 - 6

类别：非公募

成立时间：2001 年 2 月 12 日

原始基金：300 万元

登记部门：上海市民政局

业务主管单位：上海市科学技术协会

电话：021 - 64716080

传真：021 - 64716081

邮箱：无

办公地址：上海市徐汇区高邮路 19 号（200031）

网址：无

现任理事长：戴兰芳

秘书长：陈蕾

宗旨：接受社会捐赠，资助战略学术研究及交流与合作。

主要活动领域：科学研究

主要财务数据图表

单位：元

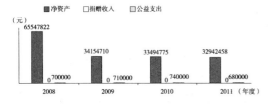

财务指标 \ 年度	2008	2009	2010	2011
净资产	65547822	34154710	33494775	32942458
捐赠收入	0	0	0	0
公益支出	700000	710000	740000	680000

128. 北京詹天佑土木工程科学技术发展基金会（Beijing Tien - yow Jeme Foundation for Civil Engineering Sci - tech Development）

组织机构代码：78550220 - 2

类别：非公募

成立时间：2006 年 3 月 16 日

原始基金：200 万元

登记部门：北京市民政局

业务主管单位：北京市科学技术协会

电话：010 - 58933927

传真：010 - 58933945

邮箱：prize@ cces. net. cn

办公地址：北京市海淀区三里河路 9 号建设部北附楼 5 层 517 室（100835）

网址：http：//www. cces. net. cn

现任理事长：张雁

秘书长：程莹

宗旨：促进学术交流，奖励优秀工程、科技成果和人才。

主要活动领域：教育、科学研究

主要财务数据图表

单位：元

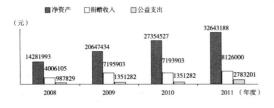

财务指标 \ 年度	2008	2009	2010	2011
净资产	14281993	20647434	27354527	32643188
捐赠收入	4006105	7195903	7193903	8126000
公益支出	987829	1351282	1351282	2783201

129. 凯风公益基金会（**Kai Feng Foundation**）

组织机构代码：50002041 - 1

类别：非公募

成立时间：2007 年 3 月 1 日

原始基金：5000 万元

登记部门：民政部

业务主管单位：民政部

电话：010 - 62780899

传真：010 - 62783059

邮箱：kaifeng@ kaifengfoundation. org

办公地址：北京市海淀区清华大学凯风人文社科图书馆（东南门）4 层清华大学凯风社科研究院 C2 座 902 室、903 室、904 室（100738）

网址：http://www. kaifengfoundation. org

现任理事长：段伟红

秘书长：段伟红

宗旨：推动社会进步，促进和谐发展。

主要活动领域：教育、科学研究、公益事业发展

主要财务数据图表　　　　　单位：元

财务指标＼年度	2008	2009	2010	2011
净 资 产	67326255	61713629	56763901	32373657
捐赠收入	30000000	0	0	0
公益支出	6090000	6151759	5574263	23736043

130. 南京农业大学教育发展基金会（**Nanjing Agricultural University Education Development Foundation**）

组织机构代码：50915852 - 1

类别：非公募

成立时间：2007 年 2 月 26 日

原始基金：400 万元

登记部门：江苏省民政厅

业务主管单位：江苏省教育厅

电话：025 - 84399521

传真：025 - 84396586

邮箱：htding@ njau. edu. cn

办公地址：江苏省南京市玄武区中山门外卫岗 1 号南京农业大学实验楼 441 室、443 室（210095）

网址：http://dc. njau. edu. cn/Foundation

现任理事长：李友生

秘书长：张兵

宗旨：多渠道筹措办学资金，争取国内外的企业、社会团体、个人的支持和捐助，提高教育质量和水平。

主要活动领域：教育、科学研究

主要财务数据图表　　　　　单位：元

财务指标＼年度	2008	2009	2010	2011
净 资 产	9680591	8428009	24534531	32256122
捐赠收入	9771376	9748129	16767690	19560000
公益支出	8560000	11368000	842000	12051500

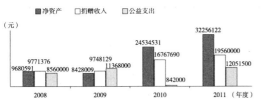

131. 晋江市青阳教育发展基金会（Jinjiang Qingyang Education Development Foundation）

组织机构代码：66688897 - 4

类别：非公募

成立时间：2007 年 9 月 27 日

原始基金：200 万元

登记部门：福建省民政厅

业务主管单位：泉州市教育局

电话：0595 - 85601019

传真：0595 - 85685363

邮箱：无

办公地址：福建省晋江市青阳街道南山路

1 号 3 幢 106 室（362200）

网址：无

现任理事长：庄铭约

秘书长：卓鸿源

宗旨：整合市区教育资源，扶持各类学校均衡发展，培育一流教师队伍，奖励优秀学子，帮助贫困学生完成学业，在全社会营造尊师重教的良好氛围。

主要活动领域：教育

主要财务数据图表
单位：元

财务指标 \ 年度	2008	2009	2010	2011
净 资 产	13937639	23257669	31720143	32242480
捐赠收入	25580109	14518000	16642980	27589228
公益支出	13990796	5471000	9849794	28492134

132. 云南大益爱心基金会（Yunnan Taetea Charity Foundation）

组织机构代码：66826944 - 8

类别：非公募

成立时间：2007 年 12 月 12 日

原始基金：500 万元

登记部门：云南省民政厅

业务主管单位：云南省教育厅

电话：0871 - 7123476

传真：0871 - 3517856

邮箱：dyaxjj@163.com

办公地址：云南省昆明市官渡区春城路

289 号国际会展中心 10 号写字楼 213 室（650200）

网址：http://www.dayifund.org

现任理事长：吴远之

秘书长：王广兴

宗旨：扶贫帮困，助学成才，奉献爱心，关爱社会。

主要活动领域：文化、教育、安全救灾、扶贫助困

主要财务数据图表
单位：元

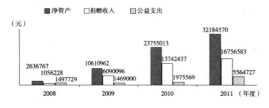

财务指标 \ 年度	2008	2009	2010	2011
净 资 产	2636767	10610962	23755013	32184570
捐赠收入	1056228	6090096	13742437	16756583
公益支出	1497729	1469000	1975569	5564727

133. 李四光地质科学奖基金会（**Li Siguang Geological Science Award Foundation**）

组织机构代码：50002040 – 3

类别：非公募

成立时间：2007 年 4 月 3 日

原始基金：2000 万元

登记部门：民政部

业务主管单位：国土资源部

电话：010 – 68992240

传真：010 – 68999618

邮箱：wangzj@ cags. net. cn

办公地址：北京市西城区百万庄大街 26 号（100037）

网址：http：//www. cags. ac. cn/LSG

现任理事长：张洪涛

秘书长：王小烈

宗旨：纪念李四光，弘扬其科学求实创新和爱国主义精神，推动我国地质工作可持续发展。

主要活动领域：文化、科学研究

主要财务数据图表 单位：元

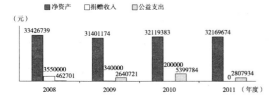

财务指标＼年度	2008	2009	2010	2011
净 资 产	33426739	31401174	32119383	32169674
捐赠收入	3550000	340000	200000	0
公益支出	462701	2640721	5399784	2807934

134. 宁波工程学院教育发展基金会（**Ningbo University of Technology Education Development Foundation**）

组织机构代码：50188420 – 3

类别：非公募

成立时间：2010 年 10 月 28 日

原始基金：200 万元

登记部门：浙江省民政厅

业务主管单位：浙江省教育厅

电话：0574 – 87616567

传真：0574 – 87616789

邮箱：niucm@ nbut. cn

办公地址：浙江省宁波市海曙区风华路

201 号行政楼 321 室宁波工程学院教育发展基金会秘书处（315016）

网址：http：//fund. nbut. cn

现任理事长：郭华巍

秘书长：钟小斐

宗旨：在遵守国家宪法、法律、法规和国家政策，遵守社会道德风尚的前提下，汇八方涓流，襄教育伟业，支持和推动宁波教育事业的发展。

主要活动领域：教育

主要财务数据图表 单位：元

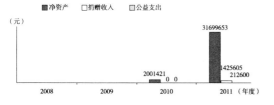

财务指标＼年度	2008	2009	2010	2011
净 资 产	–	–	2001421	31699653
捐赠收入	–	–	0	1425605
公益支出	–	–	0	212600

135. 江苏中大公益基金会（Jiangsu Zhongda Charity Foundation）

组织机构代码：50916000 – 7

类别：非公募

成立时间：2009 年 9 月 22 日

原始基金：500 万元

登记部门：江苏省民政厅

业务主管单位：江苏省民政厅

电话：0512 – 57389695

传真：0512 – 57389695

邮箱：jingjing811016@ yahoo. com

办公地址：江苏省昆山市开发区长江南路

1233 号中大商务广场 8 楼 A 座（215300）

网址：无

现任理事长：路光

秘书长：谈相如

宗旨：弘扬中华民族尊老爱幼、扶贫济困的传统美德，组织各方面力量致力于老年人福利项目、贫困生资助等各类公益项目，以慈善事业推动社会和谐与进步。

主要活动领域：青少年、老年人

主要财务数据图表

单位：元

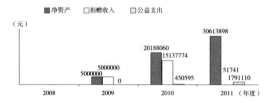

财务指标\年度	2008	2009	2010	2011
净 资 产	–	5000000	20188060	30613898
捐 赠 收 入	–	5000000	15137774	51741
公 益 支 出	–	0	450595	1791110

136. 盐城师范学院教育发展基金会（Yancheng Teachers University Education Development Foundation）

组织机构代码：50915873 – 2

类别：非公募

成立时间：2007 年 7 月 8 日

原始基金：300 万元

登记部门：江苏省民政厅

业务主管单位：江苏省教育厅

电话：0515 – 88233056

传真：0515 – 88219982

邮箱：llx8201521@ 163. com

办公地址：江苏省盐城市亭湖区开放大道 50 号盐城师范学院（224002）

网址：http://jyjjh. yctc. edu. cn/html/jjhjj

现任理事长：成长春

秘书长：陆为群

宗旨：遵守宪法、法律、法规和国家政策，遵守社会道德风尚，致力于加强盐城师范学院与各界的联系和合作，多渠道筹集办学资金，奖励盐城师范学院师生，资助贫困学生完成学业，推动盐城师范学院教育事业的发展。

主要活动领域：教育

主要财务数据图表

单位：元

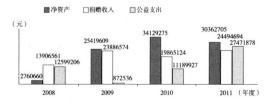

财务指标\年度	2008	2009	2010	2011
净 资 产	2760660	25419609	34129275	30362705
捐 赠 收 入	13906561	23886574	19865124	24494694
公 益 支 出	12599206	872536	11189927	27471878

137. 陕西九九老龄事业基金会 （Shaanxi Jiujiu Ageing Foundation）

组织机构代码：57361569 – 3
类别：非公募
成立时间：2011 年 4 月 1 日
原始基金：1000 万元
登记部门：陕西省民政厅
业务主管单位：陕西省老龄办
电话：029 – 68526252
传真：0296 – 8526253
邮箱：jiujiulaonian@ 163. com

办公地址：陕西省西安市碑林区体育馆南路南门国际 B 座 28 层（710068）
网址：无
现任理事长：贺芳兰
秘书长：宋云芳
宗旨：积极推进老龄事业发展，支持老年生活环境建设。
主要活动领域：老年人、公共服务

主要财务数据图表
单位：元

净资产 ■ 捐赠收入 □ 公益支出 □
（元）

30239182
30000000
51251

2008 2009 2010 2011（年度）

财务指标＼年度	2008	2009	2010	2011
净资产	–	–	–	30239182
捐赠收入	–	–	–	30000000
公益支出	–	–	–	51251

138. 传媒大学教育基金会 （Communication University of China Education Foundation）

组织机构代码：50002063 – 0
类别：非公募
成立时间：2007 年 6 月 21 日
原始基金：2000 万元
登记部门：民政部
业务主管单位：教育部
电话：010 – 65783460
传真：010 – 65783460
邮箱：cucef@ cuc. edu. cn
办公地址：北京市朝阳区定福庄东街 1 号

中国传媒大学 5 号楼 301 室（100024）
网址：http：// cucef. cuc. edu. cn
现任理事长：吕志胜
秘书长：许学峰
宗旨：努力推动中国传媒大学教育事业的发展，提高教育质量与水平，争取国内外团体和个人的支持与捐助，加强中国传媒大学与国内外各界的联系和合作。
主要活动领域：教育、国际事务、科学研究

主要财务数据图表
单位：元

净资产 ■ 捐赠收入 □ 公益支出 □
（元）

财务指标＼年度	2008	2009	2010	2011
净资产	20297675	20050878	20172597	29998665
捐赠收入	550000	1400000	1625000	45600000
公益支出	530021	1690000	1613306	35845438

139. 山东省石油大学教育发展基金会 （Shandong Oil University Education Development Foundation）

组织机构代码：77101512 - 0

类别：非公募

成立时间：2004 年 12 月 2 日

原始基金：210 万元

登记部门：山东省民政厅

业务主管单位：山东省教育厅

电话：0546 - 8397399

传真：0546 - 86983131

邮箱：sunmj@ hdpu. edu. cn

办公地址：山东省东营市东营区北一路 739 号中国石油大学（266555）

网址：http：//www. upc. org. cn/fund

现任理事长：查明

秘书长：赵东冶

宗旨：利用社会力量支持石油大学教育事业发展。

主要活动领域：教育、科学研究

主要财务数据图表
单位：元

财务指标 \ 年度	2008	2009	2010	2011
净 资 产	8812249	14377409	19026591	29968503
捐赠收入	1127043	7659184	12340393	13722391
公益支出	1573180	2034985	7609389	3073646

140. 比亚迪慈善基金会 （BYD Charity Foundation）

组织机构代码：50002186 - 0

类别：非公募

成立时间：2010 年 7 月 19 日

原始基金：5000 万元

登记部门：民政部

业务主管单位：民政部

电话：0755 - 89888888

传真：0755 - 84202222

邮箱：无

办公地址：广东省深圳市龙岗区坪山横坪

公路 3001 号比亚迪总部（518118）

网址：无

现任理事长：吴经胜

秘书长：刘焕明

宗旨：致力公益慈善事业，开展扶贫济困、助学兴教等各种社会公益慈善活动。弘扬中华民族扶贫济困的传统美德，倡导企业公民责任，为建设和谐社会尽一份心力。

主要活动领域：教育、扶贫助困

主要财务数据图表
单位：元

财务指标 \ 年度	2008	2009	2010	2011
净 资 产	-	-	44397555	29769693
捐赠收入	-	-	50000000	11808300
公益支出	-	-	5705214	26611142

141. 福建省青少年发展基金会 （Fujian Youth Development Foundation）

组织机构代码：51215762 - 6

类别：非公募

成立时间：1993 年 7 月 15 日

原始基金：200 万元

登记部门：福建省民政厅

业务主管单位：共青团福建省委员会

电话：0591 - 87515222

传真：0591 - 87567584

邮箱：fjhope@126.com

办公地址：福建省福州市鼓楼区东街 83

号中庚青年广场 901 室（350001）

网址：http://www.fjhope.org.cn

现任理事长：叶周玲

秘书长：张志辉

宗旨：为福建省青少年利益服务，积极筹集资金，并争取海内外关心福建青少年事业的团体、社会的支持和捐赠，促进福建省青少年工作和青少年社会教育、科技、文化、福利等事业的发展。

主要活动领域：教育、青少年

主要财务数据图表
单位：元

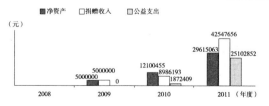

财务指标 \ 年度	2008	2009	2010	2011
净 资 产	4618545	9756412	19466217	29673024
捐 赠 收 入	6070154	5852480	51029175	28355198
公 益 支 出	5035512	2579012	40914172	17241193

142. 北京对外经济贸易大学教育基金会 （Beijing University of International Business and Economics Education Foundation）

组织机构代码：69320234 - 1

类别：非公募

成立时间：2009 年 11 月 30 日

原始基金：500 万元

登记部门：北京市民政局

业务主管单位：北京市教育委员会

电话：010 - 64493009

传真：010 - 64493060

邮箱：ywl@uibe.edu.cn

办公地址：北京市朝阳区惠新东街 10 号对外经济贸易大学逸夫科研楼配楼 4 层（100029）

网址：无

现任理事长：王玲

秘书长：叶文楼

宗旨：通过接受捐赠奖教助学，推动教育事业发展。

主要活动领域：教育、科学研究

主要财务数据图表
单位：元

财务指标 \ 年度	2008	2009	2010	2011
净 资 产	-	5000000	12100455	29615063
捐 赠 收 入	-	5000000	8986193	42547656
公 益 支 出	-	0	1872409	25102852

143. 上海浦发公益基金会 （Shanghai Pufa Charity Foundation）

组织机构代码：50178064 – X

类别：非公募

成立时间：2008 年 5 月 7 日

原始基金：1900 万元

登记部门：上海市民政局

业务主管单位：上海市民政局

电话：021 – 50113027

传真：021 – 58889596

邮箱：liuliping070401@ hotmail. com

办公地址：上海市浦东新区浦东南路 256

号华夏银行大厦 3401 室（200120）

网址：http：//www. shpdg. com/gongyi/in-dex. html

现任理事长：张新智

秘书长：张弘林

宗旨：奉献浦发爱心，弘扬社会美德，支持公益事业，促进社会和谐与发展。

主要活动领域：教育、医疗救助、安全救灾

主要财务数据图表
单位：元

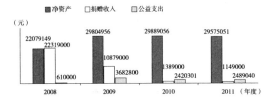

财务指标\年度	2008	2009	2010	2011
净 资 产	22079149	29804956	29889056	29575051
捐赠收入	22319000	10879000	1389000	1149000
公益支出	610000	3682800	2420301	2489040

144. 北京苹果慈善基金会 （Apple Foundation）

组织机构代码：77470430 – 0

类别：非公募

成立时间：2005 年 5 月 25 日

原始基金：500 万元

登记部门：北京市民政局

业务主管单位：北京市民政局

电话：010 – 58263142

传真：010 – 58211323

邮箱：aaf@ aaf. cc

办公地址：北京市朝阳区百子湾路 32 号二十二院街艺术区 6 号楼 28 号 2 层（100022）

网址：http：//www. aaf. cc

现任理事长：王秋杨

秘书长：周行康

宗旨：接受捐赠，募集资金，资助和支持公益慈善事业的发展。

主要活动领域：教育、卫生保健

主要财务数据图表
单位：元

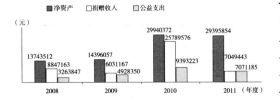

财务指标\年度	2008	2009	2010	2011
净 资 产	13743512	14396057	29940372	29395854
捐赠收入	8847163	6031167	25789576	7049443
公益支出	3263847	4928350	9393223	7071185

145. 延边大学教育基金会 （Yanbian University Education Foundation）

组织机构代码：79520870 - 1

类别：非公募

成立时间：2006 年 10 月 31 日

原始基金：200 万元

登记部门：吉林省民政厅

业务主管单位：吉林省教育厅

电话：0433 - 2732524

传真：0433 - 2732084

邮箱：xiaoyouhui@ ybu. edu. cn

办公地址：吉林省延吉市公园路 977 号延边大学院内（133002）

网址：http：// ybuef. ybu. edu. cn

现任理事长：金柄珉

秘书长：金日

宗旨：遵守中华人民共和国宪法、法律、法规和国家政策，遵守社会道德风尚，致力于加强延边大学与社会各界的广泛联系与合作，进一步提高延边大学的教育质量和学术水平，推动延边大学的建设与发展。

主要活动领域：教育、科学研究

主要财务数据图表　　　　　　　　　　单位：元

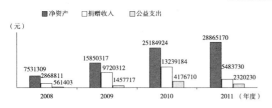

财务指标＼年度	2008	2009	2010	2011
净 资 产	17817073	23186518	26271674	29075458
捐赠收入	18694088	39005324	18847085	21287202
公益支出	9143375	32352203	14113081	2949064

146. 北京四中校友促进教育基金会 （Beijing NO. 4 High School Education Development Foundation）

组织机构代码：50030422 - X

类别：非公募

成立时间：1989 年 8 月 10 日

原始基金：210 万元

登记部门：北京市民政局

业务主管单位：北京市教育委员会

电话：010 - 66539731

传真：010 - 66183735

邮箱：szxy@ szxy. org

办公地址：北京市西城区西黄城根北街甲 2 号北京四中（100034）

网址：http：// www. szxy. org/jjh/jjh. htm

现任理事长：王兆骥

秘书长：燕纯义

宗旨：团结四中校友，筹集资金，资助母校，促进教育发展。

主要活动领域：教育

主要财务数据图表　　　　　　　　　　单位：元

财务指标＼年度	2008	2009	2010	2011
净 资 产	7531309	15850317	25184924	28865170
捐赠收入	2868811	9720312	13239184	5483730
公益支出	561403	1457717	4176710	2320230

147. 北京华彬文化基金会 （Beijing Huabin Culture Foundation）

组织机构代码：57315032 - 1

类别：非公募

成立时间：2011 年 5 月 19 日

原始基金：200 万元

登记部门：北京市民政局

业务主管单位：北京市文化局

电话：010 - 85289401

传真：010 - 85288553

邮箱：bjhbwhjjh@126.com

办公地址：北京市朝阳区建外大街永安东里 8 号华彬大厦 2 层（100089）

网址：http://www.reignwood.com

现任理事长：于岩

秘书长：沈珠

宗旨：弘扬、保护、传承中华民族优秀文化遗产，发展体育教育和青少年培养。

主要活动领域：文化教育、青少年

主要财务数据图表

单位：元

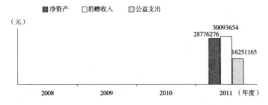

财务指标 \ 年度	2008	2009	2010	2011
净 资 产	–	–	–	28776276
捐赠收入	–	–	–	30093654
公益支出	–	–	–	16251165

148. 上海真爱梦想公益基金会 （Shanghai Cherished Dream Foundation）

组织机构代码：50178073 - 8

类别：非公募

成立时间：2008 年 8 月 14 日

原始基金：200 万元

登记部门：上海市民政局

业务主管单位：上海市民政局

电话：021 - 60470338

传真：021 - 60470338

邮箱：service@adream.org

办公地址：上海市浦东新区张江高科技园区碧波路 456 号 A305（201203）

网址：http://www.adream.org

现任理事长：潘江雪

秘书长：吴冲

宗旨：改善中国教育的不公平状况。

主要活动领域：教育、青少年、儿童

主要财务数据图表

单位：元

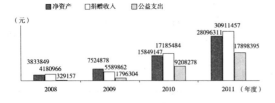

财务指标 \ 年度	2008	2009	2010	2011
净 资 产	3833849	7524878	15849147	28096311
捐赠收入	4180966	5589862	17185484	30911457
公益支出	329157	1796304	9208278	17898395

149. 北京外国语大学教育基金会（Foundation of BFSU）

组织机构代码：56360104 - 5

类别：非公募

成立时间：2010 年 11 月 18 日

原始基金：200 万元

登记部门：北京市民政局

业务主管单位：北京市教育委员会

电话：010 - 88816665

传真：010 - 88812589

邮箱：jjh@ bfsu. edu. cn

办公地址：北京市海淀区西三环北路 2 号
北京外国语大学（100089）

网址：http：//jjh. bfsu. edu. cn

现任理事长：杨学义

秘书长：应惟伟

宗旨：通过接受捐赠进行奖教助学，促进学校发展。

主要活动领域：教育、科学研究

主要财务数据图表　　　　单位：元

财务指标＼年度	2008	2009	2010	2011
净资产	–	–	2305117	28024478
捐赠收入	–	–	350000	30348345
公益支出	–	–	0	4667080

150. 北京邮电大学教育基金会（BUPT Education Foundation）

组织机构代码：50031311 - 8

类别：非公募

成立时间：2002 年 12 月 30 日

原始基金：210 万元

登记部门：北京市民政局

业务主管单位：北京市通信管理局

电话：010 - 62282745

传真：010 - 62285095

邮箱：buptef@ bupt. edu. cn

办公地址：北京市海淀区西土城路 10 号
北京邮电大学教 1 楼 111 室（100876）

网址：http：//211. 68. 71. 130/jjh

现任理事长：赵青山

秘书长：杨俊

宗旨：促进北京邮电大学教育事业的发展。

主要活动领域：教育、科学研究

主要财务数据图表　　　　单位：元

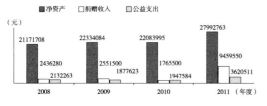

财务指标＼年度	2008	2009	2010	2011
净资产	21171708	22334084	22083995	27992763
捐赠收入	2436280	2551500	1765500	9459550
公益支出	2132263	1877623	1947584	3620511

151. 北京成龙慈善基金会 （Jackie Chan Charitable Foundation Beijing）

组织机构代码：67740255 – 4

类别：非公募

成立时间：2008 年 7 月 10 日

原始基金：200 万元

登记部门：北京市民政局

业务主管单位：北京市民政局

电话：010 – 84186603

传真：010 – 84186603

邮箱：jcafbj@ 126. com

办公地址：北京市东城区建国门内大街 18 号办公楼第一座 25 层 2501 室（100010）

网址：http：//www. chengloongcishan. org

现任理事长：张佳维

秘书长：党群

宗旨：帮助弱势群体，帮助青少年健康成长，共建美好的人文与自然环境。

主要活动领域：教育、环境、医疗救助、扶贫助困

主要财务数据图表
单位：元

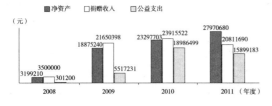

财务指标 \ 年度	2008	2009	2010	2011
净资产	3199210	18875240	23297703	27970680
捐赠收入	3500000	21650398	23915522	20811690
公益支出	301200	5517231	18986499	15899183

152. 江苏科技大学教育发展基金会 （Jiangsu University of Science and Technology Education Development Foundation）

组织机构代码：50915878 – 3

类别：非公募

成立时间：2007 年 8 月 1 日

原始基金：400 万元

登记部门：江苏省民政厅

业务主管单位：江苏省教育厅

电话：0511 – 84401059

传真：0511 – 84401059

邮箱：jkdcw@ just. edu. cn

办公地址：江苏省镇江市京口区梦溪路 2 号（212003）

网址：无

现任理事长：姜建忠

秘书长：姜佩剑

宗旨：遵守中华人民共和国宪法、法律、法规、规章和国家政策，遵守社会道德风尚，致力于加强江苏科技大学与国内外各界的联系和合作，筹集社会资金，资助、奖励我校师生，推动我校教育事业的发展。

主要活动领域：教育、科学研究

主要财务数据图表
单位：元

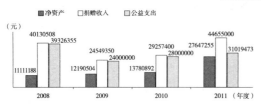

财务指标 \ 年度	2008	2009	2010	2011
净资产	11111188	12190504	13780892	27647255
捐赠收入	40130508	24549350	29257400	44655000
公益支出	39326355	24000000	28000000	31019473

153. 中国农业大学教育基金会（China Agricultural University Education Foundation）

组织机构代码：50002152 - 9

类别：非公募

成立时间：2009 年 9 月 2 日

原始基金：2046 万元

登记部门：民政部

业务主管单位：教育部

电话：010 - 62737675

传真：010 - 62737675

邮箱：cauef@ cau. edu. cn

办公地址：北京市海淀区清华东路 17 号
中国农业大学东校区 6 号楼（100083）

网址：http：//cauef. cau. edu. cn

现任理事长：瞿振元

秘书长：李全宏

宗旨：遵守中华人民共和国宪法、法律、法规和国家政策，遵守社会道德风尚，发动和凝聚社会各方力量，致力于推动我国教育事业和中国农业大学教学、科研以及高新技术开发事业的长远发展。

主要活动领域：教育、医疗救助、科学研究

主要财务数据图表　　　　单位：元

财务指标 \ 年度	2008	2009	2010	2011
净资产	–	23183780	24325304	27456670
捐赠收入	–	23363194	5489068	13532755
公益支出	–	233461	4773972	11030967

154. 南航"十分"关爱基金会（CSN 'Ten Cent' Foundation）

组织机构代码：50001971 - X

类别：非公募

成立时间：2005 年 5 月 13 日

原始基金：2000 万元

登记部门：民政部

业务主管单位：中国民用航空总局

电话：020 - 86123413

传真：020 - 86123342

邮箱：fujxun@ csair. com

办公地址：广东省广州市白云区机场路

278 号南方航空公司办公大楼（510406）

网址：http：//www. csair. cn

现任理事长：李文新

秘书长：徐杰波

宗旨：为扶贫济困、救孤助残、赈灾救援、抗击疫情、助学兴教等社会公益活动提供资助或奖励，弘扬社会美德，彰显企业责任，引导社会风尚。

主要活动领域：教育、安全救灾

主要财务数据图表　　　　单位：元

财务指标 \ 年度	2008	2009	2010	2011
净资产	26811023	27956464	31676977	26952576
捐赠收入	5979240	9507680	8300000	7995149
公益支出	3870900	8818485	5478401	13250000

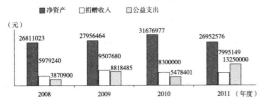

155. 北京中国政法大学教育基金会 （China University of Political Science and Law Education Foundation）

组织机构代码：66750061 - X
类别：非公募
成立时间：2007 年 10 月 30 日
原始基金：200 万元
登记部门：北京市民政局
业务主管单位：北京市教育委员会
电话：010 - 58909597
传真：010 - 58909588
邮箱：cuplef@ cupl. edu. cn

办公地址：北京市昌平区府学路 27 号中国政法大学办公楼 A 座 202 室（102249）
网址：http://ef. cupl. edu. cn
现任理事长：马怀德
秘书长：杨阳
宗旨：通过介绍捐赠和进行资助，促进教育事业的发展。
主要活动领域：教育、科学研究

主要财务数据图表

单位：元

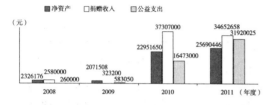

财务指标 \ 年度	2008	2009	2010	2011
净 资 产	2326176	2071508	22951650	25690446
捐赠收入	2580000	323200	37307000	34652658
公益支出	260000	583050	16473000	31920025

156. 北京市企业家环保基金会 （See Foundation）

组织机构代码：68285535 - 5
类别：非公募
成立时间：2008 年 12 月 23 日
原始基金：800 万元
登记部门：北京市民政局
业务主管单位：北京市科学技术协会
电话：010 - 65000710
传真：010 - 65000722
邮箱：office@ see. org. cn

办公地址：北京市朝阳区农展南路甲 1 号 1 层西北区域（100026）
网址：http://www. see. org. cn/foundation/
现任理事长：吴敬琏
秘书长：刘小钢
宗旨：从事环境脆弱地区的环境保护工作，推动企业家承担更多的环境责任。
主要活动领域：环境、科学研究、公益事业发展

主要财务数据图表

单位：元

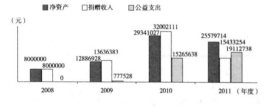

财务指标 \ 年度	2008	2009	2010	2011
净 资 产	8000000	12886928	29341027	25579714
捐赠收入	8000000	13636383	32002111	15433254
公益支出	0	777528	15265638	19112738

157. 华中科技大学教育发展基金会 （Huazhong University of Science and Technology Education Development Foundation）

组织机构代码：50358990 - 2

类别：非公募

成立时间：2010 年 2 月 8 日

原始基金：200 万元

登记部门：湖北省民政厅

业务主管单位：湖北省教育厅

电话：027 - 87559673

传真：027 - 87559674

邮箱：hustjjh@ mail. hust. edu. cn

办公地址：湖北省武汉市洪山区珞瑜路 1037

号华中科技大学东一区 4 号楼 （430074）

网址：http://edf. hust. edu. cn

现任理事长：林萍华

秘书长：李华燊

宗旨：遵守宪法、法律、法规和国家政策，遵守社会道德风尚，推动教育事业的发展，资助学生，奖励教师，帮助学校建设。

主要活动领域：教育、科学研究

主要财务数据图表

单位：元

财务指标＼年度	2008	2009	2010	2011
净资产	–	–	5046197	24894684
捐赠收入	–	–	3564689	15313985
公益支出	–	–	525260	18243821

158. 中社社会工作发展基金会 （Zhongshe Social Work Development Foundation）

组织机构代码：71782900 - 0

类别：非公募

成立时间：2011 年 3 月 29 日

原始基金：2000 万元

登记部门：民政部

业务主管单位：民政部

电话：010 - 65079816

传真：010 - 65076506

邮箱：2398296489@ qq. com

办公地址：北京市朝阳区东三环中路 25

号住总大厦 5 层 （100020）

网址：http://www. zsswdf. org

现任理事长：徐瑞新

秘书长：王红卫

宗旨：为普及社工知识，培养社工人才，宣传社工理念，开展社会工作本土化的试点、教育、科研工作，培育不同类型的社工基层组织，开展社工专业服务活动，发展社会工作事业提供强有力的支持与保证。

主要活动领域：公共服务

主要财务数据图表

单位：元

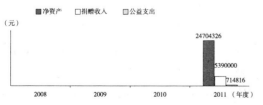

财务指标＼年度	2008	2009	2010	2011
净资产	–	–	–	24704326
捐赠收入	–	–	–	5390000
公益支出	–	–	–	714816

159. 河南大学教育发展基金会 （He'nan University Education Development Foundation）

组织机构代码：71782982 - 8

类别：非公募

成立时间：2011 年 6 月 10 日

原始基金：2000 万元

登记部门：民政部

业务主管单位：教育部

电话：0378 - 2196086

传真：0378 - 2196086

邮箱：edf@ henu. edu. cn

办公地址：河南省开封市顺河区民伦街 85 号河南大学民伦校区内（475001）

网址：http：//edf. henu. edu. cn

现任理事长：关爱和

秘书长：郭志祥

宗旨：遵守中华人民共和国宪法、法律、法规和国家政策，遵守社会道德风尚，致力于加强河南大学与国内外各界的联系和合作，争取国内外团体和个人的支持和捐助，促进河南大学教学、科学研究的发展。

主要活动领域：教育

主要财务数据图表　　　　单位：元

财务指标 \ 年度	2008	2009	2010	2011
净 资 产	–	–	–	24572597
捐赠收入	–	–	–	5015198
公益支出	–	–	–	496374

160. 北京医学奖励基金会 （Beijing Medical Award Foundation）

组织机构代码：50031306 - 2

类别：非公募

成立时间：2002 年 11 月 13 日

原始基金：200 万元

登记部门：北京市民政局

业务主管单位：北京市卫生局

电话：010 - 63561161

传真：010 - 63558659

邮箱：bridge2005@ gmail. com

办公地址：北京市宣武区枣林前街 35 号宣兴大厦 1 层、2 层（100053）

网址：http：//www. yxjl. org

现任理事长：贺伟

秘书长：贺伟

宗旨：通过奖励机制，提供专业服务，提升医学水平。

主要活动领域：卫生保健、医疗救助、科学研究

主要财务数据图表　　　　单位：元

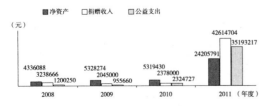

财务指标 \ 年度	2008	2009	2010	2011
净 资 产	4336088	5328274	5319430	24205791
捐赠收入	3238666	2045000	2378000	42614704
公益支出	1200250	955660	2324727	35193217

161. 广东省大成慈善基金会（Guangdong Dacheng Charity Foundation）

组织机构代码：68641466 - 1

类别：非公募

成立时间：2009 年 4 月 12 日

原始基金：500 万元

登记部门：广东省民政厅

业务主管单位：广东省民政厅

电话：0755 - 22223001

传真：0755 - 83183388

邮箱：xiaocw@ dcfund. com. cn

办公地址：广东省深圳市福田区深南大道 7088 号招商银行大厦 32 层（518040）

网址：http://www. dccharity. cn

现任理事长：王颢

秘书长：肖冰

宗旨：以人为本，致力慈善公益事业，履行企业社会责任，促进社会和谐发展。

主要活动领域：教育、环境、医疗救助、安全救灾

主要财务数据图表　　　　单位：元

财务指标 \ 年度	2008	2009	2010	2011
净资产	–	13688374	18784613	23913210
捐赠收入	–	6612248	4269336	3047753
公益支出	–	1224400	3203600	2325346

162. 吉林大学第一医院医学发展和医学援助基金会（Jilin University No. First Hospital Foundation for Medicine Development and Medical Aid）

组织机构代码：77106906 - 5

类别：非公募

成立时间：2005 年 4 月 13 日

原始基金：200 万元

登记部门：吉林省民政厅

业务主管单位：吉林省卫生厅

电话：0431 - 88782343

传真：0431 - 88782661

邮箱：lyh68091@ sina. com

办公地址：吉林省长春市朝阳区新民大街 71 号（130021）

网址：无

现任理事长：张东航

秘书长：仲雅杰

宗旨：促进吉林大学第一医院医学事业的发展和援助在该院就医的生活特困病人。

主要活动领域：教育、科学研究

主要财务数据图表　　　　单位：元

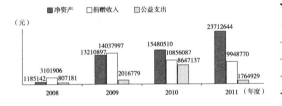

财务指标 \ 年度	2008	2009	2010	2011
净资产	1185142	13210897	15480510	23712644
捐赠收入	3101906	14037997	10856087	9948770
公益支出	807181	2016779	8647137	1764929

163. 河南省宋河老子国学教育基金会 （Songhe Laozi Education Foundation for Chinese Civilization）

组织机构代码：55960485 - X

类别：非公募

成立时间：2010 年 7 月 22 日

原始基金：200 万元

登记部门：河南省民政厅

业务主管单位：河南省教育厅

电话：0371 - 86603206

传真：0371 - 86603206

邮箱：songheef@ 126. com

办公地址：河南省郑州市郑东新区商务外环西七街 3 号中华大厦 10 楼（450008）

网址：http://www. songheef. org

现任理事长：李学斌

秘书长：刘本在

宗旨：传承中华文脉，弘扬中华文明，资助教育，回报社会。

主要活动领域：文化、教育

主要财务数据图表
单位：元

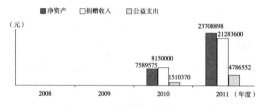

财务指标＼年度	2008	2009	2010	2011
净 资 产	-	-	7589575	23708898
捐赠收入	-	-	8150000	21283600
公益支出	-	-	1510370	4786552

164. 湖北省自强教育基金会 （Hubei Ziqiang Education Foundation）

组织机构代码：20358952 - 3

类别：非公募

成立时间：2011 年 10 月 25 日

原始基金：200 万元

登记部门：湖北省民政厅

业务主管单位：湖北省教育厅

电话：027 - 87841703

传真：027 - 87739311

邮箱：464341584@ qq. com

办公地址：湖北省武汉市洪山区关山街关山口特 1 号（430000）

网址：无

现任理事长：骆学葵

秘书长：陈振民

宗旨：支持蕲春大别山区教育事业，扶助蕲春县经济困难学生，以支持其完成学业，励志自强，服务社会；奖掖勤奋上进的学子，以激励其发奋向上，励志成才，报效国家。

主要活动领域：教育

主要财务数据图表
单位：元

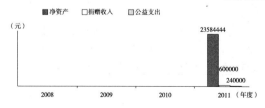

财务指标＼年度	2008	2009	2010	2011
净 资 产	-	-	-	23584444
捐赠收入	-	-	-	600000
公益支出	-	-	-	240000

165. 南京交通职业技术学院教育发展基金会（Nanjing College of Transport Education Development Foundation）

组织机构代码：50916012 – X

类别：非公募

成立时间：2009 年 11 月 27 日

原始基金：500 万元

登记部门：江苏省民政厅

业务主管单位：江苏省教育厅

电话：025 – 86115022

传真：025 – 86115300

邮箱：zhjj8942@126.com

办公地址：江苏省南京市江宁区龙眠大道 629 号（211188）

网址：无

现任理事长：孟祥林

秘书长：张家俊

宗旨：致力于加强学院与国内外各界的联系和合作，多方募集社会捐款，推动学院教育事业发展。

主要活动领域：教育

主要财务数据图表　　　　　单位：元

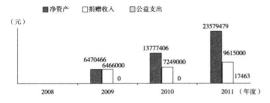

财务指标 \ 年度	2008	2009	2010	2011
净资产	–	6470466	13777406	23579479
捐赠收入	–	6466000	7249000	9615000
公益支出	–	0	0	17463

166. 北京市长江科技扶贫基金会（China Changjiang River Charity Foundation）

组织机构代码：55135288 – 9

类别：非公募

成立时间：2010 年 4 月 9 日

原始基金：200 万元

登记部门：北京市民政局

业务主管单位：北京市科学技术协会

电话：010 – 68423076

传真：010 – 68423076

邮箱：ccriver@126.com

办公地址：北京市海淀区清河小营后屯东路专家国际花园（100192）

网址：http：//www.ccriver.org

现任理事长：杨博喻

秘书长：胡艳辉

宗旨：通过科学帮扶、技术支持和资金资助的方式，帮助贫困群体。

主要活动领域：教育、"三农"、扶贫助困

主要财务数据图表　　　　　单位：元

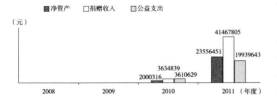

财务指标 \ 年度	2008	2009	2010	2011
净资产	–	–	2000316	23556451
捐赠收入	–	–	3634839	41467805
公益支出	–	–	3610629	19939643

167. 北京科技大学教育发展基金会（University of Science and Technology Beijing Education Development Foundation）

组织机构代码：79065175 - 5

类别：非公募

成立时间：2006 年 7 月 26 日

原始基金：200 万元

登记部门：北京市民政局

业务主管单位：教育部

电话：010 - 62332829

传真：010 - 62327283

邮箱：xyh@ ustb. edu. cn

办公地址：北京市海淀区学院路 30 号北京科技大学办公楼 304 室（100083）

网　址：http：//jjh. ustb. edu. cn/XiaoYou/home. action

现任理事长：罗维东

秘书长：王维才

宗旨：加强对外联系，吸纳社会资金，支持学校发展，促进教育事业。

主要活动领域：教育、科学研究

主要财务数据图表

单位：元

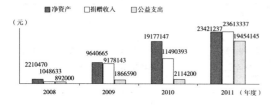

财务指标\年度	2008	2009	2010	2011
净 资 产	2210470	9640665	19177147	23421237
捐赠收入	1048633	9178143	11490393	23613337
公益支出	892000	1866590	2114200	19454145

168. 华侨茶业发展研究基金会（The Overseas China Tea Development Research Foundation）

组织机构代码：50001693 - 0

类别：非公募

成立时间：1981 年 9 月 8 日

原始基金：2000 万元

登记部门：民政部

业务主管单位：商务部

电话：010 - 63344596

传真：010 - 63344576

邮箱：teafund@ 126. com

办公地址：北京市西城区赵登禹路富国街 2 号院南楼 4 层（100034）

网址：http：//www. chinateafund. cn

现任理事长：王宪章

秘书长：邵曙光

宗旨：支持我国茶产业的可持续发展，提升茶业竞争力，弘扬茶文化，促进茶经济发展。

主要活动领域：文化、"三农"

主要财务数据图表

单位：元

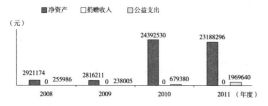

财务指标\年度	2008	2009	2010	2011
净 资 产	2921174	2816211	24392530	23188296
捐赠收入	0	0	0	0
公益支出	255986	238005	679380	1969640

169. 襄樊学院教育发展基金会（Xiangfan University Education Development Foundation）

组织机构代码：66766640 - 9

类别：非公募

成立时间：2007 年 10 月 17 日

原始基金：200 万元

登记部门：湖北省民政厅

业务主管单位：湖北省教育厅

电话：0710 - 3590629

传真：0710 - 3590129

邮箱：无

办公地址：湖北省襄樊市襄城区隆中路 296 号襄樊学院致远楼 339 室（441053）

网址：http：//web. hbuas. edu. cn/fund

现任理事长：马小洁

秘书长：贾华芳

宗旨：遵守中华人民共和国宪法、法律、法规、规章和国家政策，遵守社会道德风尚，致力于加强襄樊学院与国内外校友和社会各界的联系和合作，募集办学资金，奖励、资助襄樊学院师生，推动襄樊学院教育事业的发展。

主要活动领域：教育

主要财务数据图表　　　　单位：元

财务指标 年度	2008	2009	2010	2011
净 资 产	4073521	4111881	4600501	22964557
捐赠收入	4104790	520750	750000	20482000
公益支出	2664230	483296	728315	2149021

170. 桂林市仁济慈善基金会（Guilin Renji Charity Foundation）

组织机构代码：50716485 - 6

类别：非公募

成立时间：2007 年 9 月 11 日

原始基金：801 万元

登记部门：广西壮族自治区民政厅

业务主管单位：政协桂林市委员会

电话：0773 - 2859319

传真：0773 - 2822320

邮箱：glscs@ glin. cn

办公地址：广西壮族自治区桂林市秀峰区三多路 32 号政协办公楼 1 楼（541001）

网址：http：//www. glscs. cn/index/jjh. asp

现任理事长：王晖

秘书长：陶耀辉

宗旨：弘扬人道主义精神，促进桂林市公益事业发展，支持社会扶贫救助，推进桂林及周边地区和谐发展。

主要活动领域：教育、社区发展

主要财务数据图表　　　　单位：元

财务指标 年度	2008	2009	2010	2011
净 资 产	8655025	18547475	21204066	22830350
捐赠收入	608100	400000	200000	548000
公益支出	908100	402800	405872	582432

171. 上海市奉贤建设工程科学技术发展基金会（Shanghai Fengxian Foundation for Construction Engineering Science and Technology Development）

组织机构代码：50177959 – 3

类别：非公募

成立时间：2005 年 4 月 18 日

原始基金：2000 万元

登记部门：上海市民政局

业务主管单位：上海市建设和交通委员会

电话：021 – 67185718

传真：021 – 67184060

邮箱：无

办公地址：上海市奉贤区南桥镇城乡路 333 号 511 室（201400）

网址：无

现任理事长：张移

秘书长：闻仁龙

宗旨：接受社会捐赠促进建设工程科研技术进步和社会公益事业发展。

主要活动领域：教育、科学研究

主要财务数据图表

单位：元

财务指标 \ 年度	2008	2009	2010	2011
净 资 产	21812621	22040658	22700366	22509592
捐 赠 收 入	0	0	0	0
公 益 支 出	1663585	1889038	1830661	1819000

172. 山西省汾酒集团公益基金会（Shanxi Fenjiu Group Foundation）

组织机构代码：56632508 – 2

类别：非公募

成立时间：2010 年 12 月 9 日

原始基金：209 万元

登记部门：山西省民政厅

业务主管单位：山西省国资委

电话：0351 – 5683326

传真：0351 – 5683326

邮箱：fjjjh@ fenjiu. com. cn

办公地址：山西省太原市迎泽区解放路 38 号汾酒大厦（030002）

网址：http：//www. fjjjh. cn

现任理事长：阎秉华

秘书长：杨映峰

宗旨：诚信中国，理想中国。

主要活动领域：文化、教育

主要财务数据图表

单位：元

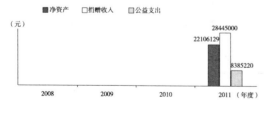

财务指标 \ 年度	2008	2009	2010	2011
净 资 产	–	–	–	22106129
捐 赠 收 入	–	–	–	28445000
公 益 支 出	–	–	–	8385220

173. 上海民生公益基金会 （Shanghai Minsheng Charity Foundation）

组织机构代码：50178120 - 4

类别：非公募

成立时间：2010 年 2 月 9 日

原始基金：300 万元

登记部门：上海市民政局

业务主管单位：上海市民政局

电话：021 - 63916680

传真：021 - 63916673

邮箱：msgyjjh@126.com

办公地址：上海市黄浦区福州路 666 号 13D 座 （200001）

网址：http://www.msgy - sh.com/

现任理事长：佘宝庆

秘书长：章金城

宗旨：济贫扶弱，倡导爱心，致力社会公益。

主要活动领域：教育、青少年、老年人、扶贫助困

主要财务数据图表
单位：元

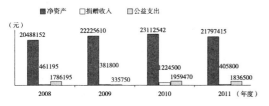

财务指标 \ 年度	2008	2009	2010	2011
净资产	-	-	11234940	21922901
捐赠收入	-	-	11473400	13063255
公益支出	-	-	389922	2069503

174. 浙江树人大学暨王宽诚教育基金会 （Zhejiang Shuren University Education Foundation）

组织机构代码：50187245 - 6

类别：非公募

成立时间：1992 年 3 月 24 日

原始基金：210 万元

登记部门：浙江省民政厅

业务主管单位：浙江省教育厅

电话：0571 - 88297027

传真：0571 - 88297027

邮箱：81cy211@163.com

办公地址：浙江省杭州市拱墅区舟山东路

19 号浙江树人大学 （310015）

网址：无

现任理事长：侯靖方

秘书长：朱月平

宗旨：遵守宪法、法律、法规和国家政策，遵守社会道德风尚，在政策允许的范围内，筹措基金，争取扩大基金额及增加基金项目，将筹措的基金用于浙江树人大学的发展。

主要活动领域：教育、科学研究

主要财务数据图表
单位：元

财务指标 \ 年度	2008	2009	2010	2011
净资产	20488152	22225610	23112542	21797415
捐赠收入	461195	381800	1224500	405800
公益支出	1786195	335750	1959470	1836500

175. 上海东华大学教育发展基金会（Donghua University Education Development Foundation）

组织机构代码：50178141 – 5

类别：非公募

成立时间：2010 年 9 月 21 日

原始基金：500 万元

登记部门：上海市民政局

业务主管单位：上海市教育委员会

电话：021 – 67792915

传真：021 – 67792380

邮箱：ddl@ dhu. edu. cn

办公地址：上海市松江区人民北路 2999 号

东华大学行政楼 407 室（201620）

网址：http://edf. dhu. edu. cn

现任理事长：朱绍中

秘书长：王俊民

宗旨：遵守宪法、法律、法规和国家政策，遵守社会道德风尚，汇八方涓流，襄教育伟业，全面支持和推动高等教育事业的长远建设和发展，为社会公益事业服务。

主要活动领域：教育

主要财务数据图表

单位：元

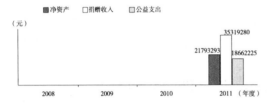

财务指标 \ 年度	2008	2009	2010	2011
净 资 产	–	–	–	21793293
捐赠收入	–	–	–	35319280
公益支出	–	–	–	18662225

176. 韬奋基金会（Taofen Foundation of China）

组织机构代码：50001860 – 2

类别：非公募

成立时间：1986 年 9 月 12 日

原始基金：2000 万元

登记部门：民政部

业务主管单位：新闻出版总署

电话：010 – 58757389

传真：010 – 58757389

邮箱：qjh209@126. com

办公地址：北京市东城区沙滩后街 55 号

院 7 号楼（100009）

网址：http://www. taofenfund. org

现任理事长：聂震宁

秘书长：王晓平

宗旨：发扬光大韬奋精神和优良传统，开展韬奋思想研究以及评选新闻出版优秀人物，为繁荣新闻出版事业和造就新闻出版人才服务。

主要活动领域：文化

主要财务数据图表

单位：元

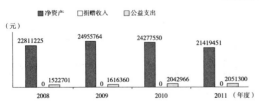

财务指标 \ 年度	2008	2009	2010	2011
净 资 产	22811225	24955764	24277550	21419451
捐赠收入	0	0	0	0
公益支出	1522701	1616360	2042966	2051300

177. 湖南大学教育基金会 （Hu'nan University Education Foundation）

组织机构代码：69855456 – 5

类别：非公募

成立时间：2009 年 12 月 14 日

原始基金：1000 万元

登记部门：湖南省民政厅

业务主管单位：湖南省教育厅

电话：0731 – 88823510

传真：0731 – 88823510

邮箱：xiaoyouhui@ hnu. cn

办公地址：湖南省长沙市岳麓区麓山南路
2 号湖南大字南校区 7 舍 201 室（410082）

网址：无

现任理事长：刘克利

秘书长：刘宛晨

宗旨：接受海内外企业、团体和个人的捐赠，促进湖南大学教育事业的发展。

主要活动领域：教育、科学研究

主要财务数据图表　　　　　　　　单位：元

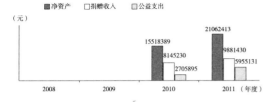

财务指标 \ 年度	2008	2009	2010	2011
净资产	–	–	15518389	21062413
捐赠收入	–	–	8145230	9881430
公益支出	–	–	2705895	5955131

178. 黄奕聪慈善基金会 （Huang Yicong Foundation）

组织机构代码：50002178 – 0

类别：非公募

成立时间：2010 年 5 月 4 日

原始基金：2000 万元

登记部门：民政部

业务主管单位：国务院侨务办公室

电话：021 – 63352268

传真：021 – 63351459

邮箱：foundation@ yicongfound. org

办公地址：上海市黄浦区延安东路 222 号
外滩中心 8 楼（200002）

网址：http：//www. yicongfound. org

现任理事长：Teiahlek

秘书长：苏蔷华

宗旨：支持中国公益事业的发展，扶危济困，安老扶幼，共建和谐社会。

主要活动领域：教育、青少年

主要财务数据图表　　　　　　　　单位：元

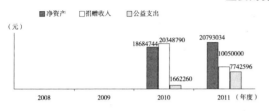

财务指标 \ 年度	2008	2009	2010	2011
净资产	–	–	18684744	20793034
捐赠收入	–	–	20348790	10050000
公益支出	–	–	1662260	7742596

179. 湖南飞翔公益基金会 （Hu'nan Feixiang Charity Foundation）

组织机构代码：76803591 - 3

类别：非公募

成立时间：2004 年 12 月 2 日

原始基金：200 万元

登记部门：湖南省民政厅

业务主管单位：湖南省烟草专卖局

电话：0731 - 85908227

传真：0731 - 85098072

邮箱：无

办公地址：湖南省长沙市雨花区万家丽中

路三段 188 号（410014）

网址：无

现任理事长：曾献兵

秘书长：周涛

宗旨：遵守宪法、法律、法规和国家政策，遵守社会道德风尚，秉承"立足社会，回报社会"理念，积极资助弱势群体，扶持文化教育、环境保护等事业，发展社会公益活动，促进社会发展。

主要活动领域：安全救灾

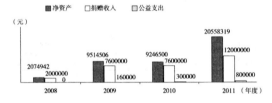

主要财务数据图表　　　　　　　　　　单位：元

财务指标＼年度	2008	2009	2010	2011
净资产	2074942	9514506	9246500	20558319
捐赠收入	2000000	7600000	7600000	12000000
公益支出	0	160000	300000	800000

180. 成都公和社区发展基金会 （Gonghe Foundation）

组织机构代码：69915764 - 1

类别：非公募

成立时间：2009 年 12 月 22 日

原始基金：200 万元

登记部门：四川省民政厅

业务主管单位：成都市委宣传部

电话：028 - 83715992

传真：028 - 86629820

邮箱：无

办公地址：四川省成都市青羊区人民中路一段 11 号体育局大楼 3 层（610015）

网址：http：//www. gonghe. org. cn

现任理事长：陈建

秘书长：罗思

宗旨：联络国内外社会团体和个人，为繁荣和发展成都市社区文化建设和教育事业筹集资金，提供资助。

主要活动领域：社区发展

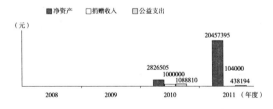

主要财务数据图表　　　　　　　　　　单位：元

财务指标＼年度	2008	2009	2010	2011
净资产	–	–	2826505	20457395
捐赠收入	–	–	1000000	104000
公益支出	–	–	1088810	438194

181. 北京百度公益基金会（Baidu Foundation）

组织机构代码：56360398 - 0

类别：非公募

成立时间：2011 年 1 月 7 日

原始基金：2000 万元

登记部门：北京市民政局

业务主管单位：北京市民政局

电话：010 - 59927048

传真：010 - 59920021

邮箱：chenchen04@ baidu. com

办公地址：北京市海淀区上地十街 10 号百度大厦 2 层（100085）

网　址： http：//gongyi. baidu. com/founda-tion. html

现任理事长：史有才

秘书长：张东晨

宗旨：以信息技术打造公益平台，弥合信息鸿沟，促进知识共享，构建和谐社会。

主要活动领域：教育、儿童

主要财务数据图表
单位：元

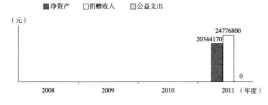

财务指标 年度	2008	2009	2010	2011
净 资 产	-	-	-	20344170
捐赠收入	-	-	-	24776800
公益支出	-	-	-	0

182. 亿利公益基金会（Elion Green Foundation）

组织机构代码：71783026 - 3

类别：非公募

成立时间：2011 年 5 月 16 日

原始基金：2000 万元

登记部门：民政部

业务主管单位：中共中央统战部

电话：010 - 57376932

传真：010 - 57376932

邮箱：无

办公地址：北京市丰台区南四环西路 188 号 1 区 10 号楼 501 室、502 室（100070）

网址：无

现任理事长：王雅韬

秘书长：王海燕

宗旨：构建富强、文明、和谐社会。

主要活动领域：环境

主要财务数据图表
单位：元

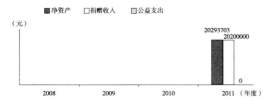

财务指标 年度	2008	2009	2010	2011
净 资 产	-	-	-	20293703
捐赠收入	-	-	-	20200000
公益支出	-	-	-	0

183. 西北农林科技大学教育发展基金会 （Northwest Agriculture and Forest University Education Development Foundation）

组织机构代码：71782981 – X

类别：非公募

成立时间：2011 年 7 月 1 日

原始基金：2000 万元

登记部门：民政部

业务主管单位：教育部

电话：029 – 87080038

传真：029 – 87080038

邮箱：jjh@ nwsuaf. edu. cn

办公地址：陕西省咸阳市杨陵区邰城路 3 号西北农林科技大学（712100）

网址：http：// edf. nwsuaf. edu. cn

现任理事长：赵忠

秘书长：刘亦仓

宗旨：加强学校与国内外各界的联系和合作，募集办学资金，推动学校教育事业的发展。

主要活动领域：教育

主要财务数据图表
单位：元

财务指标 \ 年度	2008	2009	2010	2011
净 资 产	–	–	–	20267224
捐 赠 收 入	–	–	–	2542214
公 益 支 出	–	–	–	2342214

184. 张家港市永联为民基金会 （Zhangjiagang Forever People Foundation）

组织机构代码：50916036 – 5

类别：非公募

成立时间：2010 年 5 月 30 日

原始基金：500 万元

登记部门：江苏省民政厅

业务主管单位：江苏省民政厅

电话：0512 – 58619759

传真：0512 – 58612046

邮箱：568683905@ qq. com

办公地址：江苏省张家港市南丰镇永联村

（215028）

网址：无

现任理事长：李世富

秘书长：章长清

宗旨：在安老、慈孤、扶残、济困、赈灾及兴建、改善慈善设施等方面发挥积极作用，以人为本，关爱民生，为发展民间慈善事业，构建和谐社会作贡献。

主要活动领域：公共服务、社区发展

主要财务数据图表
单位：元

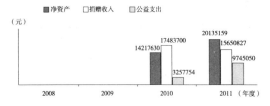

财务指标 \ 年度	2008	2009	2010	2011
净 资 产	–	–	14217630	20135159
捐 赠 收 入	–	–	17483700	15650827
公 益 支 出	–	–	3257754	9745050

185. 余彭年慈善基金会（Yu Pengnian Charity Foundation）

组织机构代码：50002165 - X

类别：非公募

成立时间：2010 年 1 月 14 日

原始基金：2000 万元

登记部门：民政部

业务主管单位：卫生部

电话：0755 - 28185888

传真：0755 - 25185429

邮箱：panglin@ panglin - hotel. com

办公地址：广东省深圳市罗湖区嘉宾路

2002 号彭年广场45 楼（518000）

网址：无

现任理事长：彭志兵

秘书长：许树汉

宗旨：竭尽所能，开展各项慈善、福利活动，通过余彭年先生的慈善义举，唤起更多的有识之士投身中国的慈善事业，以促进和推动中国慈善事业的发展。

主要活动领域：教育、医疗救助、安全救灾

主要财务数据图表
单位：元

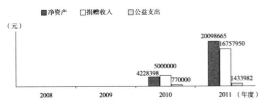

财务指标＼年度	2008	2009	2010	2011
净 资 产	–	–	16687564	20121873
捐赠收入	–	–	3000000	8500030
公益支出	–	–	6390569	5030895

186. 浙江省舟山中浪慈善基金会（Zhejiang Zhoushan Zhonglang Charity Foundation）

组织机构代码：50188415 - 8

类别：非公募

成立时间：2010 年 8 月 11 日

原始基金：2000 万元

登记部门：浙江省民政厅

业务主管单位：浙江省民政厅

电话：0580 - 2683118

传真：0580 - 2683118

邮箱：45705268@ qq. com

办公地址：浙江省舟山市定海区环城南路9 号4 楼（316000）

网址：无

现任理事长：王忠根

秘书长：夏对红

宗旨：赈灾救援，扶贫济困，重点为城乡特困病残家庭提供援助，努力构建和谐社会。

主要活动领域：医疗救助、安全救灾

主要财务数据图表
单位：元

财务指标＼年度	2008	2009	2010	2011
净 资 产	–	–	4228398	20098665
捐赠收入	–	–	5000000	16757950
公益支出	–	–	770000	1433982

187. 北京幽兰文化基金会 （Beijing Orchid Culture Foundation）

组织机构代码：56035238 - 9

类别：非公募

成立时间：2010 年 10 月 13 日

原始基金：2000 万元

登记部门：北京市民政局

业务主管单位：北京市文化局

电话：010 - 85322011

传真：010 - 85322011

邮箱：bj_ youlan@163.com

办公地址：北京市朝阳区建国门外大街 21 号北京国际俱乐部办公楼 701 室（100020）

网址：无

现任理事长：景晓文

秘书长：吴学军

宗旨：保护、弘扬、普及京剧艺术，推动中华民族文化的多样化进步和繁荣。

主要活动领域：文化

主要财务数据图表

单位：元

财务指标 \ 年度	2008	2009	2010	2011
净资产	–	–	19944322	20057795
捐赠收入	–	–	20000000	2650000
公益支出	–	–	13890	2438783

188. 陈香梅公益基金会 （Anna Chennault Foundation）

组织机构代码：50002185 - 2

类别：非公募

成立时间：2010 年 6 月 22 日

原始基金：2000 万元

登记部门：民政部

业务主管单位：民政部

电话：010 - 62385872

传真：010 - 62385873

邮箱：acfcxm@126.com

办公地址：北京市海淀区北太平庄路 25 号豪威大厦 501 室（100088）

网址：http://www.annacf.org

现任理事长：师艳丽

秘书长：刘玉尊

宗旨：支持和参与救灾、济困、扶残等慈善公益活动，救助贫困孤残儿童、老年等社会弱势群体，帮助贫困地区教育事业和师资力量的培训，推动中国社会福利及教育事业的发展。

主要活动领域：教育

主要财务数据图表

单位：元

财务指标 \ 年度	2008	2009	2010	2011
净资产	–	–	19093821	20027009
捐赠收入	–	–	0	2925100
公益支出	–	–	789960	1936736

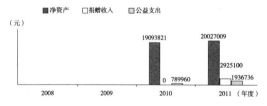

189. 浙江全山石艺术基金会（Zhejiang Quanshan Stone Arts Foundation）

组织机构代码：A933761 - X

类别：非公募

成立时间：2011 年 12 月 6 日

原始基金：2000 万元

登记部门：浙江省民政厅

业务主管单位：浙江省文联

电话：0571 - 87755593

传真：0571 - 87755590

邮箱：无

办公地址：浙江省杭州市西湖区转塘街道江涵路 10 号（310008）

网址：无

现任理事长：魏新燕

秘书长：项兴良

宗旨：推动艺术传承、创新、研究和中外文化交流，支持和推动油画等艺术社会公益事业。

主要活动领域：艺术

主要财务数据图表　　　　单位：元

财务指标 年度	2008	2009	2010	2011
净 资 产	–	–	–	20010678
捐赠收入	–	–	–	0
公益支出	–	–	–	0

190. 王振滔慈善基金会（Wang Zhentao Charity Foundation）

组织机构代码：50002032 - 3

类别：非公募

成立时间：2006 年 12 月 7 日

原始基金：2000 万元

登记部门：民政部

业务主管单位：民政部

电话：0577 - 67969696

传真：0577 - 67926666

邮箱：wztcf@ aokang. com

办公地址：浙江省温州市永嘉县瓯北镇三桥工业区奥康工业园（325000）

网址：http://www. wztcf. org

现任理事长：林丽琴

秘书长：郭强

宗旨：扶贫济困救难，奉献个人爱心，推动慈善事业发展。

主要活动领域：教育、医疗救助、安全救灾、老年人

主要财务数据图表　　　　单位：元

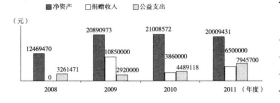

财务指标 年度	2008	2009	2010	2011
净 资 产	12469470	20890973	21008572	20009431
捐赠收入	0	10850000	3860000	6500000
公益支出	3261471	2920000	4489118	7945700

191. 顶新公益基金会（Ting Hsin Foundation）

组织机构代码：50002194 - 0

类别：非公募

成立时间：2010 年 11 月 2 日

原始基金：2000 万元

登记部门：民政部

业务主管单位：国务院台湾事务办公室

电话：010 - 65101663

传真：010 - 65101633

邮箱：dxgy@tinghsin.com.cn

办公地址：北京市东城区建国门内大街7号光华长安大厦1座716室（100005）

网址：http://www.tinghsinf.org.cn

现任理事长：滕鸿年

秘书长：张建利

宗旨：资助教育工程，发展两岸文化，扶贫赈灾。

主要活动领域：教育、安全救灾、扶贫助困

主要财务数据图表　　　　　单位：元

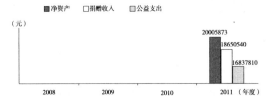

财务指标 \ 年度	2008	2009	2010	2011
净资产	-	-	-	20005873
捐赠收入	-	-	-	18650540
公益支出	-	-	-	16837810

192. 佛山市金盾救助基金会（Foshan Golden Shield Aid Foundation）

组织机构代码：69240715 - 0

类别：非公募

成立时间：2009 年 7 月 20 日

原始基金：200 万元

登记部门：广东省民政厅

业务主管单位：广东省公安厅

电话：0757 - 83032793

传真：0757 - 83032792

邮箱：fsjdjjh@126.com

办公地址：广东省佛山市禅城区汾江中路215 号创业大厦3 楼（528000）

网址：无

现任理事长：郑丕

秘书长：霍细苏

宗旨：救助伤病励斗志，维护稳定保平安。

主要活动领域：医疗救助、安全救灾、公共安全

主要财务数据图表　　　　　单位：元

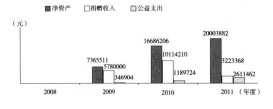

财务指标 \ 年度	2008	2009	2010	2011
净资产	-	7365511	16686206	20003882
捐赠收入	-	5780000	10114210	3223368
公益支出	-	346904	1189724	2611462

193. 济仁慈善基金会 （Jiren Charity Foundation）

组织机构代码：71783119 - 4

类别：非公募

成立时间：2011 年 12 月 17 日

原始基金：2000 万元

登记部门：民政部

业务主管单位：民政部

电话：010 - 88615868

传真：010 - 88232127

邮箱：jrcf@yahoo.cn

办公地址：北京市海淀区玉渊潭南路 17 号中兴家园 1 号楼 1207 室（100038）

网址：http://www.jirencf.org

现任理事长：孙振玉

秘书长：高永庆

宗旨：扶贫助残，关爱民生，努力构建和谐社会。

主要活动领域：医疗救助、儿童、残疾、扶贫助困

主要财务数据图表　　　　单位：元

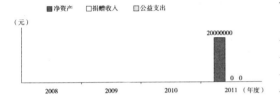

财务指标＼年度	2008	2009	2010	2011
净资产	-	-	-	20000000
捐赠收入	-	-	-	0
公益支出	-	-	-	0

194. 扬州市禹振飞慈善基金会 （Yangzhou Yu Zhenfei Charity Foundation）

组织机构代码：50916101 - 8

类别：非公募

成立时间：2011 年 5 月 19 日

原始基金：2000 万元

登记部门：江苏省民政厅

业务主管单位：江苏省民政厅

电话：0514 - 89886218

传真：0514 - 89886218

邮箱：yzyzfcs@sohu.com

办公地址：江苏省扬州市维扬区扬子江北路 308 - 1 号 8250 室（225001）

网址：http://www.yzyzfcs.com

现任理事长：禹振飞

秘书长：赵永华

宗旨：扶危济困，捐资助学，公益援助。

主要活动领域：教育

主要财务数据图表　　　　单位：元

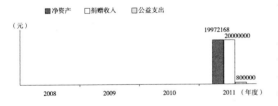

财务指标＼年度	2008	2009	2010	2011
净资产	-	-	-	19972168
捐赠收入	-	-	-	20000000
公益支出	-	-	-	800000

195. 南京医科大学教育发展基金会 （Nanjing Medical University Education Development Foundation）

组织机构代码：50915868 – 7
类别：非公募
成立时间：2007 年 6 月 22 日
原始基金：300 万元
登记部门：江苏省民政厅
业务主管单位：江苏省教育厅
电话：025 – 86862632
传真：025 – 86508960
邮箱：faxy219@ sina. com
办公地址：江苏省南京市鼓楼区汉中路 140 号南京医科大学明德楼 205 室 （210029）

网址：无
现任理事长：陈国钧
秘书长：王瑞新
宗旨：遵守中华人民共和国宪法、法律、法规、规章和国家政策，遵守社会道德风尚，致力于加强南京医科大学与国内外各界的联系与合作，筹集办学资金，奖励、资助南京医科大学师生，推动南京医科大学教育事业的发展。
主要活动领域：教育、科学研究

主要财务数据图表

单位：元

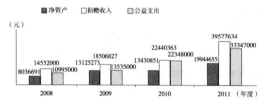

财务指标＼年度	2008	2009	2010	2011
净资产	8036691	13125273	13430851	19944655
捐赠收入	14552000	18506827	22440363	39577634
公益支出	10995000	13535000	22348000	33347000

196. 湖北省兴发之星教师奖励基金会 （Hubei Star of Xingfa Teacher Reward Foundation）

组织机构代码：50358998 – 8
类别：非公募
成立时间：2009 年 7 月 14 日
原始基金：400 万元
登记部门：湖北省民政厅
业务主管单位：湖北省教育厅
电话：0717 – 2581993
传真：0717 – 2581993
邮箱：chz1970ch@ yahoo. com. cn
办公地址：湖北省宜昌市兴山县古夫镇大

连路第一中学 （443700）
网址：无
现任理事长：傅兴鼎
秘书长：易行国
宗旨：接受社会各界的支持和帮助，激励广大教师扎根兴山，奉献教育，培养更多的优秀人才；更好地调动教师的积极性，稳定现有骨干教师、优秀人才队伍，培养和造就一大批名师，促进学校的可持续发展。
主要活动领域：教育

主要财务数据图表

单位：元

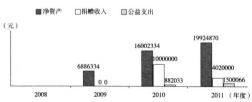

财务指标＼年度	2008	2009	2010	2011
净资产	–	6886334	16002334	19924870
捐赠收入	–	0	10000000	4020000
公益支出	–	0	882033	1500066

197. 永恒慈善基金会 （Yongheng Charity Foundation）

组织机构代码：71782979 - 9
类别：非公募
成立时间：2011 年 6 月 2 日
原始基金：2000 万元
登记部门：民政部
业务主管单位：民政部
电话：0755 - 25893783
传真：0755 - 25893604
邮箱：613452469@ qq. com

办公地址：广东省深圳市罗湖区人民南路
深房广场 A 座 45 楼 4505 室（518005）
网址：无
现任理事长：王钧
秘书长：罗烈武
宗旨：开展社会救助，扶助弱势群体，资
助教育事业，开拓公益项目，共同促进社
会福利事业发展。
主要活动领域：教育、公共服务

主要财务数据图表　　　　　　　　　单位：元

财务指标 \ 年度	2008	2009	2010	2011
净 资 产	-	-	-	19912528
捐赠收入	-	-	-	0
公益支出	-	-	-	0

198. 广西师范大学教育发展基金会 （Guangxi Normal University Education Development Foundation）

组织机构代码：50716483 - X
类别：非公募
成立时间：2006 年 11 月 28 日
原始基金：400 万元
登记部门：广西壮族自治区民政厅
业务主管单位：广西壮族自治区教育厅
电话：0773 - 5846439
传真：0773 - 5835526
邮箱：zdlgxsd@126. com
办公地址：广西壮族自治区桂林市七星区
育才路 15 号广西师范大学育才校区档案
馆 2 楼教育发展基金会办公室（541004）

网址：无
现任理事长：王枬
秘书长：丁静
宗旨：遵守中华人民共和国宪法、法律、
法规、规章和国家政策，遵守社会道德风
尚，致力于加强广西师范大学与各地校友
和国内外各界友好人士的联系与合作，募
集办学资金，开展经常性的助学、助教活
动，奖励、资助广西师范大学师生，积蓄
财力，推动广西师范大学教育事业的
发展。
主要活动领域：教育、创业

主要财务数据图表　　　　　　　　　单位：元

财务指标 \ 年度	2008	2009	2010	2011
净 资 产	6811808	15700601	18933925	19585990
捐赠收入	3708864	8508068	4363375	3787707
公益支出	1889938	1020342	1450827	2096029

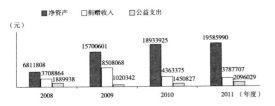

199. 浙江圣奥慈善基金会 （Zhejiang Sheng'ao Charity Foundation）

组织机构代码：50188450 - 2

类别：非公募

成立时间：2011 年 9 月 2 日

原始基金：2000 万元

登记部门：浙江省民政厅

业务主管单位：浙江省民政厅

电话：0571 - 81102922

传真：0571 - 81102900

邮箱：xyz0337@163.com

办公地址：浙江省杭州市钱江新城市民街 200 号圣奥大厦 910 室 （310020）

网址：无

现任理事长：郑明治

秘书长：杨新妃

宗旨：慈心为怀，公益为本，扶贫济困，赈灾救灾。

主要活动领域：公共服务、扶贫助困

主要财务数据图表
单位：元

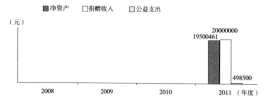

财务指标 \ 年度	2008	2009	2010	2011
净 资 产	-	-	-	19500461
捐赠收入	-	-	-	20000000
公益支出	-	-	-	498500

200. 上海吴孟超医学科技基金会 （Shanghai Wu Mengchao Medical Foundation）

组织机构代码：50177915 - 5

类别：非公募

成立时间：2004 年 5 月 26 日

原始基金：1000 万元

登记部门：上海市民政局

业务主管单位：上海市科学技术委员会

电话：021 - 81875016

传真：021 - 65562400

邮箱：service@wumengchao.com

办公地址：上海市杨浦区长海路 225 号东方肝胆外科医院 2 号楼 16 楼 （200438）

网址：http://www.wumengchao.com

现任理事长：吴孟超

秘书长：李军

宗旨：弘扬吴孟超院士的高尚医德和精湛医术，推动中国医学科学事业不断进步。

主要活动领域：教育、医疗救助、科学研究

主要财务数据图表
单位：元

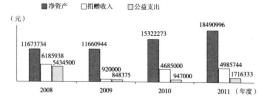

财务指标 \ 年度	2008	2009	2010	2011
净 资 产	11673734	11660944	15322273	18490996
捐赠收入	6185938	920000	4685000	4985744
公益支出	5434500	848375	947000	1716333

附表二 200 非公募基金会 2011 年度主要财务数据排名表

基金会名称	净资产数额（元）	排名	捐赠收入数额（元）	排名	公益事业支出数额（元）	排名
清华大学教育基金会	2018761631	1	1047011399	1	577424244	1
北京大学教育基金会	1482432415	2	618194642	3	282008923	2
老牛基金会	1029227896	3	8335359	211	100207300	6
神华公益基金会	824644315	4	824838954	2	208414664	3
浙江大学教育基金会	805597294	5	203453252	7	70296131	13
南京大学教育发展基金会	631530881	6	240819495	4	65205242	14
上海交通大学教育发展基金会	500329125	7	129346165	10	71686815	12
东南大学教育基金会	340579222	8	90607088	22	22235290	69
上海汽车工业科技发展基金会	329005833	9	-	-	2200000	301
中国和平发展基金会	303804804	10	-	-	3519724	227
瀚公益基金会	299355982	11	212200266	6	-	-
中远慈善基金会	292062456	12	111098886	14	38687816	32
北京师范大学教育基金会	238922777	13	116566761	12	81096386	9
上海民生艺术基金会	232872950	14	238800000	5	8300000	132
南京航空航天大学教育发展基金会	219120121	15	71606582	28	14007415	93
泛海公益基金会	201707058	16	10000000	183	21101721	73
上海工商界爱国建设特种基金会	198071284	17	-	-	4865779	187
南京林业大学教育发展基金会	197769637	18	86308950	23	26725000	55
北京市中国人民大学教育基金会	190658872	19	93157299	21	75564900	11
上海复旦大学教育发展基金会	189276664	20	103260980	18	34386302	36
友成企业家扶贫基金会	185800816	21	40120640	57	32903067	39
南京信息大学教育发展基金会	182723772	22	37287300	61	15198000	90

基金名称	净资产数额（元）	排名	捐赠收入数额（元）	排名	公益事业支出数额（元）	排名
南京审计学院教育发展基金会	180680906	23	73839146	26	15021306	91
江苏大学教育发展基金会	171194786	24	110164939	15	6299370	159
上海唐君远教育基金会	169480941	25	7447570	221	10528968	114
陕西省府谷县教育基金会	163384568	26	-	-	13760000	94
慈济慈善事业基金会	161836189	27	129427993	9	96370173	7
厦门大学教育发展基金会	137768489	28	46646571	47	7742038	141
福建新华都慈善基金会	132408721	29	100000000	20	78833440	10
腾讯公益慈善基金会	130223318	30	108002526	16	64464794	16
华民慈善基金会	126579706	31	11379118	169	25234989	60
中国人寿慈善基金会	124697144	32	30002900	80	9263207	121
南京师范大学教育发展基金会	123298516	33	61514257	39	30314580	43
宝钢教育基金会	122737432	34	400000	639	12565722	100
宁波大学教育发展基金会	121329751	35	22358615	103	9662193	119
榆林市胡星元慈善基金会	115726105	36	111880000	13	802653	488
中科院研究生教育基金会	110032041	37	12528510	157	8263415	133
上海增爱基金会	112322701	38	27190329	89	11495113	105
南京中医药大学教育发展基金会	110632044	39	63362431	37	29419933	46
广东省中山大学教育发展基金会	109658493	40	69033893	30	63536011	18
国家电网公益基金会	109487334	41	32100000	73	24900000	63
北京景山教育基金会	109200570	42	22390000	102	12403564	101
南京工业大学教育发展基金会	108726129	43	66047784	34	31650800	41
江苏海澜教育发展基金会	103465027	44	-	-	5705000	167
广东省华南理工大学教育发展基金会	103146134	45	67824383	32	41531309	28

基金会名称	净资产数额（元）	排名	捐赠收入数额（元）	排名	公益事业支出数额（元）	排名
中国移动慈善基金会	102506797	46	22000000	105	22000000	70
扬州大学教育发展基金会	101728691	47	55469528	40	22320794	68
南都公益基金会	100799173	48	19378316	122	27054645	54
桃源居公益事业发展基金会	100789836	49	4100000	292	10336195	116
宁波鄞州银行公益基金会	100360312	50	100006000	19	-	-
安利公益基金会	99215653	51	121772687	11	23341893	66
上海同济大学教育发展基金会	98425419	52	39026831	60	44411966	24
纺织之光科技教育基金会	97201951	53	34358077	69	5256798	174
武汉大学教育发展基金会	97095162	54	107755285	17	30283255	44
复旦管理学奖励基金会	94712612	55	-	-	2881925	258
福建省龙岩市老科教慈善基金会	94173636	56	2500466	363	8058809	135
重庆大学教育基金会	91378671	57	68099767	31	89990798	8
江苏南航金城教育发展基金会	91155723	58	33745000	70	1297649	400
浙江省新华爱心教育基金会	90247614	59	45455257	49	43781752	27
爱佑慈善基金会	89546786	60	69740461	29	55887820	20
中南大学教育基金会	88112409	61	72201342	27	5005491	183
南京理工大学教育发展基金会	88001031	62	53676139	41	4246619	205
上海市华东师范大学教育发展基金会	84033408	63	26589770	91	25629566	58
北京市戏曲艺术发展基金会	83278346	64	4160419	290	5499768	170
广东省潮汕星河奖基金会	82018696	65	2400000	369	4006194	211
万科公益基金会	80806679	66	6909189	231	17948329	80
浙江正泰公益基金会	77339315	67	8540000	206	6475874	157
苏州科技学院教育发展基金会	75088412	68	74874300	25	47292500	22

续表

基金会名称	净资产数额（元）	排名	捐赠收入数额（元）	排名	公益事业支出数额（元）	排名
无锡公安大病特困救助基金会	74626136	69	22612000	101	1981592	319
人保慈善基金会	70557438	70	22000000	104	4418565	200
北京理工大学教育基金会	69958267	71	16959868	128	15840617	86
青岛市天泰公益基金会	69297969	72	6322197	244	744144	509
中央财经大学教育基金会	66640845	73	42506457	55	7497410	144
安徽大学教育基金会	65669461	74	14605000	143	7560685	143
北京航空航天大学教育基金会	65350224	75	75024520	24	64036004	17
山西省煤炭职业技术教育发展基金会	59518207	76	—	—	4659243	192
四川西南交通大学扬华教育基金会	57756030	77	50872705	42	24313970	64
吴阶平医学基金会	56075895	78	67347945	33	48175320	21
西北工业大学教育基金会	54270456	79	36599342	63	8090694	134
招商局慈善基金会	51875822	80	21325678	107	10068650	117
心平公益基金会	50957497	81	19615374	118	22578116	67
福建江夏慈善基金会	50449436	82	5680000	254	8364400	131
四川大学教育基金会	50410637	83	30525736	76	5901541	165
北京兴华助学基金会	50311890	84	29062200	82	11067709	108
德康博爱基金会	50281258	85	—	—	—	—
北京SMC教育基金会	50280584	86	64244	747	5238974	176
海仓慈善基金会	50096689	87	3500000	314	4074000	209
四川电子科技大学教育发展基金会	48621120	88	39221287	59	39569191	30
亨通慈善基金会	48617963	89	50000000	44	4422068	199
北京市刘鸿儒金融教育基金会	48477021	90	15936498	133	4562377	193
浙江海亮慈善基金会	48397344	91	20067300	114	6911765	150

基金会名称	排名	净资产数额（元）	捐赠收入数额（元）	排名	公益事业支出数额（元）	排名
南京邮电大学教育发展基金会	92	48813984	61809868	38	64630000	15
南安市美蓉基金会	93	47755313	1708718	452	4738592	190
山东大学教育基金会	94	47683659	65471699	35	61139588	19
上海中欧国际工商学院教育发展基金会	95	45977209	16471557	132	3400777	229
江南大学教育发展基金会	96	44222700	44802991	45	44239313	25
浙江省博爱教育基金会	97	44175272	180000	708	3637000	220
普宁市新坛慈善基金会	98	43360813	43329795	51	—	—
北京市美疆助学基金会	99	42720231	11060416	171	3526659	226
南京晓庄学院教育发展基金会	100	42546997	20233000	112	9058500	124
广东省广发证券社会公益基金会	101	42534008	43000000	52	1220000	411
天津大学北洋教育发展基金会	102	41848212	36669629	62	37261509	33
上海新泰高新技术研究与发展基金会	103	40788322	—	—	1370000	385
青岛滨海学院教育发展基金会	104	40670890	10378017	178	2779962	268
东南大学成贤学院教育发展基金会	105	39889910	24952100	93	3552121	224
罗定市泷州教育基金会	106	39197102	27820351	86	1676350	355
广东省紫琳慈善基金会	107	38733179	—	—	27245092	52
詹天佑科学技术发展基金会	108	38252197	1000000	523	2688378	275
四川西部自然保护基金会	109	38036295	29000000	83	—	—
浙江省宗文慈善基金会	110	37785476	1837980	441	3172400	241
天诺慈善基金会	111	37436793	35792526	65	43976650	26
华中师范大学教育发展基金会	112	37102907	19116531	123	739702	513
北京市华夏人慈善基金会	113	37094383	—	—	1603400	362
上海市促进科技成果转化基金会	114	36593978	—	—	3443308	228

基金会名称	净资产数额（元）	排名	捐赠收入数额（元）	排名	公益事业支出数额（元）	排名
上海财经大学教育发展基金会	36295099	115	31256169	74	1188948	417
深圳市综研软科学研究发展基金会	36217481	116	1000000	522	3000000	251
华润慈善基金会	36205699	117	167830836	8	104383362	5
上海市建国社会公益基金会	35973444	118	520519	613	1805558	339
海南三亚南山功德基金会	35939785	119	14988558	141	29104860	47
张学良教育基金会	35892736	120	7870012	219	6097129	161
陈嘉康科学奖基金会	35392804	121	-	-	3397251	230
上海兴华教育扶贫基金会	34915518	122	15412736	138	1847863	331
江南大学大湖学院教育发展基金会	34419996	123	15910000	134	10705349	113
北京中央民族大学教育基金会	34257409	124	34521304	68	2490942	285
广东省华美教育慈善基金会	33612149	125	-	-	3074000	247
江苏技术师范学院教育发展基金会	33425842	126	32681168	72	28000000	50
上海联和新泰战略研究与发展基金会	32942458	127	-	-	680000	533
北京詹天佑土木工程科学技术发展基金会	32643188	128	8126000	214	2783201	267
凯风公益基金会	32373657	129	-	-	23736043	65
南京农业大学教育发展基金会	32256122	130	19560000	120	12051500	102
晋江市青阳教育发展基金会	32242480	131	27589228	88	28492134	48
云南大益爱心基金会	32184570	132	16756583	130	5564727	168
李四光地质科学奖基金会	32169674	133	-	-	2807934	265
宁波工程学院教育发展基金会	31699653	134	1425605	474	212600	756
江苏中大公益基金会	30613898	135	51741	753	1791110	340
盐城师范学院教育发展基金会	30362705	136	24494694	97	27471878	51
陕西九九老龄事业基金会	30239182	137	30000000	81	51251	857

基金会名称	净资产数额（元）	排名	捐赠收入数额（元）	排名	公益事业支出数额（元）	排名
传媒大学教育基金会	29998665	138	45600000	48	35845438	34
山东省石油大学教育发展基金会	29968503	139	13722391	148	3073646	248
比亚迪慈善基金会	29769693	140	11808300	164	26611142	56
福建省青少年发展基金会	29673024	141	28355198	85	17241193	82
北京对外经济贸易大学教育基金会	29615063	142	42547656	54	25102852	61
上海浦发公益基金会	29575051	143	1149000	499	2489040	286
北京苹果慈善基金会	29395854	144	7049443	226	7071185	148
延边大学教育基金会	29075458	145	21287202	108	2949064	254
北京四中校友促进教育基金会	28865170	146	5483730	259	2320230	295
北京华彬文化基金会	28776276	147	30093654	78	16251165	84
上海真爱梦想公益基金会	28096311	148	30911457	75	17898395	81
北京外国语大学教育基金会	28024478	149	30348345	77	4667080	191
北京邮电大学教育基金会	27992763	150	9459550	192	3620511	222
北京成龙慈善基金会	27970680	151	20811690	110	15899183	85
江苏科技大学教育发展基金会	27647255	152	44655000	50	31019473	42
中国农业大学教育基金会	27456670	153	13532755	149	11030967	110
南航"十分"关爱基金会	26952576	154	7995149	217	13250000	97
北京中国政法大学教育基金会	25690446	155	34652658	67	31920025	40
北京市企业家环保基金会	25579714	156	15433254	137	19112738	76
华中科技大学教育发展基金会	24894684	157	15313985	139	18243821	79
中社会工作发展基金会	24704326	158	5390000	260	714816	525
河南大学教育发展基金会	24572597	159	5015198	268	496374	599
北京医学奖励基金会	24205791	160	42614704	53	35193217	35

基金会名称	净资产数额（元）	排名	捐赠收入数额（元）	排名	公益事业支出数额（元）	排名
广东省大成慈善基金会	23913210	161	3047753	333	2325346	294
吉林大学第一医院医学发展和医学援助基金会	23712644	162	9948770	186	1764929	343
河南省宋老子国学教育基金会	23708898	163	21283600	109	4786552	189
湖北省自强教育基金会	23584444	164	600000	592	240000	740
南京交通职业技术学院教育发展基金会	23579479	165	9615000	191	17463	876
北京市长江科技扶贫基金会	23556451	166	41467805	56	19939643	74
北京科技大学教育发展基金会	23421237	167	23613337	100	19454145	75
华侨茶业发展研究基金会	23188296	168	－	－	1969640	322
襄樊学院教育发展基金会	22964557	169	20482000	111	2149021	307
桂林市仁济慈善基金会	22830350	170	548000	607	582432	556
上海市奉贤建设工程科学技术发展基金会	22509592	171	－	－	1819000	335
山西省汾酒集团公益基金会	22106129	172	28445000	84	8385220	129
上海民生公益基金会	21922901	173	13063255	150	2069503	312
浙江树人大学暨王宽诚教育基金会	21797415	174	405800	636	1836500	333
上海东华大学教育发展基金会	21793293	175	35319280	66	18662225	78
韬奋基金会	21419451	176	－	－	2051300	314
湖南大学教育基金会	21062413	177	9881430	187	5955131	163
黄奕聪慈善基金会	20793034	178	100500000	180	7742596	140
湖南飞翔公益基金会	20558319	179	12000000	161	800000	490
成都公和社区发展基金会	20457395	180	104000	734	438194	625
北京百度公益基金会	20344170	181	24776800	96	－	－
亿利公益基金会	20293703	182	20200000	113	－	－
西北农林科技大学教育发展基金会	20267224	183	2542214	361	2342214	293

基金会名称	净资产数额（元）	排名	捐赠收入数额（元）	排名	公益事业支出数额（元）	排名
张家港市永联为民慈善基金会	20135159	184	15650827	135	9745050	118
余彭年慈善基金会	20121873	185	8500030	207	5030895	181
浙江省舟山中浪慈善基金会	20098665	186	16757950	129	1433982	375
北京幽兰文化基金会	20057795	187	2650000	355	2438783	289
陈香梅公益基金会	20027009	188	2925100	342	1936736	324
浙江全山石艺术基金会	20010678	189	—	—	—	—
王振滔慈善基金会	20009431	190	6500000	242	7945700	136
顶新公益基金会	20005873	191	18650540	124	16837810	83
佛山市金盾救助基金会	20003882	192	3223368	325	2611462	277
济仁慈善基金会	20000000	193	—	—	—	—
扬州市禹振飞慈善基金会	19972168	194	20000000	115	800000	489
南京医科大学教育发展基金会	19944655	195	39577634	58	33347000	37
湖北省兴发之星教师奖励基金会	19924870	196	4020000	296	1500066	368
永恒慈善基金会	19912528	197	—	—	—	—
广西师范大学教育发展基金会	19585990	198	3787707	305	2096029	311
浙江圣奥慈善基金会	19500461	199	20000000	116	498500	598
上海吴孟超医学科技基金会	18490996	200	4985744	273	1716333	349

注：本表中的主要财务数据排名是在全国 1114 家非公募基金会中的排名。

活跃基金会
（100家）

中国基金会 500 名录（2013）
CHINESE FOUNDATION 500
DIRECTORY（2013）

1. 中华国际医学交流基金会（China International Medical Foundation）

组织机构代码：50000908 - 7

类别：公募

成立时间：1988 年 6 月 13 日

原始基金：800 万元

登记部门：民政部

业务主管单位：卫生部

电话：010 - 65266642

传真：010 - 65266642

邮箱：wangjp1681@126. com

办公地址：北京市东城区东四西大街 42

号中华医学会（100710）

网址：http：//www. cimf. org. cn

现任理事长：戴建平

秘书长：王云亭

宗旨：促进国际医学交流，筹集和接受国内外捐赠的基金和物资，积极开展社会公益事业，为我国医疗保健事业和医学现代化服务。

主要活动领域：卫生保健、医疗救助、国际事务、科学研究

主要财务数据图表
单位：元

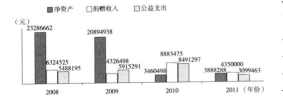

财务指标＼年度	2008	2009	2010	2011
净 资 产	8353598	8357586	12714794	20361732
捐赠收入	6349832	6268395	6755171	18967000
公益支出	7081256	8461253	10373079	14024386

2. 中国少数民族文化艺术基金会（China Ethnic Minority Foundation）

组织机构代码：50000871 - 1

类别：公募

成立时间：1988 年 8 月 13 日

原始基金：800 万元

登记部门：民政部

业务主管单位：文化部

电话：010 - 65696322

传真：010 - 65696313

邮箱：jjh@ cemf. org. cn

办公地址：北京市朝阳区建外大街 16 号东方瑞景 1 号楼 1602 室（100022）

网址：http：//www. cemf. org. cn

现任理事长：谷长江

秘书长：无

宗旨：振兴民族文化，保护民族艺术，抢救民族遗产，弘扬民族精神。

主要活动领域：文化、艺术

主要财务数据图表
单位：元

财务指标＼年度	2008	2009	2010	2011
净 资 产	23286662	20894938	3460498	3888288
捐赠收入	6324525	4326498	8883475	4350000
公益支出	5488195	5915291	8491297	3099463

3. 吴作人国际美术基金会 (Wu Zuoren International Foundation of Fine Arts)

组织机构代码：50000771 - 9

类别：非公募

成立时间：1989 年 8 月 30 日

原始基金：300 万元

登记部门：民政部

业务主管单位：中共中央统战部

电话：010 - 62767071

传真：010 - 62759721

邮箱：wifa@ wuzuoren. org

办公地址：北京市海淀区万柳东路新纪元家园 2 号楼 7 单元 303 室（100089）

网址：http：// www. wuzuoren. org

现任理事长：范迪安

秘书长：吴宁

宗旨：发扬优秀的中国文化，促进现代中国美术事业的发展。

主要活动领域：文化、艺术、国际事务

主要财务数据图表

单位：元

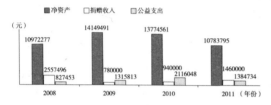

财务指标 \ 年度	2008	2009	2010	2011
净 资 产	10972277	14149491	13774561	10783795
捐赠收入	2557496	780000	940000	1460000
公益支出	827453	1315813	2116048	1384734

4. 中国京剧艺术基金会 (China Beijing Opera Arts Foundation)

组织机构代码：50000969 - 3

类别：公募

成立时间：1992 年 11 月 23 日

原始基金：800 万元

登记部门：民政部

业务主管单位：文化部

电话：010 - 67149987

传真：010 - 67149992

邮箱：zjyjh401710@163. com

办公地址：北京市崇文区东花市大街花市

枣苑小区 4 号楼 1710 号（100062）

网址：无

现任理事长：刘长瑜

秘书长：林瑞康

宗旨：遵守国家有关法律、法规，广泛调动海内外为弘扬中华民族优秀文化、关心京剧艺术的社会力量，共同振兴中国京剧艺术事业。

主要活动领域：文化、艺术

主要财务数据图表

单位：元

财务指标 \ 年度	2008	2009	2010	2011
净 资 产	24065331	25149489	24990597	27145789
捐赠收入	150000	230907	150000	120000
公益支出	1675398	130011	1393458	2553609

5. 中华社会文化发展基金会 (China Foundation for the Development of Social Culture)

组织机构代码：50001335 - 0

类别：公募

成立时间：1993 年 2 月 9 日

原始基金：800 万元

登记部门：民政部

业务主管单位：文化部

电话：010 - 62246207

传真：010 - 62246215

邮箱：km8879@ sohu. com

办公地址：北京市东城区新中街 66 号北京富东大厦（100027）

网址：无

现任理事长：周塞峰

秘书长：康明

宗旨：遵守中华人民共和国宪法和国家法律、法规及各项国家政策，遵守社会道德风尚，通过向国内外热心支持文化事业的企事业单位、社会团体和其他组织以及个人募集资金，扶植中华社会文化事业的发展，繁荣和活跃社会文化市场及开展其他公益活动。

主要活动领域：文化、教育、国际事务、扶贫助困

主要财务数据图表
单位：元

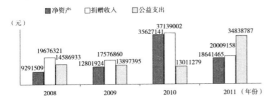

财务指标 \ 年度	2008	2009	2010	2011
净 资 产	9291509	12801924	35627141	18641465
捐赠收入	19676321	17576860	37139002	20009158
公益支出	14586933	13897395	13011279	34838787

6. 孙冶方经济科学基金会 (Sun Yefang Foundation)

组织机构代码：50001782 - 9

类别：非公募

成立时间：1994 年 12 月 22 日

原始基金：810 万元

登记部门：民政部

业务主管单位：中国社会科学院

电话：010 - 68024467

传真：010 - 68024467

邮箱：sunyefangjjh@ sina. com

办公地址：北京西城区月坛北小街 2 号院

2 号楼（100836）

网址：http：// sunyefang. cass. cn

现任理事长：李剑阁

秘书长：李昭

宗旨：纪念我国卓越的马克思主义经济学家孙冶方同志对经济科学的重大贡献，表彰和鼓励对经济科学作出贡献的集体和个人，推动中国经济科学的繁荣和发展。

主要活动领域：科学研究

主要财务数据图表
单位：元

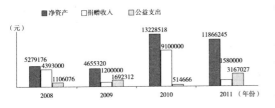

财务指标 \ 年度	2008	2009	2010	2011
净 资 产	5279176	4655320	13228518	11866245
捐赠收入	4393000	1200000	9100000	1580000
公益支出	1106076	1692312	514666	3167027

7. 中国古生物化石保护基金会 （China Fossil Preservation Foundation）

组织机构代码：50002111 - X

类别：公募

成立时间：2008 年 10 月 30 日

原始基金：800 万元

登记部门：民政部

业务主管单位：国土资源部

电话：010 - 88369437

传真：010 - 88369256

邮箱：cfpf@ cfpf. org. cn

办公地址：北京市西城区西直门外大街 142 号中科院古脊椎所内（100044）

网址：http：//www. cfpf. org. cn

现任理事长：蒋承菘

秘书长：单华春

宗旨：协助政府，促进中国古生物化石保护公益事业，提升全民科学素质。

主要活动领域：科学研究

主要财务数据图表

单位：元

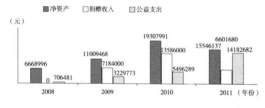

财务指标 \ 年度	2008	2009	2010	2011
净 资 产	6668996	11009468	19307991	15546137
捐赠收入	0	7184000	13586000	6601680
公益支出	706481	3229773	5496289	14182682

8. 中华社会救助基金会 （China Social Assistance Foundation）

组织机构代码：50002132 - 6

类别：公募

成立时间：2009 年 1 月 12 日

原始基金：1000 万元

登记部门：民政部

业务主管单位：民政部

电话：010 - 59003555

传真：010 - 58698140

邮箱：info@ csaf. org. cn

办公地址：北京市朝阳区朝外大街乙 6 号朝外 SOHO A 座 1101 室（100020）

网址：http：//www. csaf. org. cn

现任理事长：许嘉璐

秘书长：时正新

宗旨：遵守国家的法律、法规和政策，遵守社会道德，汇集海内外爱心善举，弘扬中华民族传统美德，救助城乡特困群体，促进社会救助事业发展，服务社会和谐文明。

主要活动领域：教育、医疗救助、就业、创业、"三农"、老年人、社区发展、扶贫助困

主要财务数据图表

单位：元

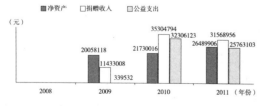

财务指标 \ 年度	2008	2009	2010	2011
净 资 产	-	20058118	21730016	26489906
捐赠收入	-	11433008	35304794	31568956
公益支出	-	339532	32306123	25763103

9. 北京市教育基金会（**Beijing Education Foundation**）

组织机构代码：50030417 - 4

类别：公募

成立时间：1985 年 7 月 20 日

原始基金：400 万元

登记部门：北京市民政局

业务主管单位：北京市教育委员会

电话：010 - 66074839

传真：010 - 66074839

邮箱：zxl_ 109619@ yahoo. com. cn

办公地址：北京市西城区前门西大街 109 号（100031）

网址：无

现任理事长：廖万才

秘书长：张思堂

宗旨：广募资金，联络各方，服务教育，奖教奖学。

主要活动领域：教育

主要财务数据图表　　　　单位：元

财务指标　　年度	2008	2009	2010	2011
净 资 产	32477831	28525979	28004728	27639057
捐赠收入	0	0	0	0
公益支出	425042	506000	585200	486700

10. 首都文明工程基金会（**Capital Civilizational Development Foundation**）

组织机构代码：50030828 - X

类别：公募

成立时间：1994 年 10 月 1 日

原始基金：400 万元

登记部门：北京市民政局

业务主管单位：首都精神文明办

电话：010 - 67176498

传真：010 - 67156087

邮箱：ccdf1993@ sina. com

办公地址：北京市东城区广渠门内大街 90 号新裕大厦 404 室（100062）

网址：http：// www. ccdf. org. cn

现任理事长：娄晓琪

秘书长：娄晓琪

宗旨：募集资金，支持文明城市建设，促进城市文化发展。

主要活动领域：文化、教育、公共服务、社区发展

主要财务数据图表　　　　单位：元

财务指标　　年度	2008	2009	2010	2011
净 资 产	18820150	11942068	12678602	12835855
捐赠收入	11265349	3568000	3700000	3700000
公益支出	11062437	10648025	3286270	3212237

11. 北京环境保护基金会 （Beijing Environmental Protection Foundation）

组织机构代码：50030961－0

类别：公募

成立时间：1996 年 4 月 20 日

原始基金：400 万元

登记部门：北京市民政局

业务主管单位：北京市环境保护局

电话：010－82636775

传真：010－82636775

邮箱：bjhbjjh006@163.com

办公地址：北京市海淀区苏州街 67 号（100089）

网址：http://www.hbjjh.com

现任理事长：赵以忻

秘书长：顾家橙

宗旨：动员社会力量，为发展首都环境保护事业作贡献。

主要活动领域：教育、环境、国际事务

主要财务数据图表
单位：元

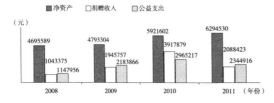

财务指标 \ 年度	2008	2009	2010	2011
净资产	4695589	4793304	5921602	6294530
捐赠收入	1043375	1945757	3917879	2088423
公益支出	1147956	2183866	2965217	2344916

12. 北京光华慈善基金会 （Bright China Foundation）

组织机构代码：77255336－9

类别：非公募

成立时间：2005 年 4 月 7 日

原始基金：200 万元

登记部门：北京市民政局

业务主管单位：北京市民政局

电话：010－65101608

传真：010－65101611

邮箱：bcf@bcf.org.cn

办公地址：北京市东城区建国门内大街 7 号光华长安大厦 1 座 2011－C（100005）

网址：http://www.bcf.org.cn

现任理事长：王章林

秘书长：杜绍基

宗旨：帮助人在尊严中发展，激发人在发展中奉献。

主要活动领域：教育、创业、安全救灾、公益事业发展

主要财务数据图表
单位：元

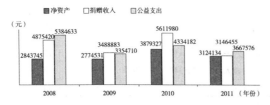

财务指标 \ 年度	2008	2009	2010	2011
净资产	2843745	2774531	3879327	3124134
捐赠收入	4875420	3488883	5611980	3146455
公益支出	5384633	3354710	4334182	3667576

13. 北京华育助学基金会 （Beijing Huayu Education Foundation）

组织机构代码：78170209 – 8

类别：公募

成立时间：2005 年 10 月 16 日

原始基金：1000 万元

登记部门：北京市民政局

业务主管单位：北京市教育委员会

电话：010 – 88028876

传真：010 – 88028772

邮箱：huayv@ huayv. org. cn

办公地址：北京市海淀区西三环中路 10 号望海楼宾馆综合楼 209 – 213 室 （100142）

网址：http: // www. huayv. org. cn

现任理事长：孔令鉴

秘书长：赵长春

宗旨：扶贫济困，助学育人。

主要活动领域：教育、就业、残疾

主要财务数据图表　　　　　　　　单位：元

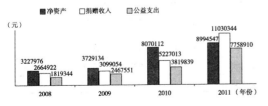

财务指标 \ 年度	2008	2009	2010	2011
净 资 产	15863475	14575582	17259558	22950722
捐赠收入	5261897	3345367	6341573	13443816
公益支出	2459374	4249972	3526555	7330508

14. 北京市西部阳光农村发展基金会 （Beijing Western Sunshine Rural Development Foundation）

组织机构代码：78860292 – X

类别：非公募

成立时间：2006 年 5 月 5 日

原始基金：300 万元

登记部门：北京市民政局

业务主管单位：北京市民政局

电话：010 – 62211669

传真：010 – 62211669

邮箱：zhenglin@ westsa. org

办公地址：北京市海淀区学院南路 38 号智慧大厦 708A （100082）

网址：http: // www. westsa. org

现任理事长：杨东平

秘书长：来超

宗旨：帮助贫困人口消除贫困，实现其可持续发展。

主要活动领域：教育、"三农"、志愿服务、扶贫助困

主要财务数据图表　　　　　　　　单位：元

财务指标 \ 年度	2008	2009	2010	2011
净 资 产	3227976	3729134	8070112	8994547
捐赠收入	2664922	3099054	5227013	11030344
公益支出	1819344	2467551	3819839	7758910

15. 北京市仁爱慈善基金会 （ Beijing Ren Ai Charity Foundation ）

组织机构代码：79405286 - 4

类别：非公募

成立时间：2006 年 10 月 16 日

原始基金：200 万元

登记部门：北京市民政局

业务主管单位：北京市民政局

电话：010 - 62489401

传真：010 - 62480890

邮箱：chrenai@ chrenai. org

办公地址：北京市海淀区龙泉寺路 27 号
德尘居（111185）

网址：http：//www. chrenai. org

现任理事长：李莲

秘书长：林起泰

宗旨：传播慈善文化，弘扬慈善精神，推
动扶贫救助。

主要活动领域：文化、教育、安全救灾、
青少年、老年人、心理健康

主要财务数据图表

单位：元

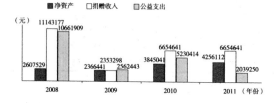

财务指标\年度	2008	2009	2010	2011
净 资 产	2607529	2366441	3845041	4256112
捐赠收入	11143177	2353298	6654641	6654641
公益支出	10661909	2562443	5230414	2039250

16. 北京凯恩克劳斯经济研究基金会 （Cairncross Economic Research Foundation）

组织机构代码：66840075 - X

类别：非公募

成立时间：2007 年 11 月 7 日

原始基金：200 万元

登记部门：北京市民政局

业务主管单位：北京市社会科学界联合会

电话：010 - 85196345

传真：010 - 85196345

邮箱：susansubj@ cairncrossfund. org

办公地址：北京市东城区建国门内大街 5
号中国社会科学院 1549 室（100732）

网址：http：//www. cairncrossfund. org

现任理事长：赵人伟

秘书长：苏国利

宗旨：支持经济研究领域公益活动，促进
我国经济发展。

主要活动领域：科学研究

主要财务数据图表

单位：元

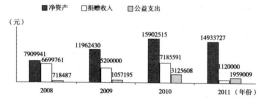

财务指标\年度	2008	2009	2010	2011
净 资 产	7909941	11962430	15902515	14933727
捐赠收入	6699761	5200000	7185591	1120000
公益支出	718487	1057195	3125608	1959009

17. 北京万通公益基金会 （Vantone Foundation）

组织机构代码：67380524 – 1

类别：非公募

成立时间：2008 年 4 月 16 日

原始基金：200 万元

登记部门：北京市民政局

业务主管单位：北京市科学技术协会

电话：010 – 59071637

传真：010 – 59071639

邮箱：office@ vantonefound. org

办公地址：北京市朝阳区朝外大街甲 6 号万通中心 D 座 1102B 室（100037）

网址：http：//www. vantonefound. org

现任理事长：徐晓东

秘书长：李劲

宗旨：推动环境保护，节能减排，促进人与自然和谐相处。

主要活动领域：环境、安全救灾、社区发展

主要财务数据图表 　　　　　　单位：元

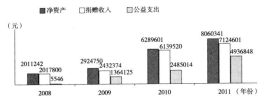

财务指标＼年度	2008	2009	2010	2011
净资产	2080131	2940264	7356076	2438387
捐赠收入	5612793	6270210	13613497	4013561
公益支出	2838271	4899070	8566090	7828923

18. 北京桂馨慈善基金会 （Beijing Green and Shine Foundation）

组织机构代码：68195254 – 0

类别：非公募

成立时间：2008 年 11 月 13 日

原始基金：200 万元

登记部门：北京市民政局

业务主管单位：北京市民政局

电话：010 – 59004762

传真：010 – 59004762

邮箱：guixin@ greenandshine. org

办公地址：北京市朝阳区东三环中路建外SOHO 西区 17 号楼 1101 室（100022）

网址：http：//www. greenandshine. org

现任理事长：刘桂

秘书长：樊英

宗旨：改善贫困地区和灾区的教育环境。

主要活动领域：教育、儿童

主要财务数据图表 　　　　　　单位：元

财务指标＼年度	2008	2009	2010	2011
净资产	2011242	2924750	6289601	8060341
捐赠收入	2017800	2432374	6139520	7124601
公益支出	5546	1364125	2485014	4936848

19. 北京宏昆慈善基金会 （Beijing Hongkun Charity Foundation）

组织机构代码：69230109 - X
类别：非公募
成立时间：2009 年 7 月 31 日
原始基金：200 万元
登记部门：北京市民政局
业务主管单位：北京市民政局
电话：010 - 62163038
传真：010 - 62163367
邮箱：bjyhcs@126.com

办公地址：北京市海淀区学院南路 33 号艺海世纪商务酒店 808 室（100081）
网址：http://www.hkcf.cn
现任理事长：胡春燕
秘书长：罗立
宗旨：改善贫困人群困难处境，促进慈善事业发展。
主要活动领域：教育、医疗救助

主要财务数据图表

单位：元

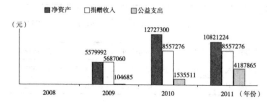

财务指标 \ 年度	2008	2009	2010	2011
净 资 产	–	5579992	12727300	10821224
捐赠收入	–	5687060	8557276	8557276
公益支出	–	104685	1535511	4187865

20. 北京修远经济与社会研究基金会 （Longway Foundation）

组织机构代码：69320219 - X
类别：非公募
成立时间：2009 年 11 月 23 日
原始基金：200 万元
登记部门：北京市民政局
业务主管单位：北京市社会科学界联合会
电话：010 - 85597109
传真：010 - 85597106
邮箱：xiuyuanjijin@126.com

办公地址：北京市朝阳区豆各庄 5 号院 219 号楼 1 单元 802 室（100026）
网址：无
现任理事长：杨平
秘书长：高超群
宗旨：致力于经济与社会发展研究，为新世纪中国社会的可持续发展做好理论准备。
主要活动领域：国际事务、科学研究、公益事业发展

主要财务数据图表

单位：元

财务指标 \ 年度	2008	2009	2010	2011
净 资 产	–	2000000	11272618	9245827
捐赠收入	–	2000000	10210000	0
公益支出	–	0	1056815	2167569

21. 北京世纪慈善基金会 （Beijing Century Charity Foundation）

组织机构代码：69495103 – 7

类别：非公募

成立时间：2010 年 1 月 21 日

原始基金：210 万元

登记部门：北京市民政局

业务主管单位：北京市民政局

电话：010 – 51696965

传真：010 – 51696962

邮箱：13439403883@163.com

办公地址：北京市崇文区广渠门内大街 80 号通正国际大厦 1008 室（100062）

网址：http://www.sjcs.org.cn

现任理事长：赵永军

秘书长：周乐良

宗旨：践行社会责任，服务公益事业。

主要活动领域：教育、卫生保健、医疗救助、法律实施、社区发展、扶贫助困

主要财务数据图表　　　　　　　　单位：元

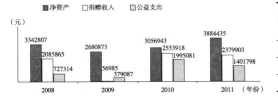

财务指标＼年度	2008	2009	2010	2011
净 资 产	–	–	4362654	12894909
捐赠收入	–	–	3742789	12540438
公益支出	–	–	1361819	3821127

22. 天津市鹤童老年公益基金会 （Tianjin Hetong Charitable Foundation for the Elderly）

组织机构代码：79729151 – 0

类别：非公募

成立时间：2007 年 3 月 5 日

原始基金：200 万元

登记部门：天津市民政局

业务主管单位：天津市民政局

电话：022 – 87938022

传真：022 – 87938022

邮箱：hetong – 1@163.com

办公地址：天津市华苑新产业园区海泰南北大街华科三路 1 号华鼎智地 19 号楼 2 门（300384）

网址：http://www.hetong.org.cn

现任理事长：方嘉珂

秘书长：韩淑燕

宗旨：通过募集资金，资助老年福利及社会公益事业发展。

主要活动领域：教育、安全救灾、老年人、公共服务、残疾

主要财务数据图表　　　　　　　　单位：元

财务指标＼年度	2008	2009	2010	2011
净 资 产	3342807	2680873	3056943	3884435
捐赠收入	2085865	56985	2553918	2379903
公益支出	727314	379087	1995081	1401798

23. 内蒙古民族教育发展基金会 (Inner Mongolia National Education Development Foundation)

组织机构代码：68340509 - X

类别：非公募

成立时间：2008 年 12 月 16 日

原始基金：400 万元

登记部门：内蒙古自治区民政厅

业务主管单位：内蒙古自治区教育厅

电话：0471 - 6203927

传真：0471 - 6203927

邮箱：nmgmjj2010@ yahoo. com. cn

办公地址：内蒙古自治区呼和浩特市新城区昭乌达路 27 号教育厅西楼 323 室 (010010)

网址：http：//www. imnedf. com

现任理事长：程哲

秘书长：乌苏荣贵

宗旨：严格遵守法律、法规和国家政策，遵守社会道德风尚，争取国内外团体和个人的支持和捐资，资助我区少数民族高层次人才的培养，推动我区民族教育事业的发展，提高民族教育质量和教育科研水平，为自治区经济建设、社会进步、各民族团结和和谐发展作出贡献。

主要活动领域：教育

主要财务数据图表

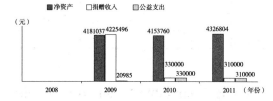

单位：元

财务指标 \ 年度	2008	2009	2010	2011
净 资 产	—	4181037	4153760	4326804
捐赠收入	—	4225496	330000	310000
公益支出	—	20985	330000	310000

24. 辽宁省体育基金会 (Liaoning Sports Foundation)

组织机构代码：50740570 - 1

类别：公募

成立时间：1989 年 10 月 14 日

原始基金：400 万元

登记部门：辽宁省民政厅

业务主管单位：辽宁省体育局

电话：024 - 23801636

传真：024 - 23801634

邮箱：649823057@ qq. com

办公地址：辽宁省沈阳市（东陵）浑南新区浑南中路 32 号 (110080)

网址：http：//www. insports. org. cn

现任理事长：晋守生

秘书长：付振香

宗旨：在辽宁体育事业发展中，努力为实现"全民健身计划"和"奥运争光计划"的宏伟目标，为促进群众体育事业开展以及体育科学、体育运动水平的提高作贡献。

主要活动领域：体育

主要财务数据图表

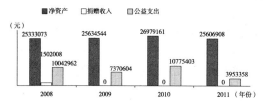

单位：元

财务指标 \ 年度	2008	2009	2010	2011
净 资 产	25333073	25634544	26979161	25606908
捐赠收入	1502008	0	0	0
公益支出	10042962	7370604	10775403	3953358

25. 大连市青少年发展基金会 （Dalian Youth Development Foundation）

组织机构代码：78160686 - 4

号（116001）

类别：公募

成立时间：2005 年 10 月 25 日

原始基金：400 万元

登记部门：辽宁省民政厅

业务主管单位：共青团辽宁省委员会

电话：0411 - 39801111

传真：0411 - 39801110

邮箱：dlxwb01@163.com

办公地址：辽宁省大连市中山区南山街10

网址：http://www.dlydf.org.cn

现任理事长：赵强

秘书长：赵强

宗旨：通过资助服务、利益表达和社会倡导，服务青少年全面发展，促进青少年健康成长。

主要活动领域：教育、青少年、儿童、国际事务

主要财务数据图表　　　　　　　　　单位：元

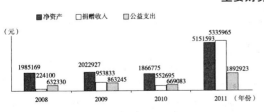

财务指标＼年度	2008	2009	2010	2011
净 资 产	7597115	12469912	14510791	16325574
捐赠收入	26086522	12854057	13979307	12917210
公益支出	24976091	11616250	12039346	11227186

26. 辽宁省公益基金会 （Liaoning Provincial Non - profit Foundation）

组织机构代码：78164872 - 2

类别：公募

成立时间：2006 年 1 月 26 日

原始基金：400 万元

登记部门：辽宁省民政厅

业务主管单位：辽宁省社会公益事业发展中心

电话：024 - 82512666

传真：024 - 23250625

邮箱：lngy2009@126.com

办公地址：辽宁省沈阳市大东区合作街101 号（110044）

网址：http://www.lnnf.org.cn

现任理事长：王巨林

秘书长：张虹

宗旨：弘扬爱心，回馈社会，发展公益事业，构建和谐社会。

主要活动领域：教育、青少年、儿童、残疾

主要财务数据图表　　　　　　　　　单位：元

财务指标＼年度	2008	2009	2010	2011
净 资 产	1985169	2022927	1866775	5151593
捐赠收入	224100	953833	552695	5335965
公益支出	632330	863245	669083	1892923

27. 吉林省教育基金会（Jilin Education Foundation）

组织机构代码：50832666 - 9

类别：公募

成立时间：1988 年 6 月 6 日

原始基金：1820 万元

登记部门：吉林省民政厅

业务主管单位：吉林省教育厅

电话：0431 - 85381009

传真：0431 - 85395193

邮箱：jiyan67@163.com

办公地址：吉林省长春市朝阳区人民大街

6795 号（130022）

网址：http://www.jlsjyjjh.com

现任理事长：王青逯

秘书长：张平征

宗旨：在吉林省教育厅的指导下，动员社会各方面力量募集资金，开展尊师重教，表彰奖励优秀教师，扶助贫困教师和学生等活动。

主要活动领域：教育

主要财务数据图表　　　　单位：元

财务指标＼年度	2008	2009	2010	2011
净资产	18964933	20802135	21663139	21997994
捐赠收入	8972236	–	–	40000
公益支出	10126332	1301306	2303826	2283129

28. 长春市教育基金会（Changchun Education Foundation）

组织机构代码：01382988 - 9

类别：公募

成立时间：1989 年 12 月 18 日

原始基金：210 万元

登记部门：吉林省民政厅

业务主管单位：长春市教育局

电话：0431 - 81151273

传真：0431 - 81151273

邮箱：cclywang@126.com

办公地址：吉林省长春市南关区曙光路

311 号 B 楼 206 室（130022）

网址：http://www.ccjyjjh.cn

现任理事长：刘化文

秘书长：侯国忠

宗旨：动员社会力量募集资金，捐资助学助教，表彰奖励优秀教师（含优秀教育工作者）和优秀教研成果，资助薄弱学校、贫困学生和教师，努力促进长春地区教育均衡发展。

主要活动领域：教育

主要财务数据图表　　　　单位：元

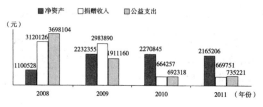

财务指标＼年度	2008	2009	2010	2011
净资产	1100528	2232355	2270845	2165206
捐赠收入	3120126	2983890	664257	669751
公益支出	3698104	1911160	692318	735221

29. 吉林省青少年发展基金会（Jilin Youth Development Foundation）

组织机构代码：50832358 - 0

类别：公募

成立时间：1992 年 11 月 3 日

原始基金：400 万元

登记部门：吉林省民政厅

业务主管单位：共青团吉林省委员会

电话：0431 - 85876683

传真：0431 - 85876684

邮箱：jlhope@ 126. com

办公地址：吉林省长春市朝阳区人民大街 1571 号（130051）

网址：http://www. jlhope. org

现任理事长：曲国民

秘书长：曲国民

宗旨：为吉林省各族、各界青少年发展成长提供公益服务。

主要活动领域：教育、青少年

主要财务数据图表　　　　　　单位：元

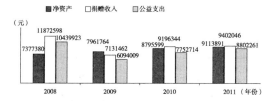

财务指标＼年度	2008	2009	2010	2011
净 资 产	7377380	7961764	8795599	9113891
捐赠收入	11872598	7131462	9196344	9402046
公益支出	10439923	6094009	7752714	8802261

30. 吉林师范大学助学基金会（The Student Grants Foundation of Jilin Normal University）

组织机构代码：66878288 - 2

类别：非公募

成立时间：2008 年 1 月 28 日

原始基金：200 万元

登记部门：吉林省民政厅

业务主管单位：吉林省教育厅

电话：0434 - 3295158

传真：0434 - 3290558

邮箱：zx. jlnu@ 163. com

办公地址：吉林省四平市铁西区海丰大街 1301 号吉林师范大学第一教学楼 1701 室

（136000）

网址：http://web. jlnu. edu. cn/50jlnu/foundation

现任理事长：张柏军

秘书长：周延江

宗旨：遵守中华人民共和国宪法、法律、法规和国家政策，遵守社会道德风尚，致力于加强吉林师范大学与社会各界的广泛联系与合作，进一步提高吉林师范大学的教育质量和学术水平，推动吉林师范大学的建设与发展。

主要活动领域：教育

主要财务数据图表　　　　　　单位：元

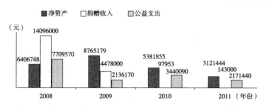

财务指标＼年度	2008	2009	2010	2011
净 资 产	6406748	8765179	5381855	3121444
捐赠收入	14096000	4478000	97953	143000
公益支出	7709570	2136170	3440090	2171440

31. 黑龙江省青少年发展基金会 （Heilongjiang Youth Development Foundation）

组织机构代码：50530001 - 7

类别：公募

成立时间：1988 年 8 月 17 日

原始基金：495 万元

登记部门：黑龙江省民政厅

业务主管单位：共青团黑龙江省委员会

电话：0451 - 53625395

传真：0451 - 53625395

邮箱：qsnhope@163.com

办公地址：黑龙江省哈尔滨市南岗区清明

七道街 35 号希望大厦院内 5 楼 （150080）

网址：http://web.lq.org.cn

现任理事长：谷为

秘书长：杨晶

宗旨：争取海内外关心黑龙江省青少年事业的团体、人士的支持和赞助，促进黑龙江省青少年教育、科技、文化、体育、卫生、社会福利事业和环保事业的发展，促进国际青少年间的友好关系，为青少年的教育和成长作出积极的贡献。

主要活动领域：教育、青少年、儿童

主要财务数据图表
单位：元

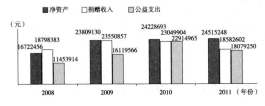

财务指标 \ 年度	2008	2009	2010	2011
净 资 产	16722456	23809130	24228693	24515248
捐赠收入	18798383	23550857	23049904	18582602
公益支出	11453914	16119566	22914965	18079250

32. 上海文学发展基金会 （Shanghai Literature Development Foundation）

组织机构代码：50176757 - 6

类别：公募

成立时间：1991 年 1 月 2 日

原始基金：400 万元

登记部门：上海市民政局

业务主管单位：中共上海市委宣传部

电话：021 - 54670005

传真：021 - 54035112

邮箱：chxd675@163.com

办公地址：上海市静安区巨鹿路 675 号

（200040）

网址：无

现任理事长：宗福先

秘书长：王安忆

宗旨：筹集国内外资金，并接收捐赠款项，繁荣上海地区社会主义文学创作和理论研究事业，开展各地作家及热心文学事业的人士之间的交流活动，以增进相互了解和友谊，促进文学事业发展与交流。

主要活动领域：文化

主要财务数据图表
单位：元

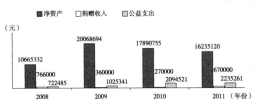

财务指标 \ 年度	2008	2009	2010	2011
净 资 产	10665332	20068694	17890755	16235120
捐赠收入	766000	360000	270000	670000
公益支出	722485	1025341	2094521	2235261

33. 上海科技发展基金会 （Shanghai Science and Technology Development Foundation）

组织机构代码：50177218 - 0

类别：公募

成立时间：1992 年 1 月 30 日

原始基金：1500 万元

登记部门：上海市民政局

业务主管单位：上海市科学技术协会

电话：021 - 53827451

传真：021 - 53827451

邮箱：kjh59@163.com

办公地址：上海市卢湾区南昌路 59 号 1609

室（200020）

网址：http：//www.sstdf.org.cn

现任理事长：陈凯先

秘书长：赵卫建

宗旨：促进科学技术的繁荣和发展，促进科学技术的普及和推广，促进科技人才的成长，为推动科技进步，提高广大人民群众的科学文化素质作贡献。

主要活动领域：教育、科学研究

主要财务数据图表
单位：元

财务指标 \ 年度	2008	2009	2010	2011
净 资 产	21950397	21826270	22208446	26380187
捐赠收入	620000	0	740000	87450
公益支出	6781656	4984294	7196795	11894103

34. 上海发展研究基金会 （Shanghai Development Research Foundation）

组织机构代码：50177483 - X

类别：公募

成立时间：1993 年 8 月 13 日

原始基金：1400 万元

登记部门：上海市民政局

业务主管单位：上海市人民政府发展研究中心

电话：021 - 62188752

传真：021 - 62188714

邮箱：tangzy_sdrf@163.com

办公地址：上海静安区新闻路 831 号 23 楼

M 室（200041）

网址：http：//www.sdrf.org.cn

现任理事长：沙麟

秘书长：乔依德

宗旨：以经济建设为中心，坚持党的四项基本原则，坚持改革开放，支持经济、社会、城市发展研究，支持决策咨询工作，为推进上海经济、社会、城市发展，促进决策科学化、民主化服务。

主要活动领域：社区发展、科学研究

主要财务数据图表
单位：元

财务指标 \ 年度	2008	2009	2010	2011
净 资 产	15784107	15115553	15106332	14796490
捐赠收入	200000	1020700	793515	337000
公益支出	935732	1164296	1310699	1065777

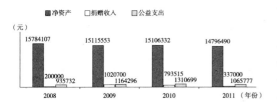

35. 上海市安济医疗救助基金会 （Shanghai Anji Medical Aid Foundation）

组织机构代码：50177994 - 8

类别：非公募

成立时间：2006 年 3 月 29 日

原始基金：200 万元

登记部门：上海市民政局

业务主管单位：上海市卫生局

电话：021 - 51691686

传真：021 - 50348091

邮箱：kelly@ sacf. org. cn

办公地址：上海市浦东新区建平路 15 号

（200135）

网址：http://www. sacf. org. cn

现任理事长：叶敏丽

秘书长：黄莉莉

宗旨：关怀生命健康，发扬人道主义的精神，开展济贫救难等慈善活动，为社会特困群体提供医疗健康以及其他形式的帮助，体现人与城市、社会的和谐。

主要活动领域：医疗救助

主要财务数据图表
单位：元

财务指标 \ 年度	2008	2009	2010	2011
净 资 产	10222078	11691552	13960112	12727111
捐赠收入	3161497	2866541	5830206	4142658
公益支出	1808576	855971	2967910	4940253

36. 上海特殊关爱基金会 （Shanghai Special - Care Foundation）

组织机构代码：50178070 - 3

类别：非公募

成立时间：2008 年 7 月 31 日

原始基金：244 万元

登记部门：上海市民政局

业务主管单位：上海市民政局

电话：021 - 62129212

传真：021 - 64334278

邮箱：scf@ shscf. org

办公地址：上海市长宁区兴国路 78 号兴

国宾馆 9 号楼（200052）

网址：http://www. shscf. org

现任理事长：蒋叶华

秘书长：顾抒航

宗旨：弘扬中华民族扶贫济困的传统美德，倡导企业"取之于社会，用之于社会"的互助精神，帮助贫困、智障儿童，促进社会公益事业的发展。

主要活动领域：教育、医疗救助、儿童、残疾

主要财务数据图表
单位：元

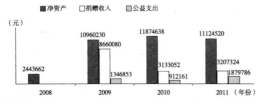

财务指标 \ 年度	2008	2009	2010	2011
净 资 产	2443662	10960230	11874638	11124520
捐赠收入	–	8660080	3133052	3207324
公益支出	–	1346853	912161	1879786

37. 上海公益事业发展基金会 （Shanghai United Foundation）

组织机构代码：50178110 – 8
类别：公募
成立时间：2009 年 12 月 17 日
原始基金：400 万元
登记部门：上海市民政局
业务主管单位：上海市民政局
电话：021 – 51879851
传真：021 – 58896986
邮箱：infosh@ lianquan. org. cn

办公地址：上海市浦东新区峨山路 613 号
A 楼 2 层（200127）
网址：http：//www. lianquan. org. cn
现任理事长：何伟
秘书长：王志云
宗旨：资助和支持众多民间的公益机构和草根组织。
主要活动领域：教育、环境、医疗救助、儿童、扶贫助困、公益事业发展

主要财务数据图表　　　　　单位：元

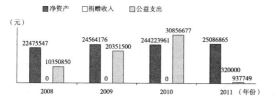

财务指标 \ 年度	2008	2009	2010	2011
净资产	–	–	7689509	9957579
捐赠收入	–	–	4245671	8506357
公益支出	–	–	243195	5672418

38. 江苏省扶贫基金会 （Jiangsu Foundation for Poverty Alleviation）

组织机构代码：50917104 – 8
类别：公募
成立时间：1993 年 2 月 19 日
原始基金：500 万元
登记部门：江苏省民政厅
业务主管单位：江苏省农林厅
电话：025 – 86261701
传真：025 – 86261702
邮箱：mrt1933@126. com
办公地址：江苏省南京市鼓楼区草场门大

街 101 号文荟大厦 8 楼（210036）
网址：无
现任理事长：曹鸿鸣
秘书长：姜道远
宗旨：促进江苏经济薄弱地区的经济和社会事业加快发展，促进贫困居民生产、生活和健康条件改善，最终实现脱贫致富和全面小康。
主要活动领域：扶贫助困

主要财务数据图表　　　　　单位：元

财务指标 \ 年度	2008	2009	2010	2011
净资产	22475547	24564176	24423961	25086865
捐赠收入	0	0	0	320000
公益支出	10350850	20351500	30856677	937749

39. 江苏秉龙慈善基金会 （Jiangsu Binglong Foundation）

组织机构代码：50915833 - 7

类别：非公募

成立时间：2006 年 9 月 5 日

原始基金：720 万元

登记部门：江苏省民政厅

业务主管单位：江苏省民政厅

电话：0512 - 57303812

传真：0512 - 57312814

邮箱：blcf1991@126.com

办公地址：江苏省昆山市开发区前进中路

279 号 4 楼 （215300）

网址：http：//www.binglong.org.cn

现任理事长：汝贤易

秘书长：董家奎

宗旨：弘扬中华民族扶贫济困传统美德，组织各方力量开展公益活动，资助贫困家庭子女完成学业，奖励优秀学生，资助社会福利事业。

主要活动领域：文化、教育、安全救灾

主要财务数据图表　　　　单位：元

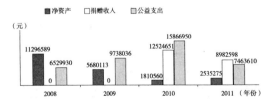

财务指标 \ 年度	2008	2009	2010	2011
净资产	18093787	17972200	16914043	15926135
捐赠收入	5742000	250000	0	81242
公益支出	4843269	975350	1508568	1464018

40. 江苏远东慈善基金会 （Far East Charitable Foundation）

组织机构代码：50915863 - 6

类别：非公募

成立时间：2007 年 5 月 11 日

原始基金：2000 万元

登记部门：江苏省民政厅

业务主管单位：江苏省民政厅

电话：0510 - 87249199

传真：0510 - 87249919

邮箱：ydcsjjh@126.com

办公地址：江苏宜兴高塍镇远东大道 6 号 （214257）

网址：http：//www.ydcsjjh.com

现任理事长：徐中远

秘书长：高燃

宗旨：给社会弱势群体和身障人士创造就业的机会，发展社会福利和身障人事业，支持与推动社会公益和社会文明的进步与发展。

主要活动领域：教育、就业、残疾

主要财务数据图表　　　　单位：元

财务指标 \ 年度	2008	2009	2010	2011
净资产	11296589	5680113	1810560	2535275
捐赠收入	0	0	12524651	8982598
公益支出	6529930	9738036	15866950	7463610

41. 张家港市慈善基金会（Zhangjiagang Charity Foundation）

组织机构代码：50915937 - 2
类别：公募
成立时间：2008 年 7 月 15 日
原始基金：400 万元
登记部门：江苏省民政厅
业务主管单位：江苏省民政厅
电话：0512 - 58685199
传真：0512 - 58189230
邮箱：44705552@qq.com

办公地址：江苏省张家港市杨舍镇人民中路 33 号东渡大厦 3 楼（215600）
网址：无
现任理事长：杨芳
秘书长：瞿国民
宗旨：以人为本，关爱民生，扶贫济困，努力构建和谐社会，重点资助城乡特困户就医、就学和基本生活。
主要活动领域：教育、安全救灾

主要财务数据图表   单位：元

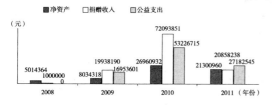

财务指标＼年度	2008	2009	2010	2011
净 资 产	5014364	8034318	26960932	21300960
捐赠收入	1000000	19938190	72093851	20858238
公益支出	0	16953601	53226715	27182545

42. 徐州市慈善基金会（Xuzhou Charity Foundation）

组织机构代码：50915961 - 2
类别：公募
成立时间：2008 年 10 月 31 日
原始基金：400 万元
登记部门：江苏省民政厅
业务主管单位：江苏省民政厅
电话：0516 - 83855192
传真：0516 - 83855185
邮箱：xzscshbgs@126.com
办公地址：江苏省徐州市泉山区文亭街 1 号（221000）
网址：无

现任理事长：于跃
秘书长：周其贵
宗旨：依照国家宪法、法律、法规和有关政策，发扬人道主义精神，弘扬中华民族扶贫济困的传统美德，积极倡导符合时代特征的社会风尚，动员社会各界慈善资源，扶助社会困难群体，开展多种形式的社会救助工作，为构建和谐徐州，促进社会文明进步服务。
主要活动领域：教育、医疗救助、安全救灾、儿童、残疾

主要财务数据图表   单位：元

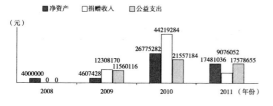

财务指标＼年度	2008	2009	2010	2011
净 资 产	4000000	4607428	26775282	17481036
捐赠收入	0	12308170	44219284	9076052
公益支出	0	11560116	21557184	17578655

43. 江苏昌明教育基金会 （Jiangsu Changming Education Foundation）

组织机构代码：50916023 - 4

类别：非公募

成立时间：2010 年 2 月 21 日

原始基金：200 万元

登记部门：江苏省民政厅

业务主管单位：江苏省教育厅

电话：021 - 32301589

传真：021 - 32559915

邮箱：info@ nef. org. cn

办公地址：江苏省苏州市工业园区独墅湖

高教区若水路 1 号 （222001）

网址：http：// www. nef. org. cn

现任理事长：卢志文

秘书长：王胜

宗旨：促进师生"过一种幸福完整的教育生活"。

主要活动领域：教育

主要财务数据图表

单位：元

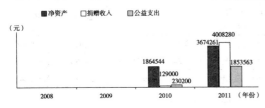

财务指标\年度	2008	2009	2010	2011
净 资 产	-	-	1864544	3674261
捐赠收入	-	-	129000	4008280
公益支出	-	-	230200	1853563

44. 浙江省残疾人福利基金会 （Zhejiang Foundation for Disabled Persons）

组织机构代码：50187275 - 5

类别：公募

成立时间：1985 年 6 月 8 日

原始基金：400 万元

登记部门：浙江省民政厅

业务主管单位：浙江省残疾人联合会

电话：0571 - 89937125

传真：0571 - 89937125

邮箱：835065649@ qq. com

办公地址：杭州市西湖区外东山弄 43 幢 4

楼 （310012）

网址：http：// www. zjfdp. com

现任理事长：陈晓非

秘书长：无

宗旨：弘扬人道主义，动员社会力量，关心、帮助残疾人，发展残疾人事业，推进和谐社会建设。

主要活动领域：残疾人

主要财务数据图表

单位：元

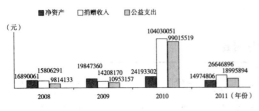

财务指标\年度	2008	2009	2010	2011
净 资 产	16890061	19847360	24193302	14974806
捐赠收入	15806291	14208170	104030051	26646896
公益支出	9814133	10953157	99015519	18995894

45. 宁波市镇海区人民教育基金会（Ningbo Zhenhai People's Education Foundation）

组织机构代码：50187524 - 3

类别：公募

成立时间：1989 年 1 月 7 日

原始基金：400 万元

登记部门：浙江省民政厅

业务主管单位：浙江省教育厅

电话：0574 - 86298092

传真：0574 - 86292361

邮箱：shfq0320@ 163. com

办公地址：浙江省宁波市镇海区招宝山街道城河西路 82 号（315200）

网址：无

现任理事长：高勇平

秘书长：王海峰

宗旨：以马列主义、毛泽东思想、邓小平理论和"三个代表"重要思想为指导，坚持党的基本路线，在国家宪法、法律、法规有关政策许可范围内，募集资金，用于镇海区教育系统的奖优扶贫及资助学校改善办学条件等。

主要活动领域：教育

主要财务数据图表　　　　　单位：元

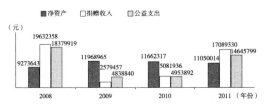

财务指标＼年度	2008	2009	2010	2011
净 资 产	15975110	18272659	38771356	27729398
捐赠收入	19994900	17526200	25200000	1224841
公益支出	14819201	14462764	16781998	23485235

46. 浙江省爱心事业基金会（Charity Foundation of Zhejiang）

组织机构代码：50187406 - 4

类别：公募

成立时间：1995 年 6 月 22 日

原始基金：400 万元

登记部门：浙江省民政厅

业务主管单位：浙江省文明办

电话：0571 - 89710106

传真：0571 - 89710106

邮箱：myaxcs@ yahoo. com. cn

办公地址：浙江省杭州市下城区中山北路 598 号西子花园紫云苑 7 楼 A 座（310012）

网址：http：//www. axcs. cn

现任理事长：陈伟力

秘书长：胡勇耀

宗旨：在政府的支持下，依靠社会力量，推动浙江省爱心事业不断向前发展。

主要活动领域：教育、安全救灾

主要财务数据图表　　　　　单位：元

财务指标＼年度	2008	2009	2010	2011
净 资 产	9273643	11968965	11662317	11050014
捐赠收入	19632358	2579457	5081936	17089330
公益支出	18379919	4838840	4953892	14645799

47. 温州市叶康松慈善基金会 （Wenzhou Ye Kangsong Charitable Foundation）

组织机构代码：76393620 - 2

类别：非公募

成立时间：2004 年 7 月 7 日

原始基金：200 万元

登记部门：浙江省民政厅

业务主管单位：浙江省民政厅

电话：0577 - 88373187

传真：0577 - 88111667

邮箱：zhugeyifang@ sina

办公地址：浙江省温州市鹿城区东游路 69 号 3 楼 （205003）

网址：http：//www. zgykscs. com

现任理事长：郑加妹

秘书长：陈桂洁

宗旨：救贫济困，崇尚慈善，奉献爱心，回报社会。

主要活动领域：教育、扶贫助困

主要财务数据图表

单位：元

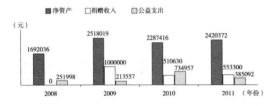

财务指标 年度	2008	2009	2010	2011
净 资 产	1692036	2518019	2287416	2420372
捐赠收入	0	1000000	510630	553300
公益支出	251998	213557	734957	385092

48. 浙江绿色共享教育基金会 （Zhejiang Green Sharing Education Foundation）

组织机构代码：50188350 - X

类别：非公募

成立时间：2006 年 10 月 8 日

原始基金：200 万元

登记部门：浙江省民政厅

业务主管单位：浙江省教育厅

电话：0571 - 88900802

传真：0571 - 88901795

邮箱：lijuan. sun@ holley. cn

办公地址：浙江省杭州市余杭区五常大道 181 号华立科技园办公大楼东 7 楼 （310023）

网址：http：//www. greencare. org. cn

现任理事长：韩萍

秘书长：孙丽娟

宗旨：支持国家教育事业，致力于慈善助学，特别是贫困地区的儿童和青少年教育福利事业，致力于野生动物和环境保护事业，弘扬社会正气与良知，发展社会慈善和公益事业，为国民素质的进一步提高，构建和谐社会贡献力量。

主要活动领域：教育、环境、动物保护、儿童、扶贫助困、公益事业发展

主要财务数据图表

单位：元

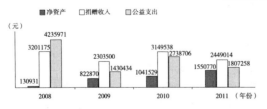

财务指标 年度	2008	2009	2010	2011
净 资 产	130931	822870	1041529	1550770
捐赠收入	3201175	2303500	3149538	2449014
公益支出	4235971	1430434	2738706	1807258

49. 浙江广天日月鲍林春建设科技基金会 （Zhejiang Guangtian Riyue Bao Lin-chun Science and Technology Foundation）

组织机构代码：50188365－7

类别：非公募

成立时间：2007 年 11 月 27 日

原始基金：2000 万元

登记部门：浙江省民政厅

业务主管单位：浙江省建设厅

电话：0574－87413817

传真：0574－87413817

邮箱：441238198@ qq. com

办公地址：浙江省宁波市江东区兴宁路46 号7 楼（315020）

网址：无

现任理事长：鲍林春

秘书长：赵文良

宗旨：提高企业自主创新能力，提升企业管理现代化水平，支持建设科技研发活动，促进建设科技进步。

主要活动领域：科学研究

主要财务数据图表　　　　　　单位：元

财务指标 \ 年度	2008	2009	2010	2011
净 资 产	17351914	16004116	15694715	15248764
捐 赠 收 入	0	0	0	0
公 益 支 出	150000	2000000	1020000	1300000

50. 浙江省青年创业就业基金会 （Zhejiang Foundation for Youth Entrepre-neurship and Employment）

组织机构代码：50188302－7

类别：公募

成立时间：2009 年 12 月 28 日

原始基金：1000 万元

登记部门：浙江省民政厅

业务主管单位：共青团浙江省委员会

电话：0571－87063829

传真：0571－87063829

邮箱：cyzjds@ 126. com

办公地址：浙江省杭州市西湖区文二路 188 号浙江省团校西楼（310012）

网址：http：//www. cyzj. org

现任理事长：王征

秘书长：李迪

宗旨：通过资金扶持、技能培训、信息服务、政策协调和社会倡导，帮助青年创业就业，促进青年发展。

主要活动领域：就业、创业

主要财务数据图表　　　　　　单位：元

财务指标 \ 年度	2008	2009	2010	2011
净 资 产	－	7675000	13423370	23620014
捐 赠 收 入	－	7675000	6000000	11000000
公 益 支 出	－	0	978328	695138

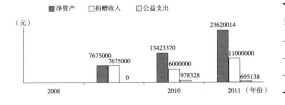

51. 浙江省理想慈善基金会 （Zhejiang Ideal Charity Foundation）

组织机构代码：50188410 – 7

类别：非公募

成立时间：2010 年 5 月 21 日

原始基金：200 万元

登记部门：浙江省民政厅

业务主管单位：浙江省民政厅

电话：0574 – 27865886

传真：0574 – 27865890

邮箱：ideal_ foundation@163.com

办公地址：浙江省宁波市海曙区公园路 99 弄 15 号 302 室（315000）

网址：http://blog.sina.com.cn/u/1777573820

现任理事长：高颖

秘书长：戎启平

宗旨："受惠于工人，回馈于工人"，培养品格良好、技术精良的工人，扶助困难、弱势群体，促进其就业，改善其生活，进而推动精确制造与精致服务文化，提升中国工人的劳动附加值，增强中国制造企业的竞争力，推动中国的可持续发展。

主要活动领域：教育、就业

主要财务数据图表
单位：元

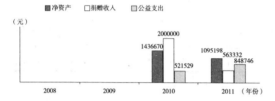

财务指标 \ 年度	2008	2009	2010	2011
净资产	–	–	1436670	1095198
捐赠收入	–	–	2000000	563332
公益支出	–	–	521529	848746

52. 浙江省阳光教育基金会 （Zhejiang Sunshine Education Foundation）

组织机构代码：50188414 – X

类别：非公募

成立时间：2010 年 8 月 11 日

原始基金：200 万元

登记部门：浙江省民政厅

业务主管单位：浙江省教育厅

电话：0571 – 28197910

传真：0571 – 28197910

邮箱：ygjyorg@126.com

办公地址：浙江省杭州市滨江区通和路 68 号中财大厦 7 楼（310051）

网址：http://www.chinashine.org

现任理事长：毛岱

秘书长：陈九兰

宗旨：资助贫困子女完成学业，关心青少年儿童健康成长，倡导励志、阳光向上、感恩、回报社会的新风尚。

主要活动领域：教育

主要财务数据图表
单位：元

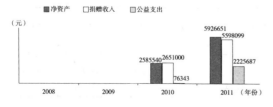

财务指标 \ 年度	2008	2009	2010	2011
净资产	–	–	2585540	5926651
捐赠收入	–	–	2651000	5598099
公益支出	–	–	76343	2225687

53. 安徽省儿童少年基金会（Anhui Children and Teenagers' Fund）

组织机构代码：72553091 - 4

类别：公募

成立时间：1982 年 11 月 23 日

原始基金：400 万元

登记部门：安徽省民族厅

业务主管单位：安徽省妇联

电话：0551 - 2608734

传真：无

邮箱：ahsejh@ 163. com

办公地址：安徽省合肥市庐阳区长江中路 57 号省妇联 1506 室（230001）

网址：http：//www. ahctf. org. cn

现任理事长：高福明

秘书长：李晓黎

宗旨：一切为了孩子，为了一切孩子。

主要活动领域：教育、安全救灾、儿童

主要财务数据图表
单位：元

财务指标 \ 年度	2008	2009	2010	2011
净资产	4922124	6044004	5611634	5057663
捐赠收入	2395677	3477245	3638645	2461054
公益支出	3517293	2929468	3539599	3151919

54. 林则徐基金会（Lin Zexu Foundation）

组织机构代码：51215987 - 5

类别：非公募

成立时间：1995 年 11 月 6 日

原始基金：260 万元

登记部门：福建省民政厅

业务主管单位：福建省政府办公厅

电话：0591 - 87811955

传真：0591 - 87811955

邮箱：linzexu199999@ sina. com

办公地址：福建省福州市鼓楼区中山路 19

号林则徐出生地院内（350003）

网址：http：//www. lzxjjh. org. cn

现任理事长：林强

秘书长：张守祥

宗旨：弘扬民族英雄林则徐爱国主义与积极倡导禁毒精神，支持纪念林则徐的各项事业和活动，发扬中华优秀文化传统，推进禁毒事业，提高国民素质，为促进社会文明和海峡西岸经济区建设作出贡献。

主要活动领域：文化、教育

主要财务数据图表
单位：元

财务指标 \ 年度	2008	2009	2010	2011
净资产	5387079	5417186	5666841	5854410
捐赠收入	1967954	368300	762548	700000
公益支出	245632	448639	458618	569986

55. 福建省郭文梯教育基金会 （Fujian Guo Wenti Education Foundation）

组织机构代码：76408916 - 4

类别：非公募

成立时间：2004 年 5 月 22 日

原始基金：212 万元

登记部门：福建省民政厅

业务主管单位：泉州市教育局

电话：0595 - 88121079

传真：0595 - 88185261

邮箱：xzhsh@ sina. cn

办公地址：福建省晋江市罗山街道山仔社区南福路 110 号季延初级中学内（362216）

网址：http：//www. jjjy. net/list. aspx？ cid = 65

现任理事长：丁泽岩

秘书长：陈鸿群

宗旨：遵守宪法、法律、法规和国家政策，遵守社会道德风尚，汇集教育资金，为振兴家乡的教育事业，培养人才贡献力量。

主要活动领域：教育

主要财务数据图表
单位：元

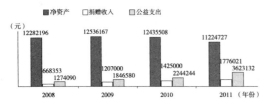

财务指标 \ 年度	2008	2009	2010	2011
净 资 产	12282196	12536167	12435508	11224727
捐赠收入	668353	1207000	1425000	1776021
公益支出	1274090	1846580	2244244	3623132

56. 福建省残疾人福利基金会 （Fujian Disabled Persons Foundation）

组织机构代码：79175605 - 7

类别：公募

成立时间：2006 年 7 月 21 日

原始基金：400 万元

登记部门：福建省民政厅

业务主管单位：福建省残疾人联合会

电话：0591 - 38110258

传真：0591 - 38110238

邮箱：87668267@ 163. com

办公地址：福建省福州市鼓楼区东浦路156 号展企大厦 21 层 908 室（350003）

网址：http：//jjh. fjdpf. org. cn

现任理事长：陈明端

秘书长：李继新

宗旨：弘扬人道，奉献爱心，全心全意为残疾人服务。

主要活动领域：教育、卫生保健、医疗救助、残疾人

主要财务数据图表
单位：元

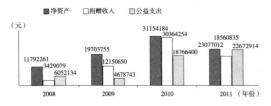

财务指标 \ 年度	2008	2009	2010	2011
净 资 产	11792261	19703755	31154184	23077012
捐赠收入	3429079	12150650	30364254	18560835
公益支出	6052134	4678743	18766400	22672914

57. 厦门双十中学教育基金会（Xiamen Double Ten High School Education Foundation）

组织机构代码：51365943 - 3

类别：非公募

成立时间：2007 年 2 月 6 日

原始基金：200 万元

登记部门：福建省民政厅

业务主管单位：福建省厦门市教育局

电话：0592 - 2113985

传真：0592 - 5766266

邮箱：tong_ wx@ sohu. com

办公地址：福建省厦门市湖里区枋湖路789 号（361009）

网址：无

现任理事长：黄友供

秘书长：童文祥

宗旨：鼓励学校教师努力工作，激励学生勤奋向上，提高学校教育教学质量，促进学校教学发展。

主要活动领域：教育

主要财务数据图表　　　　单位：元

财务指标＼年度	2008	2009	2010	2011
净资产	3687929	13558720	14317016	15191947
捐赠收入	1900000	13445760	3183676	4354809
公益支出	5321931	1390421	2478851	2725473

58. 福建省胡金定教育基金会（Fujian Hu Jinding Education Foundation）

组织机构代码：66688882 - 7

类别：非公募

成立时间：2007 年 10 月 31 日

原始基金：200 万元

登记部门：福建省民政厅

业务主管单位：漳州市教育局

电话：0592 - 6283068

传真：0592 - 6282435

邮箱：saw@ cnsaw. com

办公地址：福建省漳州市长泰县枋洋镇科

山村竹塔自然村（363900）

网址：http://www. hujinding. org

现任理事长：胡金定

秘书长：魏开明

宗旨：资助福建省籍考取大专院校，确有经济困难，本人要求资助的学生，通过资助和奖励的形式援助学生，使学生勤奋学习，牢记家乡的养育之恩。

主要活动领域：教育

主要财务数据图表　　　　单位：元

财务指标＼年度	2008	2009	2010	2011
净资产	1992893	2013620	2047138	2006752
捐赠收入	0	0	0	0
公益支出	180000	177533	164000	179830

59. 江西省青少年发展基金会 （Jiangxi Youth Development Foundation）

组织机构代码：51375901 - 2

类别：公募

成立时间：1991 年 8 月 1 日

原始基金：400 万元

登记部门：江西省民政厅

业务主管单位：共青团江西省委员会

电话：0791 - 6708335

传真：0791 - 6701560

邮箱：jxxwgc2008@163.com

办公地址：江西省南昌市东湖区李家路 3 号 10 楼（330008）

网址：http://www.jxqjh.org.cn

现任理事长：宋寅安

秘书长：龚久庚

宗旨：争取省内外关心江西青少年事业的团体、人士的支持和赞助，促进江西青少年工作、社会教育、科技、文化、体育和福利事业的发展，奖励各类青少年优秀人才，为全省青少年的健康成长办实事，为江西物质文明与精神文明建设作贡献。

主要活动领域：教育、环境、医疗救助、青少年

主要财务数据图表　　　　　单位：元

财务指标＼年度	2008	2009	2010	2011
净 资 产	26117440	26043828	29262645	26022472
捐赠收入	19831186	13623124	17878784	14023244
公益支出	22248591	14191476	14412994	16910895

60. 山东省残疾人福利基金会 （SD. Welfare Fund for the Disabled）

组织机构代码：50284379 - 6

类别：公募

成立时间：1986 年 12 月 1 日

原始基金：400 万元

登记部门：山东省民政厅

业务主管单位：山东省残疾人联合会

电话：0531 - 86907700

传真：0531 - 86900959

邮箱：sdcjrjjh@sina.com

办公地址：山东省济南市历下区朝山街 62 号（250011）

网址：http://www.sdwfh.org.cn

现任理事长：张瑞凤

秘书长：李新兰

宗旨：弘扬人道主义，动员社会力量，募集残疾人福利基金，发展残疾人事业，改善残疾人生存状况，促进残疾人平等，共享社会物质文明和精神文明成果。

主要活动领域：残疾人

主要财务数据图表　　　　　单位：元

财务指标＼年度	2008	2009	2010	2011
净 资 产	22379518	25290364	28957771	28016453
捐赠收入	17953608	16753912	17578271	26139253
公益支出	15999430	14232493	14425019	26613870

61. 山东省青少年发展基金会 （Shandong Youth Development Foundation）

组织机构代码：50284023 - 7

类别：公募

成立时间：1993 年 6 月 8 日

原始基金：400 万元

登记部门：山东省民政厅

业务主管单位：共青团山东省委员会

电话：0531 - 82073842

传真：0531 - 82073842

邮箱：sdxwgc@126.com

办公地址：山东省济南市市中区英雄山路 4 号（250002）

网址：http://www.sdydf.gov.cn/

现任理事长：张辉

秘书长：孔繁荣

宗旨：通过资助服务和社会倡导，帮助青少年提高能力，改善青少年成长环境，推动青少年事业的全面发展。

主要活动领域：教育、青少年

主要财务数据图表 单位：元

财务指标 \ 年度	2008	2009	2010	2011
净资产	18526336	20747333	30125849	27332181
捐赠收入	14402383	28607154	28496566	14271275
公益支出	13067550	26570100	18556815	16560799

62. 河南省青少年发展基金会 （He'nan Youth Development Foundation）

组织机构代码：72700212 - X

类别：公募

成立时间：1995 年 6 月 8 日

原始基金：400 万元

登记部门：河南省民政厅

业务主管单位：共青团河南省委员会

电话：0371 - 65904571

传真：0371 - 65902382

邮箱：hnxwgc@163.com

办公地址：河南省郑州市金水区金水路 17 号中青大厦 1712 室（450003）

网址：http://www.hnxw.org

现任理事长：郭鹏

秘书长：郑文遄

宗旨：遵守宪法、法律、法规和国家政策，遵守社会道德风尚，争取海内外团体、人士的支持和帮助来实现青少年的健康发展。

主要活动领域：教育、青少年、儿童、体育

主要财务数据图表 单位：元

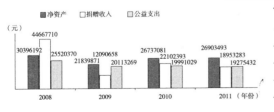

财务指标 \ 年度	2008	2009	2010	2011
净资产	30396192	21839871	26737081	26903493
捐赠收入	44667710	12090658	22102393	18953283
公益支出	25520370	20113269	19991029	19275432

63. 武汉市青少年发展基金会 （Wuhan Youth Development Foundation）

组织机构代码：50358194 - 3

类别：公募

成立时间：1992 年 12 月 1 日

原始基金：427 万元

登记部门：湖北省民政厅

业务主管单位：共青团湖北省委员会

电话：027 - 85499902

传真：027 - 85499902

邮箱：whxwgc@126.com

办公地址：湖北省武汉市江汉区天门墩 91

号（430015）

网址：http://www.whydf.org

现任理事长：冯爱明

秘书长：倪静

宗旨：争取海内外关心武汉青少年事业的团体、人士的支持和赞助，促进武汉青少年教育、科技、文化、体育、卫生、社会福利事业和环保事业的发展，加强城市间青少年交流。

主要活动领域：教育、青少年、残疾人

主要财务数据图表

单位：元

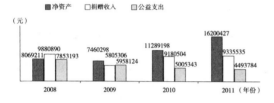

财务指标 \ 年度	2008	2009	2010	2011
净 资 产	8069211	7460298	11289198	16200427
捐赠收入	9880890	5805306	9180504	9335535
公益支出	7853193	5958124	5005343	4493784

64. 长沙市教育基金会 （Changsha Education Foundation）

组织机构代码：50142751 - 2

类别：公募

成立时间：1996 年 10 月 10 日

原始基金：1000 万元

登记部门：湖南省民政厅

业务主管单位：长沙市教育局

电话：0731 - 4438616

传真：0731 - 2560121

邮箱：136127467@qq.com

办公地址：湖南省长沙市岳麓区茶子山路320 号（410013）

网址：http://www.cssjyjjh.com

现任理事长：张伟玦

秘书长：刘运桃

宗旨：一募、二奖、三济、四改。

主要活动领域：教育

主要财务数据图表

单位：元

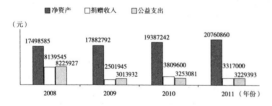

财务指标 \ 年度	2008	2009	2010	2011
净 资 产	17498585	17882792	19387242	20760860
捐赠收入	8139545	2501945	3809600	3317000
公益支出	8225927	3013932	3253081	3229393

65. 深圳市青少年发展基金会 （Shenzhen Youth Development Foundation）

组织机构代码：50267767 - 9

类别：公募

成立时间：1988 年 6 月 7 日

原始基金：995 万元

登记部门：广东省民政厅

业务主管单位：共青团广东省委员会

电话：0755 - 82104934

传真：0755 - 82095241

邮箱：szydf@ qq. com

办公地址：广东省深圳市福田区红荔路
1001 号银盛大厦 13 楼（518027）

网址：http：// www. szydf. org

现任理事长：覃炳庚

秘书长：唐青

宗旨：争取海内外关心青少年事业的团体
组织、热心人士的支持和捐助；服务、促
进深圳青少年各项事业的发展。

主要活动领域：教育、青少年

主要财务数据图表

单位：元

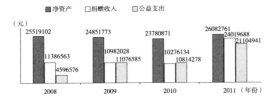

财务指标 年度	2008	2009	2010	2011
净资产	25519102	24851773	23780871	26082761
捐赠收入	11386563	10982028	10276134	24019688
公益支出	4596576	11076585	10814278	21104941

66. 孙中山基金会 （Sun Yat - Sen Foundation）

组织机构代码：70769757 - 7

类别：公募

成立时间：1990 年 1 月 11 日

原始基金：408 万元

登记部门：广东省民政厅

业务主管单位：广东省社会科学院

电话：020 - 38800430

传真：020 - 38800430

邮箱：sunyatsen@ 163. com

办公地址：广东省广州市天河区天河北路
369 号 6 号楼 2 楼 201 房（510610）

网址：http：// www. sysf. org. cn

现任理事长：汤炳权

秘书长：仲德昌

宗旨：推动孙中山学术研究，弘扬孙中山
热爱祖国、振兴中华的伟大精神，促进中
国繁荣统一和增进国际和平友好。

主要活动领域：文化

主要财务数据图表

单位：元

财务指标 年度	2008	2009	2010	2011
净资产	10046833	9495580	12157333	8098197
捐赠收入	254750	200	3550000	54000
公益支出	481347	449495	765468	1938819

67. 广东省老区科技教育文化卫生基金会 （Guangdong Foundation for Development of Old Liberated Area）

组织机构代码：51535500 - 3

类别：公募

成立时间：1991 年 3 月 18 日

原始基金：1540 万元

登记部门：广东省民政厅

业务主管单位：广东省农业厅

电话：020 - 87760643

传真：020 - 87758725

邮箱：gdlqjscjh@21cn. com

办公地址：广东省广州市越秀区农林上路

5 号 2 楼 （510080）

网址：无

现任理事长：刘文炎

秘书长：杨斌文

宗旨：支持老区科技、教育、文化、卫生事业建设，增强老区自身发展能力，促进老区"三个文明"建设。

主要活动领域：文化、教育、卫生保健、科学研究

主要财务数据图表

单位：元

财务指标 年度	2008	2009	2010	2011
净 资 产	27514305	30499143	28922425	27522632
捐赠收入	0	0	0	0
公益支出	2115000	1580000	1630000	1620000

68. 深圳市社会公益基金会 （Shenzhen Social Charity Foundation）

组织机构代码：50267600 - 0

类别：公募

成立时间：1992 年 4 月 2 日

原始基金：400 万元

登记部门：广东省民政厅

业务主管单位：深圳市民政局

电话：0755 - 25595903

传真：0755 - 25595900

邮箱：gy96980@ hotmail. com

办公地址：广东省深圳市罗湖区宝安南路 3097 号洪涛大厦 4 楼 （518001）

网址：http：//www. szscf. org

现任理事长：邹家栋

秘书长：李光明

宗旨：募集资金，支援公益事业，资助优秀公益项目，促进社会公平公正。

主要活动领域：文化、教育、环境、卫生保健、安全救灾、扶贫助困

主要财务数据图表

单位：元

财务指标 年度	2008	2009	2010	2011
净 资 产	7499589	8530165	9141132	8813085
捐赠收入	0	20000	4430135	5084461
公益支出	0	8100	3432445	4905747

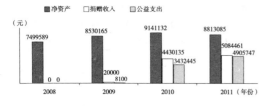

69. 广州市体育基金会 （Guangzhou Sports Foundation）

组织机构代码：51736117 – 5

类别：公募

成立时间：1992 年 6 月 2 日

原始基金：1800 万元

登记部门：广东省民政厅

业务主管单位：广东省体育局

电话：020 – 38796310

传真：020 – 38798441

邮箱：gztyjbgs@ 163. com

办公地址：广东省广州天河区体育西路天河中心 299 号（510620）

网址：http：//www. gzsports. gov. cn

现任理事长：招务雄

秘书长：邓道钦

宗旨：动员社会各界力量，促进广州体育事业稳步发展。

主要活动领域：体育

主要财务数据图表　　　　单位：元

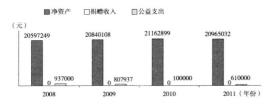

财务指标＼年度	2008	2009	2010	2011
净 资 产	20597249	20840108	21162899	20965032
捐赠收入	0	0	0	0
公益支出	937000	807937	100000	610000

70. 广州市青少年发展基金会 （Guangzhou Youth Development Foundation）

组织机构代码：51735553 – 3

类别：公募

成立时间：1995 年 5 月 4 日

原始基金：400 万元

登记部门：广东省民政厅

业务主管单位：共青团广东省委员会

电话：020 – 83303161

传真：020 – 83307522

邮箱：81363432@ 163. com

办公地址：广东省广州市越秀区解放北路

576 号 3 楼（510045）

网址：http：//www. qc4u. org

现任理事长：李约坚

秘书长：李约坚

宗旨：推动青少年教育、科技、文化、体育、卫生、社会福利和环境保护事业的发展，加强与各省市区和港澳台地区及海外青少年组织的联系，发展海内外青少年的友好关系。

主要活动领域：教育、医疗救助、青少年

主要财务数据图表　　　　单位：元

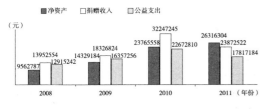

财务指标＼年度	2008	2009	2010	2011
净 资 产	9562787	14329184	23765558	26316304
捐赠收入	13952554	18326824	32247245	23872522
公益支出	12915242	16357256	22672810	17817184

71. 广州市时代地产公益基金会 （Guangzhou Times Estate Charitable Foundation）

组织机构代码：79936943 - 0

类别：非公募

成立时间：2007 年 4 月 4 日

原始基金：300 万元

登记部门：广东省民政厅

业务主管单位：广东省民政厅

电话：020 - 83486668

传真：020 - 83486788

邮箱：sunchunyan@ timesgroup. cn

办公地址：广东省广州市越秀区东风中路 410 号时代地产中心 36 楼 （510030）

网址：http://www. timescharity. cn

现任理事长：李一萍

秘书长：李娟

宗旨：存真、聚善、扬美、乐施。

主要活动领域：教育、医疗救助、青少年、儿童

主要财务数据图表

单位：元

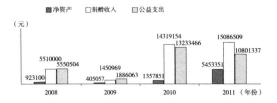

财务指标 \ 年度	2008	2009	2010	2011
净 资 产	923100	405057	1357851	5453351
捐赠收入	5510000	1450969	14319154	15086509
公益支出	5550504	1886063	13233466	10801337

72. 广东省合生珠江教育发展基金会 （Guangdong Hesheng Pearl River Education Development Foundation）

组织机构代码：66502736 - 3

类别：非公募

成立时间：2007 年 8 月 15 日

原始基金：400 万元

登记部门：广东省民政厅

业务主管单位：广东省教育厅

电话：020 - 6261387

传真：020 - 62613899

邮箱：joe3043@ gmail. com

办公地址：广东省广州市海珠区新港西路 135 号中山大学东北区 333 号大钟楼 2 楼 212 房 （510275）

网址：无

现任理事长：黄达人

秘书长：王争放

宗旨：支持国内教育事业发展，促进国内高校教学、科研水平的提高。

主要活动领域：教育

主要财务数据图表

单位：元

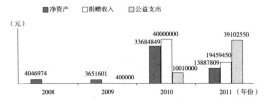

财务指标 \ 年度	2008	2009	2010	2011
净 资 产	4046974	3651601	33684849	13887809
捐赠收入	–	–	40000000	19459450
公益支出	–	400000	10010000	39102550

73. 广州市促进文化艺术发展繁荣基金会（Guangzhou Culture and Art Development Foundation）

组织机构代码：67521178 - 9

类别：非公募

成立时间：2008 年 5 月 28 日

原始基金：400 万元

登记部门：广东省民政厅

业务主管单位：广东省委宣传部

电话：020 - 83108053

传真：020 - 83108052

邮箱：gz83108053@126.com

办公地址：广东省广州市越秀区东风中路 503 号东建大厦 10 楼 1010 室（510045）

网址：无

现任理事长：潘祖亮

秘书长：何亦军

宗旨：接受社会捐赠资金，资助、扶持、推动广州市文化艺术事业的发展。

主要活动领域：文化、艺术

主要财务数据图表　　　　　单位：元

财务指标＼年度	2008	2009	2010	2011
净资产	12858716	16611836	15488775	14607449
捐赠收入	14000000	4000000	0	0
公益支出	5036232	72831	1046959	1002578

74. 广东省妇女儿童基金会（Guangdong Women and Children's Foundation）

组织机构代码：51535511 - 8

类别：公募

成立时间：2009 年 5 月 8 日

原始基金：439 万元

登记部门：广东省民政厅

业务主管单位：广东省妇女联合会

电话：020 - 87195665

传真：020 - 87757689

邮箱：gdwomen@126.com

办公地址：广东省广州市东山区中山一路梅花村 3 号（510080）

网址：http：//www. gdwcf. cn

现任理事长：张帼英

秘书长：胡碧莲

宗旨：援助妇女，关爱儿童，动员社会各界关注妇女儿童事业，整合社会资源帮助贫困妇女儿童，促进社会和谐发展。

主要活动领域：教育、卫生保健、医疗救助、妇女、儿童、扶贫助困

主要财务数据图表　　　　　单位：元

财务指标＼年度	2008	2009	2010	2011
净资产	–	14247289	11128972	28043644
捐赠收入	–	10712986	25788632	42094300
公益支出	–	690457	28716822	25148828

75. 广东省千禾社区公益基金会 （Guangdong Harmony Foundation）

组织机构代码：69472437 - 9

类别：非公募

成立时间：2009 年 9 月 1 日

原始基金：200 万元

登记部门：广东省民政厅

业务主管单位：广东省民政厅

电话：020 - 84114686

传真：020 - 84114606

邮箱：harmonyfoundation0909@gmail.com

办公地址：广东省广州市海珠区新港西路

135 号中山大学国家大学科技园 B 座 515 室（510275）

网址：http://www.gdharmonyfoundation.org

现任理事长：刘小钢

秘书长：王津津

宗旨：弘扬中华民族扶危济困、乐于助人的慈善文化，立足广东，为有需要的社区提供援助，推动贫困社区的改变及可持续发展。

主要活动领域：社区发展

主要财务数据图表

单位：元

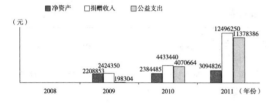

财务指标 \ 年度	2008	2009	2010	2011
净 资 产	-	2208853	2384485	3094826
捐赠收入	-	2424350	4433440	12496250
公益支出	-	198304	4070664	11378386

76. 广东省青年创业就业基金会 （Guangdong Foundation for Youth Entrepreneurship and Employment）

组织机构代码：69648697 - 6

类别：公募

成立时间：2009 年 11 月 19 日

原始基金：400 万元

登记部门：广东省民政厅

业务主管单位：共青团广东省委员会

电话：020 - 8715703

传真：020 - 87185721

邮箱：job@gdcyl.org

办公地址：广东省广州市越秀区寺贝通津路 1 号大院 13 号（510080）

网址：http://cyjj.gdcyl.com

现任理事长：冼燃

秘书长：何兵

宗旨：坚持"引导、扶持、鼓励、培育"的原则，传播创业理念，弘扬创业精神，积极扶持鼓励青年创业，引导培育青年创业人才和创业企业，大力推动青年创业就业，提高服务青年创业就业水平，在全社会积极营造鼓励帮扶青年创业就业的浓厚氛围。

主要活动领域：就业、创业、青少年

主要财务数据图表

单位：元

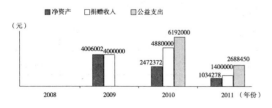

财务指标 \ 年度	2008	2009	2010	2011
净 资 产	-	4006002	2472372	1034278
捐赠收入	-	4000000	4880000	1400000
公益支出	-	-	6192000	2688450

77. 广东省华光慈善基金会 （Huaguang Charitable Foundation of Guangdong）

组织机构代码：69976146 - X

类别：非公募

成立时间：2010 年 1 月 19 日

原始基金：200 万元

登记部门：广东省民政厅

业务主管单位：广东省民政厅

电话：0758 - 2852010

传真：0758 - 2852011

邮箱：gdhgjjh@163.com

办公地址：广东省肇庆市端州区端州六路 12 号 1 幢 2 楼（526040）

网址：http://gdhgcs.com

现任理事长：史志良

秘书长：郑小萍

宗旨：致力公益慈善事业，倡导企业公民责任，推动社会和谐进步。

主要活动领域：教育、老年人

主要财务数据图表 单位：元

财务指标 \ 年度	2008	2009	2010	2011
净 资 产	–	–	1659697	1303585
捐赠收入	–	–	42564	940526
公益支出	–	–	348841	1278296

78. 珠海市扶贫基金会 （Zhuhai Foundation for Poverty Alleviation）

组织机构代码：55728294 - 9

类别：公募

成立时间：2010 年 6 月 18 日

原始基金：595 万元

登记部门：广东省民政厅

业务主管单位：广东省民政厅

电话：0756 - 2231852

传真：0756 - 2231916

邮箱：zhfp66@163.com

办公地址：广东省珠海市香洲区翠香路 268 号（519000）

网址：http://www.zhfp.org

现任理事长：余荣霭

秘书长：徐聪茂

宗旨：扶持和改善困难群众生产、生活条件并提高其素质和能力，实现脱贫致富和可持续发展，促进区域协调发展。

主要活动领域：扶贫助困

主要财务数据图表 单位：元

财务指标 \ 年度	2008	2009	2010	2011
净 资 产	–	–	43426648	19291502
捐赠收入	–	–	78830372	31023209
公益支出	–	–	41275852	55310434

79. 广东省麦田教育基金会（Guangdong Maitian Education Foundation）

组织机构代码：56256066 - 7

类别：非公募

成立时间：2010 年 9 月 21 日

原始基金：200 万元

登记部门：广东省民政厅

业务主管单位：广东省民政厅

电话：020 - 85648569

传真：020 - 85648569

邮箱：maitian@ mowo. cn

办公地址：广东省广州市天河区天府路 289 号叠翠台 B 座 303 房（510000）

网址：http：//www. mtjy. org

现任理事长：莫伟强

秘书长：詹敏

宗旨：遵守中华人民共和国宪法、法律、法规和国家政策，致力于贫困地区教育事业的发展。

主要活动领域：教育

主要财务数据图表

单位：元

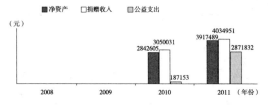

财务指标 \ 年度	2008	2009	2010	2011
净 资 产	–	–	2842605	3917489
捐赠收入	–	–	3050031	4034951
公益支出	–	–	187153	2871832

80. 广东省嘉宝莉助学基金会（Guangdong Carpoly Loan – in – Aid Foundation）

组织机构代码：56258527 - 4

类别：非公募

成立时间：2010 年 9 月 29 日

原始基金：200 万元

登记部门：广东省民政厅

业务主管单位：广东省民政厅

电话：0750 - 3578086

传真：0750 - 3578086

邮箱：zhuxue@ carpoly. com

办公地址：广东省江门市蓬江区棠下镇金溪工业区（529085）

网址：http：//zhuxue. carpoly. com

现任理事长：黄洁华

秘书长：刘志刚

宗旨：帮助全国"少、边、农"地区贫困孩子实现求学梦，振兴贫困山区。

主要活动领域：教育

主要财务数据图表

单位：元

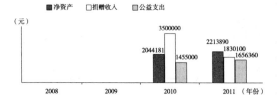

财务指标 \ 年度	2008	2009	2010	2011
净 资 产	–	–	2044181	2213890
捐赠收入	–	–	3500000	1830100
公益支出	–	–	1455000	1656360

81. 广东省陆叶慈善基金会 （Guangdong Luye Charity Foundation）

组织机构代码：56450684 - 0
类别：非公募
成立时间：2010 年 11 月 2 日
原始基金：200 万元
登记部门：广东省民政厅
业务主管单位：广东省民政厅
电话：020 - 38378997
传真：020 - 38377266
邮箱：570748726@ qq. com

办公地址：广东省广州市越秀区先烈中路
云鹤北街 8 号云山大酒店 12 层 1218 房
（510075）
网址：http：//luye. ah. hostadm. net
现任理事长：李昱更
秘书长：姚华明
宗旨：以慈悲心开智慧，以智慧行达和
谐；怀大爱乃济天下，因慈悲而得福。
主要活动领域：文化、教育、扶贫助困

主要财务数据图表
单位：元

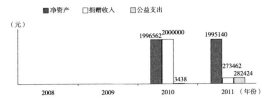

财务指标 \ 年度	2008	2009	2010	2011
净 资 产	-	-	1996562	1995140
捐赠收入	-	-	2000000	273462
公益支出	-	-	3438	282424

82. 广东省环球公益基金会 （Huanqiu Charity Foundation）

组织机构代码：56668913 - 4
类别：非公募
成立时间：2010 年 12 月 31 日
原始基金：200 万元
登记部门：广东省民政厅
业务主管单位：广东省民政厅
电话：020 - 87631077
传真：020 - 87631252
邮箱：89916912@ qq. com

办公地址：广东省广州市越秀区永福路45
号汽车大厦 4 楼（510500）
网址：http：//www. jjh8. com
现任理事长：刘影琼
秘书长：万年丽
宗旨：支持公益慈善事业，促进社会和谐
与发展。
主要活动领域：文化、教育、儿童、扶贫
助困

主要财务数据图表
单位：元

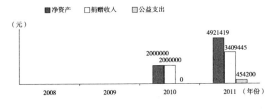

财务指标 \ 年度	2008	2009	2010	2011
净 资 产	-	-	2000000	4921419
捐赠收入	-	-	2000000	3409445
公益支出	-	-	0	454200

83. 深圳市郑卫宁慈善基金会 （Shenzhen Zheng Weining Charity Foundation）

组织机构代码：69710658 – 4

类别：非公募

成立时间：2009 年 11 月 18 日

原始基金：200 万元

登记部门：深圳市民政局

业务主管单位：深圳市民政局

电话：0755 – 83596516

传真：0755 – 83942533

邮箱：szcf@ zwncf. org

办公地址：广东省深圳市福田区雨田路 1 号富莲大厦 1 栋 1 层 （518036）

网址：http：//www. zwncf. org

现任理事长：郑鑫

秘书长：刘海军

宗旨：助力弱势群体，促进公平正义。

主要活动领域：医疗救助、就业、志愿服务、残疾人、公共安全

主要财务数据图表

单位：元

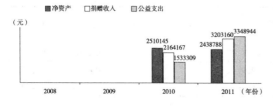

财务指标 \ 年度	2008	2009	2010	2011
净 资 产	–	–	2510145	2438788
捐赠收入	–	–	2164167	3203160
公益支出	–	–	1533309	3348944

84. 深圳市松禾成长关爱基金会 （Shenzhen Green Pine Care Foundation）

组织机构代码：55032138 – 6

类别：非公募

成立时间：2010 年 1 月 27 日

原始基金：200 万元

登记部门：深圳市民政局

业务主管单位：深圳市民政局

电话：0755 – 83290535

传真：0755 – 83290622

邮箱：Songhe0755@ qq. com

办公地址：广东省深圳市福田区深南中路

3039 号国际文化大厦 1510 室 （518033）

网址：http：//gpf56. org

现任理事长：厉伟

秘书长：王大勇

宗旨：通过组建各民族少儿艺术团和建立各民族少儿艺术传承基地，发现、分享、传承中华文化。

主要活动领域：文化、教育、安全救灾、青少年、儿童、少数民族

主要财务数据图表

单位：元

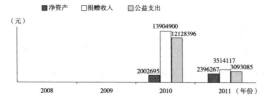

财务指标 \ 年度	2008	2009	2010	2011
净 资 产	–	–	2002695	2396267
捐赠收入	–	–	13904900	3514117
公益支出	–	–	12128396	3093085

85. 广西李宁基金会（Guangxi Lining Foundation）

组织机构代码：50716481 – 3

类别：非公募

成立时间：2006 年 9 月 8 日

原始基金：200 万元

登记部门：广西壮族自治区民政厅

业务主管单位：政协广西壮族自治区委员会办公厅

电话：0771 – 2350500

传真：0771 – 2350500

邮箱：573853834@qq.com

办公地址：广西壮族自治区南宁市青秀区凤岭南路 13 号（530022）

网址：无

现任理事长：李春阳

秘书长：张健

宗旨：救助贫困、无能力、年老病残人士，救助特殊灾害中的受害者，救助病者。

主要活动领域：教育、体育

主要财务数据图表　　　　单位：元

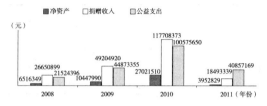

财务指标 ＼ 年度	2008	2009	2010	2011
净资产	6516349	10447990	27021510	3952829
捐赠收入	26650899	49204920	117708373	18493339
公益支出	21524396	44873355	100575650	40857169

86. 广西协力扶助基金会（Guangxi Xie Li Fu Zhu Foundation）

组织机构代码：50716484 – 8

类别：非公募

成立时间：2006 年 12 月 22 日

原始基金：200 万元

登记部门：广西壮族自治区民政厅

业务主管单位：政协广西壮族自治区委员会办公厅

电话：0771 – 2839016

传真：0771 – 2839016

邮箱：gxxlfzjjh@163.com

办公地址：广西壮族自治区南宁市青秀区桃源路 3 号广西政协大厦 1208 室（530021）

网址：http：//xljj.gxzx.gov.cn

现任理事长：白先经

秘书长：刘一川

宗旨：资助贫困家庭的孩子完成学业及其他有关扶贫助残活动。

主要活动领域：教育、环境

主要财务数据图表　　　　单位：元

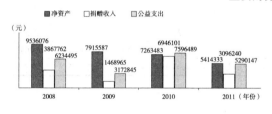

财务指标 ＼ 年度	2008	2009	2010	2011
净资产	9536076	7915587	7263483	5414333
捐赠收入	3867762	1468965	6946101	3096240
公益支出	6234495	3172845	7596489	5290147

87. 广西和正慈善基金会 （Guangxi Hezheng Charitable Foundation）

组织机构代码：69278784 - 3

类别：非公募

成立时间：2009 年 8 月 28 日

原始基金：200 万元

登记部门：广西壮族自治区民政厅

业务主管单位：共青团广西壮族自治区委员会

电话：0771 - 5790035

传真：0771 - 5790035

邮箱：gxhzcs@ qq. com

办公地址：广西壮族自治区南宁市青秀区仙葫大道西 152 号飞扬世代 B 座 28 楼（530222）

网址：http://www. gxhzcs. com

现任理事长：许锋

秘书长：黄海立

宗旨：以"方便慈善"的宗旨扶贫济困，关爱民生，共建和谐。

主要活动领域：教育、老年人、公共服务

主要财务数据图表
单位：元

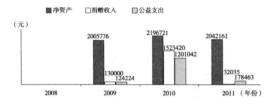

财务指标 \ 年度	2008	2009	2010	2011
净资产	–	2005776	2196721	2042161
捐赠收入	–	130000	1523420	32035
公益支出	–	124224	1201042	178463

88. 重庆儿童救助基金会 （Chongqing Children's Aid Foundation）

组织机构代码：78158017 - 4

类别：公募

成立时间：2005 年 11 月 16 日

原始基金：400 万元

登记部门：重庆市民政局

业务主管单位：重庆市民政局

电话：023 - 67872717

传真：023 - 67729001

邮箱：mzjhyzx@ cq. gov. cn

办公地址：重庆市江北区观音桥建新北路 9 号同聚远景大夏 14 楼（400020）

网址：http://www. cqcaf. org

现任理事长：万仕先

秘书长：曹京

宗旨：为救助儿童营造健康、快乐的成长环境。

主要活动领域：儿童

主要财务数据图表
单位：元

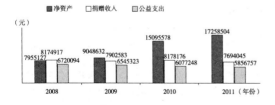

财务指标 \ 年度	2008	2009	2010	2011
净资产	7955127	9048632	15095578	17258504
捐赠收入	8174917	7902583	8178176	7694045
公益支出	6720094	6545323	6077248	5856757

89. 重庆市青少年发展基金会（Chongqing Youth Development Foundation）

组织机构代码：68893587 - 4

类别：公募

成立时间：2009 年 5 月 21 日

原始基金：400 万元

登记部门：重庆市民政局

业务主管单位：共青团重庆市委员会

电话：023 - 63632212

传真：023 - 63879476

邮箱：cqqjh@163.com

办公地址：重庆市渝中区中山四路 81 号共青团重庆市委办公楼 210 办公室（400015）

网址：http://www.cqhope.org

现任理事长：周密

秘书长：唐坤

宗旨：帮助青少年提高能力，改善青少年成长环境。

主要活动领域：教育、青少年

主要财务数据图表　　　　单位：元

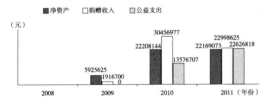

财务指标 年度	2008	2009	2010	2011
净 资 产	–	5925625	22208144	22169073
捐赠收入	–	1916700	30456977	22998625
公益支出	–	0	13576707	22626818

90. 成都市老龄事业发展基金会（Ageing Development Foundation of Chengdu）

组织机构代码：50410239 - 3

类别：公募

成立时间：1986 年 4 月 19 日

原始基金：400 万元

登记部门：四川省民政厅

业务主管单位：四川省老龄办委托成都市老龄办代管

电话：028 - 86646260

传真：028 - 86646260

邮箱：cdslljj8888@126.com

办公地址：四川省成都市青羊区金家坝街 7 号交通大厦 704 室（610015）

网址：http://www.cdll.org

现任理事长：王清槐

秘书长：庄开富

宗旨：筹集、管理和使用好基金，致力于资助兴办成都市老年社会公益事业。

主要活动领域：老年人、公共服务

主要财务数据图表　　　　单位：元

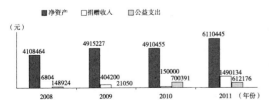

财务指标 年度	2008	2009	2010	2011
净 资 产	4108464	4915227	4910455	6110445
捐赠收入	6804	404200	150000	1490134
公益支出	148924	21050	700391	612176

91. 成都市残疾人福利基金会 （Chengdu Foundation for Disabled Persons）

组织机构代码：50405734 – 2

类别：公募

成立时间：1986 年 6 月 30 日

原始基金：400 万元

登记部门：四川省民政厅

业务主管单位：四川省残疾人联合会

电话：028 – 84341696

传真：028 – 84341696

邮箱：cdscjrfljjh@163.com

办公地址：四川省成都市成华区双林路 61

号（610066）

网址：http://www.cdscjrfljjh.org

现任理事长：廖国龙

秘书长：李义

宗旨：弘扬人道主义，发展残疾人事业；维护残疾人的合法权益，促进残疾人平等，共享社会物质文明和精神文明的成果；全心全意为残疾人服务。

主要活动领域：教育、医疗救助、就业、创业、残疾人

主要财务数据图表   单位：元

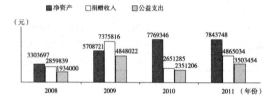

财务指标＼年度	2008	2009	2010	2011
净 资 产	3303697	5708721	7769346	7843748
捐赠收入	2859839	7375816	2651285	4865034
公益支出	1934000	4848022	2351206	3503454

92. 成都市青少年发展基金会 （Chengdu Youth Development Foundation）

组织机构代码：50406013 – 8

类别：公募

成立时间：1993 年 5 月 26 日

原始基金：400 万元

登记部门：四川省民政厅

业务主管单位：共青团四川省委员会

电话：028 – 61310305

传真：028 – 61310913

邮箱：cdxwgc@yahoo.com.cn

办公地址：四川省成都市青羊区小南街 28

号（610015）

网址：http://www.cdhope.cn

现任理事长：邱伟

秘书长：颜明

宗旨：争取海内外关心成都青少年事业的团体、人士的支持和赞助，促进成都青少年教育、科技、文化、体育、卫生、社会福利和环境保护事业的发展，推动经济发展、社会进步和祖国统一，促进国际青少年间的友好关系，维护世界和平。

主要活动领域：教育、创业、青少年、志愿服务

主要财务数据图表   单位：元

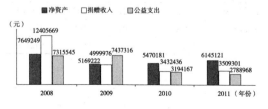

财务指标＼年度	2008	2009	2010	2011
净 资 产	7649249	5169222	5470181	6145121
捐赠收入	12405669	4999976	3432436	3509301
公益支出	7315545	7437316	3194167	2788968

93. 贵州文化薪火乡村发展基金会 （Guizhou Pensioners for Rural Development Foundation）

组织机构代码：66695941 - 0
类别：非公募
成立时间：2007 年 8 月 20 日
原始基金：200 万元
登记部门：贵州省民政厅
业务主管单位：贵州省委统战部
电话：0851 - 5282702
传真：0851 - 5282702
邮箱：prdf@ prdf. org. cn
办公地址：贵州省贵阳市小河区榕筑鲜花
广场 3 - 2 - 401（550009）

网址：http：//www. prdf. org. cn
现任理事长：王艳霞
秘书长：范凌志
宗旨：调动一切可以调动的资源，促进中国西部，尤其是贵州的教育、农村公共卫生和少数民族文化保护与传承三个领域的发展，帮助当地暂时处于贫困状况的人群建立自信心，增强对自身生活方式及文化的认同感，从而激发其自我持续发展的各种可能性。
主要活动领域：文化、教育、卫生保健、就业、"三农"、安全救灾、少数民族

主要财务数据图表
单位：元

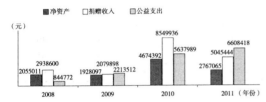

财务指标	年度	2008	2009	2010	2011
净资产		2055011	1928097	4674392	2767065
捐赠收入		2938600	2079898	8549936	5045444
公益支出		844772	2213512	5637989	6608418

94. 贵州省春晖行动发展基金会 （Guizhou Chunhui Action Development Foundation）

组织机构代码：68398090 - 8
类别：公募
成立时间：2009 年 3 月 18 日
原始基金：400 万元
登记部门：贵州省民政厅
业务主管单位：共青团贵州省委员会
电话：0851 - 5514327
传真：0851 - 5514317
邮箱：chunhuixd@ 163. com
办公地址：贵州省贵阳市云岩区瑞金北路
150 号贵橡大厦 1905 室（550005）
网址：http：//www. gzchxd. cn

现任理事长：王筑华
秘书长：付一然
宗旨：遵守宪法、法律、法规和国家政策，依托团组织的组织网络优势，弘扬春晖行动"饮水思源，反哺故土，回报社会"理念，充分发挥"亲情、乡情、友情"的情感纽带作用，以"血缘、亲缘、地缘、业缘"为社会网络，组织广大离乡在外的游子关注、参与家乡的经济社会建设，为春晖行动工作的深入开展提供财力、物力、智力支持。
主要活动领域："三农"、社区发展、扶贫助困

主要财务数据图表
单位：元

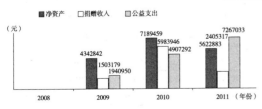

财务指标	年度	2008	2009	2010	2011
净资产		–	4342842	7189459	5622883
捐赠收入		–	1503179	5983946	2405317
公益支出		–	1940950	4907292	7267033

95. 云南省绿色环境发展基金会 （Green Foundation）

组织机构代码：67085378－2

类别：公募

成立时间：2008 年 1 月 14 日

原始基金：400 万元

登记部门：云南省民政厅

业务主管单位：云南省林业厅

电话：0871－65018953

传真：0871－65011542

邮箱：ygf@ ygf. yn. cn

办公地址：云南省昆明市五华区荚菱路 167

号林园小区 24 栋 1 单元 102 室 （650031）

网址：http：//www. ygf. yn. cn

现任理事长：陈继海

秘书长：邹恒芳

宗旨：始终遵守宪法、法律、法规和国家政策，致力于多重效益造林，保护生物多样性和促进可持续发展，为建设云南山川秀美的生态环境，为全国的生态保护和建设作出贡献。

主要活动领域：环境

主要财务数据图表

单位：元

财务指标 \ 年度	2008	2009	2010	2011
净资产	5438906	5612574	8712431	8101739
捐赠收入	6020540	1887761	6681833	3415320
公益支出	268901	1608780	3619845	3973629

96. 陕西省西部发展基金会 （Shaanxi Western Development Foundation）

组织机构代码：52015622－8

类别：公募

成立时间：2004 年 12 月 22 日

原始基金：400 万元

登记部门：陕西省民政厅

业务主管单位：陕西省发展和改革委员会

电话：029－62969607

传真：029－62969607

邮箱：snwdf@163. com

办公地址：陕西省西安市雁塔区科技路 195 号世纪颐园 A 座 1803 室 （710075）

网址：http：//www. snwdf. org. cn

现任理事长：杨群宝

秘书长：黄榕

宗旨：以科学发展观为指导，以促进和谐社会建设为目标，以弘扬志愿精神，推动志愿服务发展为工作主线，坚持合作、赋权和不断学习的核心工作理念，致力于动员人力、物力等社会资源，开展和资助社会迫切需要并具有创新性、可持续性的公益项目，推动陕西乃至西部公益事业的发展和进步。

主要活动领域：环境、志愿服务、残疾

主要财务数据图表

单位：元

财务指标 \ 年度	2008	2009	2010	2011
净资产	7511238	5472671	5951662	5257043
捐赠收入	652782	2630846	779585	1130293
公益支出	321244	675667	371119	1340816

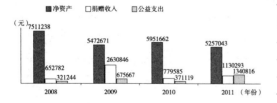

97. 陕西纯山教育基金会 （Chunshan Education Foundation）

组织机构代码：79079371 - 0

类别：非公募

成立时间：2006 年 9 月 15 日

原始基金：200 万元

登记部门：陕西省民政厅

业务主管单位：陕西省统战部

电话：029 - 88327691

传真：029 - 88311659

邮箱：chunshan0609@ 163. com

办公地址：陕西省西安市高新区团结南路

23 号（710075）

网址：http：// www. chunshan. org

现任理事长：崔砚文

秘书长：和夏妮

宗旨：以公益为目的，通过助学、奖学，资助教育基础设施以及师资培训等与教育相关的活动，体现社会不同阶层成员之间相互关爱的精神，为构建和谐文明社会贡献力量。

主要活动领域：教育、公益事业发展

主要财务数据图表
单位：元

财务指标 \ 年度	2008	2009	2010	2011
净 资 产	2155434	2216449	2294027	2614405
捐赠收入	316488	472188	477932	1210275
公益支出	170745	367236	520153	782053

98. 宁夏科技创业基金会 （Ningxia Science and Technology Entrepreneurship Foundation）

组织机构代码：50122510 - 1

类别：公募

成立时间：2002 年 10 月 21 日

原始基金：450 万元

登记部门：宁夏回族自治区民政厅

业务主管单位：宁夏回族自治区科协

电话：0951 - 5072809

传真：0951 - 5072809

邮箱：msj_ 956568@ sina. com

办公地址：宁夏回族自治区银川市兴庆区凤凰北街 172 号原科协办公楼 2 楼（750001）

网址：无

现任理事长：毛国芝

秘书长：张鹏程

宗旨：支持宁夏科技特派员创业行动，推动宁夏农村和农业科学技术进步，加快农业结构调整，促进农村经济发展。

主要活动领域：创业、科学研究

主要财务数据图表
单位：元

财务指标 \ 年度	2008	2009	2010	2011
净 资 产	22234887	22047082	21434306	20989100
捐赠收入	–	50000	25000	70000
公益支出	748000	849800	818200	801600

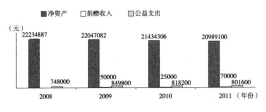

99. 新疆妇女儿童发展基金会 （Xinjiang Women and Children's Development Foundation）

组织机构代码：67634123 – 5

类别：公募

成立时间：2008 年 8 月 5 日

原始基金：400 万元

登记部门：新疆维吾尔自治区民政厅

业务主管单位：新疆维吾尔自治区妇联

电话：0991 – 2319418

传真：0991 – 2319150

邮箱：fujihui@ sina. cn

办公地址：新疆维吾尔自治区乌鲁木齐市天山区金银路 82 号 （830002）

网址：http：//www. xjfejjh. org. cn

现任理事长：王建玲

秘书长：陈华

宗旨：围绕妇女儿童发展的需要，依法筹集基金和物资，通过资助服务项目，提高妇女儿童的素质和能力，改善和优化妇女儿童的生存发展环境，进一步促进妇女儿童事业的发展。

主要活动领域：教育、卫生保健、创业、安全救灾、妇女、儿童、心理健康

主要财务数据图表

单位：元

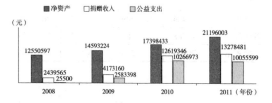

财务指标 年度	2008	2009	2010	2011
净 资 产	12550597	14593224	17398433	21196003
捐赠收入	2439565	4173160	12619346	13278481
公益支出	25500	2583398	10266973	10055599

100. 新疆红石慈善基金会 （Xinjiang Hong Shi Foundation）

组织机构代码：68959456 – 5

类别：公募

成立时间：2009 年 8 月 4 日

原始基金：400 万元

登记部门：新疆维吾尔自治区民政厅

业务主管单位：新疆维吾尔自治区民政厅

电话：0991 – 8856355

传真：0991 – 8819805

邮箱：hscsjj@ 163. com

办公地址：新疆维吾尔自治区乌鲁木齐市

天山区新民路 5 号晨报大夏 20 楼 2012 室 （830000）

网址：http：//www. hsjj. org

现任理事长：余立军

秘书长：余立军

宗旨：服务公益事业，支持社会福利发展，促进新疆社会公益、慈善事业的发展。

主要活动领域：教育、老年人、公益事业发展

主要财务数据图表

单位：元

财务指标 年度	2008	2009	2010	2011
净 资 产	–	1996774	1873451	4048025
捐赠收入	–	0	13359	14214
公益支出	–	0	224605	95553

基金会
中英文索引

中国基金会 500 名录（2013）
CHINESE FOUNDATION 500
DIRECTORY（2013）

基金会中文索引

基金会英文索引

China Youth Development Foundation 6

Chinese Language and Culture Education
Foundation 72

Chinese Academy of Sciences Graduate Education
Foundation 133

Chinese Red Cross Foundation 6

Chongqing Children's Aid Foundation 270

Chongqing Education Development Foundation 81

Chongqing Red Cross Foundation 70

Chongqing University Education Foundation 143

Chongqing Youth Development Foundation 271

Chunshan Education Foundation 275

Communication University of China Education
Foundation 183

COSCO Charity Foundation 120

CSN 'Ten Cent' Foundation 191

D

Dalian Charity Foundation 51

Dalian Youth Development Foundation 239

Dekang Charitable Foundation 157

Dongguan Foundation for Justice and Courage 40

Dongguan Medical Aid Foundation 25

Donghua University Education Development
Foundation 202

E

Education Development Foundation of University of
Electronic Science and Technology of China 158

Education Foundation of Jilin University 63

Educational Foundation of Province Guangdong 69

Ejin Horo People's Education Foundation 22

Elion Green Foundation 205

F

Far East Charitable Foundation 246

Foshan Golden Shield Aid Foundation 210

Foshan Shunde Education Foundation 21

Foundation for Xiamen Education 21

Foundation of BFSU 189

Fudan Premium Foundation of Management 142

Fujian Disabled Persons Foundation 254

Fujian Fumin Foundation 59

Fujian Guo Wenti Education Foundation 254

Fujian Jiangxia Charity Foundation 155

Fujian Longyan Li Xinyan Charity Foundation 142

Fujian New Huadu Charity Foundation 129

Fujian Hu Jinding Education Foundation 255

Fujian Youth Development Foundation 185

Fuyang People's Education Foundation 45

G

GF Securities Social Charity Foundation of Guangdong
Province 165

Gonghe Foundation 204

Green Foundation 274

Grid Welfare Foundation 135

Guangdong Booming Cantonese Opera Foundation 27

Guangdong Carpoly Loan-in-Aid Foundation 266

Guangdong Chaoshan Xinghe Award Foundation 147

Guangdong Dacheng Charity Foundation 195

Guangdong Foundation for Development of Old Liberated
Area 260

Guangdong Foundation for Justice and Courage 26

Guangdong Foundation for Poverty Alleviation 10

Guangdong Foundation for Youth Entrepreneurshipand
Employment 264

Guangdong Foundation of Promoting Science and
Technology 69

Guangdong Harmony Foundation 264

Guangdong Hesheng Pearl River Education Development
Foundation 262

Guangdong Huamei Education Charity Foundation 177

Guangdong Luye Charity Foundation 267

Guangdong Maitian Education Foundation 266

Guangdong Narcotics Control Foundation 47

Guangdong Police's Medical Aid Foundation 18

Guangdong South China University of Technology
Education Development Foundation 137

Guangdong Sports Foundation 52

Guangdong Teochew Opera Development and Reform
Foundation 95

基金会中心网发起机构（排名不分先后）

中国儿童少年基金会　　　广西青少年发展基金会　　　南都公益基金会

爱德基金会　　　　　　　上海增爱基金会　　　　　　友成企业家扶贫基金会

成都市残疾人福利基金会　心平公益基金会　　　　　　云南省青少年发展基金会

中国人口福利基金会　　　浙江正泰公益基金会　　　　北京市西部阳光农村发展基金会

黑龙江省青少年发展基金会　深圳壹基金公益基金会　　天津市鹤童老年公益基金会

中国妇女发展基金会　　　北京光华慈善基金会　　　　上海公益事业发展基金会

中国青少年发展基金会　　凯风公益基金会　　　　　　北京修远经济与社会研究基金会

中国扶贫基金会　　　　　华民慈善基金会　　　　　　中华少年儿童慈善救助基金会

吴作人国际美术基金会　　北京市仁爱慈善基金会　　　广东省千禾社区公益基金会

中国光华科技基金会　　　腾讯公益慈善基金会　　　　上海真爱梦想公益基金会

清华大学教育基金会　　　北京万通公益基金会　　　　北京市企业家环保基金会

中国红十字基金会　　　　浙江省爱心事业基金会

基金会中心网资助机构（排名不分先后）

比尔与美琳达·盖茨基金会　中国妇女发展基金会　　　北京修远经济与社会研究基金会

福特基金会　　　　　　　爱德基金会　　　　　　　　上海宋庆龄基金会

LGT 公益创投基金会　　　南都公益基金会　　　　　　广东省环球公益基金会

中国青少年发展基金会　　北京万通公益基金会　　　　新湖公益创投基金

中国扶贫基金会　　　　　友成企业家扶贫基金会

中国红十字基金会　　　　腾讯公益慈善基金会

地址：北京市东城区东四北大街107号天海商务大厦A座216室
电话：010-65691826
传真：010-65691926
电邮：cfc@foundationcenter.org.cn
www　foundationcenter.org.cn

图书在版编目（CIP）数据

中国基金会 500 名录. 2013 / 基金会中心网主编. —北京：社会
科学文献出版社，2013.6
ISBN 978 - 7 - 5097 - 4203 - 7

Ⅰ. ①中… Ⅱ. ①基… Ⅲ. ①基金会 - 中国 - 2013 - 名录
Ⅳ. ①D632. 1 - 62

中国版本图书馆 CIP 数据核字（2013）第 000774 号

中国基金会 500 名录（2013）

主　　编 / 基金会中心网

出 版 人 / 谢寿光
出 版 者 / 社会科学文献出版社
地　　址 / 北京市西城区北三环中路甲 29 号院 3 号楼华龙大厦
邮政编码 / 100029

责任部门 / 社会政法分社　（010）59367156　　　　责任编辑 / 周　琼　邹绍荣　国　帆
电子信箱 / shekebu@ ssap. cn　　　　　　　　　　责任校对 / 王彩霞　丁爱兵
项目统筹 / 王　绯　　　　　　　　　　　　　　　责任印制 / 岳　阳
经　　销 / 社会科学文献出版社市场营销中心　（010）59367081　59367089
读者服务 / 读者服务中心　（010）59367028

印　　装 / 三河市东方印刷有限公司
开　　本 / 787mm×1092mm　1/16　　　　　　　印　　张 / 20
版　　次 / 2013 年 6 月第 1 版　　　　　　　　　字　　数 / 525 千字
印　　次 / 2013 年 6 月第 1 次印刷
书　　号 / ISBN 978 - 7 - 5097 - 4203 - 7
定　　价 / 128.00 元